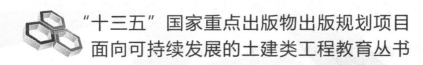

"十三五"国家重点出版物出版规划项目
面向可持续发展的土建类工程教育丛书

SUSTAINABLE
DEVELOPMENT

工程项目融资

第3版

◎ 主　编　刘亚臣　包红霏
◎ 副主编　何　敏　金晓玲
◎ 参　编　蔚筱偲　潘宏婷

本书在第2版的基础上，根据我国工程管理、工程造价等专业人才知识结构、综合素质和管理能力培养的需要修订而成，主要阐述了工程项目融资的理论和操作模式等内容。全书共分7章，具体包括导论、工程项目融资的运作与组织、工程项目融资的合同管理制度、工程项目融资的成本与结构、工程项目融资的现代模式、工程项目融资的风险分担与风险管理、工程项目融资的担保。

本书内容全面，知识新颖，案例丰富，实践性强。为方便教学，每章课后都配有案例和思考题，还配有PPT课件、课后习题答案等配套教学资源。

本书主要作为高等院校工程管理、工程造价及相关专业的本科教材，同时可供从事工程项目融资的专业人员和工程项目管理人员学习参考。

图书在版编目（CIP）数据

工程项目融资/刘亚臣，包红霏主编. —3版. —北京：机械工业出版社，2021.3（2023.1重印）

（面向可持续发展的土建类工程教育丛书）

"十三五"国家重点出版物出版规划项目

ISBN 978-7-111-67734-5

Ⅰ. ①工… Ⅱ. ①刘… ②包… Ⅲ. ①基本建设项目-融资-高等学校-教材 Ⅳ. ①F830.55

中国版本图书馆CIP数据核字（2021）第042190号

机械工业出版社（北京市百万庄大街22号 邮政编码100037）
策划编辑：冷 彬 责任编辑：冷 彬 佟 凤
责任校对：孙丽萍 封面设计：张 静
责任印制：郜 敏
北京富资园科技发展有限公司印刷
2023年1月第3版第4次印刷
184mm×260mm·13.75印张·340千字
标准书号：ISBN 978-7-111-67734-5
定价：39.80元

电话服务	网络服务
客服电话：010-88361066	机 工 官 网：www.cmpbook.com
010-88379833	机 工 官 博：weibo.com/cmp1952
010-68326294	金 书 网：www.golden-book.com
封底无防伪标均为盗版	机工教育服务网：www.cmpedu.com

前　言

相较于传统的融资方式，工程项目融资基于项目的基础，发起方充分运用项目自身的价值特点来吸引投资方对其进行投资，特别适用于大型工程项目。近年来，针对该领域的法律规定不断修改、完善。例如，2018年6月1日起施行《必须招标的工程项目规定》（发改委2018年第16号令），原《工程建设项目招标范围和规模标准规定》同时废止；2020年5月28日，十三届全国人大三次会议表决通过了《中华人民共和国民法典》，自2021年1月1日起施行，《中华人民共和国婚姻法》《中华人民共和国继承法》《中华人民共和国民法通则》《中华人民共和国收养法》《中华人民共和国担保法》《中华人民共和国合同法》《中华人民共和国物权法》《中华人民共和国侵权责任法》《中华人民共和国民法总则》同时废止。本书第3版主要根据第2版出版以来颁布、修改的法律法规修订而成。

此外，随着国家"走出去"战略的快速推进以及国内外投资与金融形势的变化，相关前沿理论和知识也在不断更新，本次修订还根据市场融资形式发展的新趋势，补充了学科的最新研究成果，使得本书的整体风格更具时代性、前瞻性。

本书共分7章：第1章介绍了工程项目融资的特点和结构体系，第2章介绍了工程项目融资的运作与组织，第3章介绍了工程项目融资的合同管理制度，第4章介绍了工程项目融资的成本与结构，第5章介绍了工程项目融资的现代模式，第6章介绍了工程项目融资的风险分担与风险管理，第7章介绍了工程项目融资的担保。本着立足实践和应用的原则，本书充实了经典案例，收录了新近的工程案例，便于学生理解和掌握重点知识，更具可读性和可操作性。

本书由沈阳建筑大学刘亚臣、包红霏任主编，负责提出总体思路、框架和详细编写计划，并最后统撰定稿。参与本书编写的还有何敏、金晓玲、蔚筱偲、潘宏婷。本书在编写过程中借鉴并参考了国内外一些已出版和发表的著作和文献，吸取了一些专家学者的论述和建议，采纳了一些经典的和新近的实践及研究成果，在此向上述著作和文献的作者及相关专家、学者一并表示衷心感谢！

受编者水平及视野的限制，本书难免存在不足和疏漏之处，诚恳希望广大专家和读者批评指正，以便今后进一步完善和提高。

编　者

目 录

前 言

第 1 章 导论 / 1

关键词 / 1

1.1 工程项目融资概述 / 1

1.2 工程项目融资的特点 / 6

1.3 工程项目融资的结构体系 / 11

【本章案例1】固安工业园区新型城镇化项目 / 15

【本章案例2】大连湾海底隧道及光明路延伸工程 / 19

本章思考题 / 28

第 2 章 工程项目融资的运作与组织 / 29

关键词 / 29

2.1 工程项目融资实施的基本阶段 / 29

2.2 工程项目融资的参与者 / 31

2.3 特许权与特许权经营 / 37

【本章案例1】重庆涪陵至丰都高速公路项目 / 41

【本章案例2】北京市兴延高速公路项目 / 45

本章思考题 / 50

第 3 章 工程项目融资的合同管理制度 / 51

关键词 / 51

3.1 工程项目融资合同的一般规定 / 51

3.2 工程项目融资合同的订立方式及程序 / 58

3.3 工程项目融资中各方退出机制 / 68

【本章案例】2.4亿元政采项目招标程序违规被废标 / 73

本章思考题 / 75

第 4 章 工程项目融资的成本与结构 / 76

关键词 / 76

4.1 资金成本分析 / 76

4.2 工程项目融资的资金安排 / 84

4.3 传统工程项目融资模式 / 88

【本章案例】某污泥厂 BOT 项目案例分析 / 95

本章思考题 / 97

第 5 章 工程项目融资的现代模式 / 98

关键词 / 98

5.1 BOT 及其衍生模式 / 98

5.2 ABS 模式 / 116

5.3 PFI 模式 / 123

5.4 PPP 模式 / 126

【本章案例1】PPP 模式助力长沙中低速磁浮工程建设 / 133

【本章案例2】安徽省芜湖市城南过江隧道项目 / 135

本章思考题 / 141

第 6 章 工程项目融资的风险分担与风险管理 / 142

关键词 / 142

6.1 工程项目的风险因素 / 143

6.2 工程项目融资的风险识别 / 149

6.3 工程项目融资的风险分担 / 160

6.4 工程项目融资的风险管理 / 164

【本章案例1】北京国家体育场（鸟巢）PPP 项目风险分配的启示 / 177

【本章案例2】英法海峡隧道工程对 PPP 项目风险分担的启示 / 180

本章思考题 / 185

第 7 章 工程项目融资的担保 / 186

关键词 / 186

7.1 工程项目融资担保概述 / 186

7.2　工程项目融资担保人　/　193
7.3　工程项目融资的物权担保　/　196
7.4　工程项目融资的信用担保　/　199
7.5　其他担保形式　/　207
【本章案例】某境外投资火电项目的融资担保结构分析　/　208
本章思考题　/　212

参考文献　/　213

第1章

导　论

【关键词】

项目融资；有限追索；风险分担；信用保证；融资结构

项目建设的首要问题就是建设资金的筹集。在长期的工程项目投资和建设实践中，为筹集资金所进行的种种努力形成了资金筹集模式和途径的多样性。工程项目融资的早期形式可以追溯到20世纪50年代美国一些银行利用产品贷款的方式为石油、天然气项目所安排的融资活动，经过半个世纪的发展，已成为一种融资手段，其运用领域不断拓宽，融资模式日趋多样。现实中，经济发展水平的差别决定了不同国家运用项目融资的差异化程度和融资模式的多样性程度。在一些发达国家和地区，因其法律制度成熟、金融市场发达、管理水平高，工程项目融资的运用领域不仅涉及经营性的国家基础设施项目，更是广泛拓展到大型工业项目，融资模式也是多种多样，产品支付、远期购买、融资租赁、BOT（Build-Operate-Transfer，即建设—运营—移交）、ABS（Asset-Backed Securitization，即资产证券化）等模式在实践中都得到不同程度的运用和实施。例如，中信公司在加拿大塞尔加纸浆项目使用的融资模式为通过项目公司直接安排融资的模式，欧洲迪斯尼乐园项目的融资模式为杠杆租赁等。相比之下，发展中国家工程项目融资的领域则主要集中在基础设施建设项目，如能源、交通运输等，其应用的融资模式主要是BOT模式，其他模式则正处于尝试阶段。工程项目融资随改革开放进入我国还是新生事物，它自20世纪80年代起从试点逐渐走向推广，从基础设施项目扩展到更多行业，经历了由外商投资企业在境外融资外币发展到内资企业在境内融资人民币的历程，范围和影响力不断扩大，推动了许多大型工程项目的实施。

1.1　工程项目融资概述

1.1.1　工程项目融资的定义

对工程项目融资的定义有多种表述方法，但是无论何种表述，必须涵盖两个最基本的内容:其一,工程项目融资是以项目为主体安排的融资,工程项目的导向决定了工程项目融资的最基本的方法;其二,工程项目融资中的贷款偿还仅限于融资项目本身,即工程项目未来用于偿还贷款的现金流量和工程项目本身的资产价值。

工程项目融资(Project Financing)是"为一个特定经济实体所安排的融资,其贷款人在最初考虑安排贷款时,满足于使用该经济实体的现金流量和收益作为偿还贷款的资金来源,并且满足于使用该经济实体的资产作为贷款的安全保障"。(Peter K Nevitt, Frank Fabozzi. Project Financing. 6th ed. Euromoney Publication PLC, 1995)

按照《美国财会标准手册》(Financial Accounting Standard Board, FASB)所下的定义,工程项目融资是指"对需要大规模资金的工程项目采取的金融活动,借款人原则上将工程项目本身拥有的资金及其收益作为还款的资金来源,而且将其项目资产作为抵押条件来处理",并且认为"该工程项目主体的一般性信用能力通常不被作为重要因素考虑"。

另外,中国银行的网站对项目融资定义为"项目的发起人(即股东)为经营项目成立一家项目公司,以该项目公司作为借款人筹借贷款,以项目公司本身的现金流量和全部收益作为还款来源,并以项目公司的资产作为贷款的担保物。该融资方式一般应用于发电设施、高等级公路、桥梁、隧道、铁路、机场、城市供水以及污水处理厂等大型基础建设项目,以及其他投资规模大、具有长期稳定预期收入的建设项目"。

无论怎样表述,工程项目融资都是以工程项目预期现金流量为其债务资金(如银行贷款)的偿还提供保证的,换言之,工程项目融资用来保证工程项目债务资金偿还的资金来源主要依赖于工程项目本身的经济强度,即工程项目未来可用于偿还债务的净现金流量和项目本身的资产价值。是否采用工程项目融资方式融资取决于项目公司的能力,通常为一个项目单独成立的项目公司可以采用工程项目融资方式融资。

然而,学术界对工程项目融资的观点主要有两种:一种是只将具有无追索或有限追索形式的融资活动当作工程项目融资,称为狭义的工程项目融资;另一种则是把一切针对具体项目所安排的融资都称为工程项目融资,称为广义的工程项目融资。但是,两种观点的共同特征是,都认为融资不是主要依赖项目发起人的信贷或所涉及的有形资产。本书所确定的工程项目融资范畴应归于"广义的工程项目融资"观点,即把一切以项目为主体所安排的融资活动都纳入工程项目融资的范畴。

目前所使用的项目的概念已经超出建设项目的狭义空间,可以对许多行为以项目来称呼。但是,工程项目融资以项目为主体,项目是资金的载体,融资和投资都围绕着项目而进行。之所以称为工程项目融资,是因为对项目这个概念的理解有歧义。许多人习惯于把具有一个特定内容的工作也称为项目,认为项目是要在一定时间、在预算规定范围内,达到预定质量水平的一项一次性任务,如扶贫项目、科技攻关项目等。本书中所提及的项目,均特指工程建设项目。

融资就是融通资金,包括通过各种渠道获得的资金,无论是债务性资金还是资本性资金,都属于融资的问题。而且,一般只有超大项目、重大项目、基础设施项目、能源供应项目,才有采用复杂工程项目融资方式的必要。

1.1.2 工程项目融资的发展与实践

1. 国际上基础设施实施工程项目融资的现状

工程项目融资是从20世纪80年代中期开始迅速发展的。它已经在一些发达国家,以及亚太和拉美地区的一些发展中国家和地区取得了相当大的成功。这种模式突破了长期以来国家的主要公共基础设施建设传统上都是由国库出资、政府主办的专有范围和框架。由于各个国家国民经济的发展，以及公共基础设施建设项目的大量上马，为了减少国家的直接投入和政府借贷形成的国债，各国不得不重新寻找出路，转向致力于将某些公共基础设施项目特许给民营或私营部门。21世纪以来，国际合作的工程项目融资也正是在这种形势下迅速发展起来的。

工程项目融资大多应用在基础设施建设或公用事业建设项目上，目前，在新兴国家和地区更是得到了广泛应用。中国香港从第一条海底隧道项目开始，到东港海底隧道直至西港海底隧道建设，利用工程项目融资模式为开发和实施项目提供了有效的资金保障。菲律宾为了解决全国电力不足的问题，从1991年起，轰轰烈烈地推行工程项目融资方式，由私营部门负责筹资建设需要的发电能力（配电公司已主要由私营部门经营），不仅项目建设时间短，而且造价明显降低25%~30%，仅用了三年时间，困扰国家的电力短缺问题已经消失。马来西亚、泰国、印度尼西亚等国家由于采用工程项目融资，承建、经营或正在实施一批国家高速公路、供水和污水处理项目，农村通信项目和大型电站工程等也取得了不少成功的经验。智利、阿根廷、秘鲁、墨西哥等拉美国家推行工程项目融资的主要做法是在电信、航空和电力以及一些港口、供水和污水处理等部门向私人特许商出卖股权或转让经营权，用以提高现有设施的技术性能和管理水平。这与亚太地区国家采用完整的工程项目融资用以建设新项目，开发新能源、新电力的做法有着明显的不同。

从目前工程项目融资的实践中可见，融资模式不是一成不变的。由于各国政府、国际金融机构和组织，如世界银行、亚洲开发银行以及大型私人财团等的共同努力，项目的操作模式和框架正在日趋系统化、多样化和规范化。国际工程界和金融界把工程项目融资的发展视为一种全球性倾向，认为它的推行为国际私人财团、私营部门参与各个国家重大基础设施项目的建设和运营开创了新纪元，提供了史无前例的开拓全球性业务的机遇；为各国大型承包商进入国际市场创造了新机会；为各国著名咨询公司、大型跨国公司和财团开发了接受东道国的委托担当项目发起人和主办人的新业务；也为建立和发展国际经济合作关系提供了新的模式。一些新的工程理论和学科正在产生和开发，如项目融资技术（Project Financing Techniques）、融资工程学（Financial Engineering）、项目风险管理（Risk Management of Projects）等。

随着工程项目融资的广泛开展，各种新型机构也应运而生。例如，美国成立了多家融资担保机构，新加坡、印度尼西亚等国也成立了类似的担保公司，专门从事各国政府不愿担保的国际融资担保业务。世界银行、亚洲开发银行等为了适应和促进此类业务的发展，也在成立新机构的基础上，发挥集团作用，扩大职能和服务范围。如世界银行正在利用成立不久的多边投资担保机构（MIGA）、解决投资争端国际中心（ICSID），配合原来的国际复兴开发银行（IBRD）、国际开发协会（IDA）和国际金融公司（IFC）等成员机构，积极发挥集团作用。2015年，由我国发起并建立的亚洲基础设施投资银行（AIIB）正式成立，运用一系列支持方式为亚洲各国的基础设施项目提供融资支持。许多大型跨国工程集团公司也从战略上在体制和业务开发计划方面进行调整，工程项目融资方式正在步入全球性的扩展和推广之中。

2. 我国基础设施建设实施工程项目融资的实践

在我国，运用工程项目融资加快基础设施建设，既是我国经济发展的客观需要，也是顺应经济体制和投融资体制改革、有效利用外资的一项重要举措。

工程项目融资在我国由于与传统直接投资方式相比较具有诸多优势，已受到有关部门和境外投资者的青睐和重视。1995年，广西来宾市城市开发投资有限责任公司成功地操作了我国第一个经政府批准正式实施的融资项目——来宾B电厂；而1996年11月18日竣工的福建泉州刺桐大桥开创了我国民营企业投资交通基础设施建设的先河。

由于工程项目融资是一种高级、复杂的融资方式，国内相应的政策、法律以及市场等方面都存在着一些待发展和完善的地方，因此，许多项目在实施中遇到不少困难和障碍，制约了其在我国的充分发展。

从1993年开始，国家开始研究规范引进投资方式，并于1995年8月由国家计划委员会（现国家发展和改革委员会，简称国家发改委）、电力部（现已撤销）、交通部（现交通运输部）联合发布了《关于试办外商投资特许权项目审批管理有关问题的通知》。随后，国家计委和国家外汇管理局又联合签发了《在境外进行工程项目融资的管理暂行办法》，对实施包括在国内的工程项目融资的适用领域、审批程序、审批内容、主要投资者资格、履约担保、利益冲突、产品定价原则、外汇管理等进行了一些具体规定，这为我国规范和发展投融资方式铺平了道路。

为使我国工程项目融资尽快步入正轨，并按国际惯例运作，国家对外贸易经济合作部（现商务部）于1994年发布了《关于以BOT方式吸收外商投资有关问题的通知》，国家计划委员会（现发改委）及国家外汇管理局也于1997年4月发布了《境外进行项目融资管理暂行办法》，2002年国务院令第346号《指导外商投资方向规定》和2017年修订的《外商投资产业指导目录》一起，基本构成了我国BOT项目融资的法律框架。

在这些政策的指导下，进入20世纪90年代，我国陆续出现了一些类似BOT方式进行建设的项目，如上海黄浦江延安东路隧道复线工程、广州至深圳高速公路、上海大场自来水处理厂、海南东线高速公路、三亚凤凰国际机场、重庆地铁、深圳地铁、北京京通快速公路、广西来宾B电厂等。这些项目虽然相继采用BOT模式进行建设，但只有重庆地铁、深圳地铁、北京京通快速公路等项目被国家正式认定为采用BOT模式的基础设施项目。广西来宾B电厂BOT项目是经国家批准的第一试点项目，经过各方的多年努力，该项目已取得了全面成功。

纵观20世纪80年代以来EPC、BT、BOT等形式的应用，它们的核心在于解决政府市场融资问题，可以说是PPP（Public-Private Partnership，政府和社会资本合作）的初级阶段。从2014年开始，财政部统筹推进新一轮PPP改革，PPP被赋予新内涵，已经成为一种市场化供给公共产品和服务的新渠道，不仅具有融资功能，而且更强调从建设到运营服务全生命周期的整体优化功能。

目前，从政策到操作层面，国家各部委均发布了一系列文件，如《关于在公共服务领域推广政府和社会资本合作模式的指导意见》（国办发〔2015〕42号）、《政府和社会资本合作模式操作指南》《政府和社会资本合作项目财政承受能力论证指引》《PPP项目合同指南》。从实践来看，财政部计划在2014年—2016年每年推出一批示范项目。第一批30个示范项目总投资约1800亿元，涉及交通、市政工程、环境保护、医疗和体育5个领域；第二批206个示范项目基本覆盖所有的省市，行业分布从2014年的5个拓展到片区开发、体育、养老、保障性安居工程等13个行业，社会类基础设施项目比重达到12%。两批示范项目中，交通类项目所占比例最高，其中城市轨道交通项目最多，排名第二的是市政工程项目，第三是环境保护项目，第四是综合片区开发项目。随着地方融资平台转型，如何找到新的老城改造、新城开发的模式非常迫切，在法治框架下，在政府的引导下，应鼓励社会资本参与城市的建设、维护和运营。第三批示范项目包括北京市首都地区环线高速公路（通州—大兴段）等516个项目，计划总投资金额11708亿元。

随着我国经济的不断发展，新的投资领域和投资机会出现，为工程项目融资的大发展提供了有利时机。尤其在加快城市化进程的过程中，各地都加大了对城市基础设施的投资。巨大的投入完全依靠政府的公共财政是不可能解决的，必须广开融资渠道，在这方面工程项目融资则可大有作为。工程项目融资模式正广泛应用于城市轨道交通、城市供水及污水处理、城市垃圾处理等项目。应该说，我国的建设需要工程项目融资，工程项目融资在我国的发展空间很大。

3. 我国基础设施实施工程项目融资的发展趋势

目前，我国具备开展工程项目融资的有利条件。从国际上看，发达国家经济增长减缓，大量的私人资本急于到国外尤其是到发展中国家寻找投资机会，我国市场广阔、政治稳定、经济发展迅速，目前为外商投资的"热点"地区，不少外商愿意以工程项目融资方式参与我国的基础设施建设。另外，还有国际组织的大力支持，世界银行、亚洲开发银行、亚洲基础设施投资银行有关部门已在这方面帮助我国做了大量的推动工作，这些机构目前还在继续提供各种形式的帮助。

我国近年来的经济发展速度基本保持了6%以上（2020年除外），从世界范围看，我国仍处于经济快速增长期。这种经济增长不仅需要大量改造现有基础设施，还需要大量新增基础设施。完成这些基础设施项目需要大量资金，而政府资金有限，国内民间资金不多，这就为国外投资者进入基础设施的开发提供了优越的市场条件和众多的投资机会。他们可以充分利用其雄厚的资金和先进技术参与基础设施建设，获取丰厚的利润。目前我国政治稳定、经济发展，人民生活不断提高，投资环境日益改善，国家发改委和各行业主管部门已为开发项目做了大量工作。

但是，我国经济体制尚处在转型期，各种经济法规不够完善，而工程项目融资又涉及国家金融、财税、法制和政策的方方面面，在谈判中还往往由于概念不清、缺乏共同语言，很难在项目程序、融资和风险的确定与分摊，以及政府和行业主管部门的可能承诺和支持政策等主要问题上达成共识，谈判旷日持久，外商顾虑较多。因此，项目一般都要求由资信可靠、实力雄厚、熟谙国际惯例的国际建筑工程业的著名大型公司担任重要组织者。随着我国经济社会发展的不断深入，法律逐步得到完善。可以预见，我国经济将继续保持较高速增长，工程项目融资必将在我国的基础设施建设中发挥更大的作用。

1.1.3 工程项目融资的现实意义

1. 有利于改善我国的基础设施落后的状况

进入21世纪以来，虽然我国经济取得了长足进步，但基础设施建设区域发展不平衡所形成的瓶颈问题也越来越明显。各级政府要大力发展交通、能源、通信等基础产业，而这些基础设施同样需要数额庞大的资金，单纯依靠国家投资是难以承受的。工程项目融资的引进有利于缓解此矛盾。

2. 有利于改善我国的外资利用结构

我国传统的外资主要流向投资少、见效快、盈利高的产业，而需要巨额投资且回收期长的农业、能源、交通等基础设施和公共建设方面的外资缺乏。采用工程项目融资所引进的外资则主要投资于基础设施建设，这对改善我国的外资结构和产业结构是很有益处的。

3. 能减少政府的债务负担和工程投资支出

工程项目融资的一个重要特点是项目的投资不构成东道国政府的对外负债，政府无须承担沉重的偿债付息重担；同时，政府无须对项目直接投资，减少了政府投资支出。

4. 能有效地吸引外资，促进我国经济发展

我国经济的高速增长带来的对基础设施的巨大需求，为国外投资者提供了优越的市场条件和众多的投资机会。而且，国外投资者普遍看好我国市场，因为我国经济高速增长，大多数工程融资项目得到政府法律许可和收益保障方面的承诺，投资者能够获得稳定、可靠的投资回报收益，这对投资方来说是十分有利的。

1.2 工程项目融资的特点

1.2.1 工程项目融资与传统融资方式的区别

通过融资为项目筹集资金的方式很多，其中，投资者自筹和银行贷款一直是工程项目融资的主要方式。但是，经济发展的实践对资金的多样化需求已经远远超出银行信贷资金的供给能力，单一渠道的资金供应方式正在逐渐多样化。

1. 工程项目融资与传统贷款方式的区别

（1）工程项目融资贷款的对象以贷款单位为主

在传统贷款方式下，贷款银行注重项目投资者（借款人）本身的信用，将资金贷给项目投资者并要求其提供担保，因而，项目投资者除了以项目收益偿还贷款外，有时还必须以其他经营收入或资产来偿还贷款本息，但贷款银行一般不参与借款人的日常经营管理。

（2）工程项目融资的对象以工程项目为主

在工程项目融资方式下，通常是项目投资者以股东身份组建项目公司，银行直接贷款给项目公司，偿还贷款本息的责任由项目公司而非项目投资者承担。项目的投融资风险由项目的参与各方（包括贷款银行）共同承担，项目投资者的风险仅限于其在项目中的投资额，因而，贷款银行以参与者的身份可以派自己的项目管理专家参加项目公司的日常管理工作，协助控制和管理项目风险，并通过专设的保管账户监控现金流量的进出，以实现稳定的现金流量和收入。项目的贷款银行参与项目管理工作，直至其贷款本息基本偿还为止。

2. 工程项目融资与传统企业融资的区别

1）融资的出发点不同。工程项目融资以融资建设一个具体的项目或收购一个已有的项目为出发点，以项目为导向；企业融资则以一个企业的投资和资金运动需要为出发点，可以是一个项目，也可以是一个经营事项。

2）资金使用的关注点不同。在工程项目融资中，项目债务资金提供者主要关心项目本身的经济强度、效益前景、战略地位等,因为工程项目融资中的项目债务资金的偿还保证依赖于项目本身的资产价值和项目预期净现金流量;而在企业融资中,项目债务资金提供者主要关心企业资信、偿债能力、获利能力和企业管理部门的经营管理能力。

3) 工程项目融资比一般企业融资需要更大、更集中的资金量以及更长的占用周期,在资金使用过程中,会面临着更多的不确定因素。

从表 1-1 中的对比关系可以看出,与传统融资方式相比,工程项目融资方式更为复杂,这种复杂形式可以实现传统融资方式实现不了的某种目标。特别是有限追索条款的安排,保证了项目失败时,不至于危及项目投资者其他财产的安全;另外,在政府的建设项目中,对于"看好"的大型建设项目,政府可以通过灵活多样的融资方式来处理债务可能对政府预算的负面影响;对于跨国公司进行海外投资的项目,特别是对没有经营控制权的公司或投资于风险较大的国家或地区,可以有效地将公司其他业务与项目风险剥离,进而限制项目风险或国家风险。

表1-1 工程项目融资与传统企业融资的区别

主要内容	工程项目融资	传统企业融资
融资主体	项目公司	项目发起人
融资基础	项目产生的现金流	发起人或担保人的信誉
追索情况	有限追索或无追索	全额追索或有限追索
承担风险	项目参加各方分担	项目发起人
会计处理	发起人资产负债表外融资	进入发起人的资产负债表
技术处理程序	相对复杂,期限长、成本高	相对简单,期限短、成本较低
债务融资比例	一般负债比例较高	自有资金的比例达到40%以上

1.2.2 工程项目融资的基本特点

与传统融资方式相比较,工程项目融资的基本特点可以归纳为以下几个主要方面:

1. 以项目为导向

工程项目融资,顾名思义,是以项目为主体安排的融资。一个工程项目主要依赖项目的现金流量和资产,而不是依赖于项目的投资者或发起人的资信来安排融资,是工程项目融资的第一个特点。贷款银行在工程项目融资中的关注点主要放在项目在贷款期间能够产生多少现金流量用于还款,贷款的数量、融资成本的高低以及融资结构的设计都是与项目的预期现金流量和资产价值直接联系在一起的(图1-1)。

由于以项目为导向,有些对于投资者很难借到的资金,则可以利用项目来安排;有些投资者很难得到的担保条件,则可以通过组织工程项目融资来实现。因而,采用工程项目融资与传统融资方式相比较,一般可以获得较高的贷款比例,根据项目经济强度的状况,通常可以为项目提供60%~75%的资本需求量,在某些项目中甚至可以达到100%的融资。进一步来看,由于项目导向,工程项目融资的贷款期限可以根据项目的具体需要和项目的经济生命周期来安排设计,贷款期限可以做到比一般商业贷款长,有的项目贷款期限甚至可以长达20年之久。

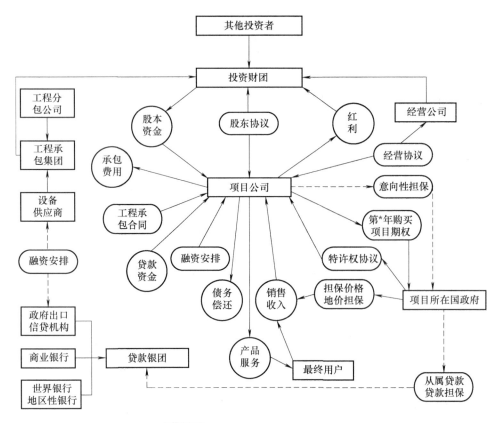

图 1-1 工程项目融资模式结构

2. 有限追索

追索，是指在借款人未按期偿还债务时贷款人要求借款人用以除抵押资产之外的其他资产偿还债务的权利。有限追索是工程项目融资的第二个特点。在某种意义上，贷款人对项目借款人的追索形式和程度是区分融资是属于工程项目融资还是属于传统形式融资的一个重要标志。对于后者，贷款人为项目借款人提供的是完全追索形式的贷款，即贷款人更主要依赖借款人自身的资信情况，而不是项目的经济强度；而前者作为有限追索的工程项目融资，贷款人可以在贷款的某个特定阶段（例如项目的建设期和试生产期）对项目借款人实行追索，或者在一个规定的范围内（这种规定的范围包括金额和形式的限制）对项目借款人实行追索，除此之外，无论项目出现任何问题，贷款人均不能追索到项目借款人除该项目资产、现金流量以及所承担的义务之外的任何形式的财产。

有限追索融资的特例是"无追索"融资，即融资百分之百地依赖于项目的经济强度，在融资的任何阶段，贷款人均不能追索到项目借款人除项目之外的资产。然而，在实际工作中是很难获得这样的融资结构的。

有限追索融资的实质是由于项目本身的经济强度还不足以支撑一个"无追索"的结构，因而还需要项目的借款人在项目的特定阶段提供一定形式的信用支持。追索的程度则是根据项目的性质，现金流量的强度和可预测性，项目借款人在这个产业部门中的经验、信誉以及管理能力，借贷双方对未来风险的分担方式等多方面的综合因素，通过谈判确定的。就一个具体项目而言,由于在不同阶段项目风险程度及表现形式会发生变化,因而贷款人对"追索"的要求也会随之相应调整。例如,贷款人通常会要求项目借款人承担项目建设期的全部或大部分风险,而在项目进入正常生产阶段之后,则可以同意只将追索局限于项目资产及项目的现金流量。

3. 风险分担原则

为了实现工程项目融资的有限追索,对与项目有关的各种风险要素,需要以某种形式在项目投资者(借款人)和与项目开发有直接或间接利益关系的其他参与者及贷款人之间进行分担。一个成功的工程项目融资结构应该是在项目中没有任何一方单独承担全部项目债务的风险责任,这一点构成了工程项目融资的第三个特点。在组织工程项目融资的过程中,项目借款人应该学会如何识别和分析项目的各种风险因素,确定自己、贷款人以及其他参与者所能承受风险的最大能力及可能性,充分利用与项目有关的一切可以利用的优势,最后设计出对投资者具有最低追索的融资结构。一旦融资结构建立起来,任何一方都要准备承担任何未能预料到的风险。

4. 非公司负债型融资

工程项目融资通过对其投资结构和融资结构的设计,可以帮助投资者(借款人)将贷款安排成为一种非公司负债型的融资,这是工程项目融资的第四个特点。

公司的资产负债表是反映一个公司在特定日期财务状况的会计报表,所提供的主要财务信息包括公司所掌握的资源、所承担的债务、偿债能力、股东在公司里所持有的权益以及公司未来的财务状况变化趋向。非公司负债型融资,也称为资产负债表之外的融资,是指项目的债务不表现在项目投资者(即实际借款人)的公司资产负债表"负债"栏中的一种融资形式。最多这种债务只以某种说明的形式反映在公司资产负债表的注释中。

根据工程项目融资的风险分担原则,贷款人对项目的债务追索权主要被限制在项目公司的资产和现金流量中,项目投资者(借款人)所承担的是有限责任,因而有条件使融资被安排成为一种不需要进入项目投资者(借款人)资产负债表的贷款形式。

非公司负债型融资对于项目投资者的价值在于使得这些公司有可能以有限的财力从事更多的投资,同时将投资的风险分散和限制在更多的项目之中。一个公司在从事超过自身资产规模的项目投资,或者同时进行几个较大的项目开发时,这种融资方式的价值就会充分体现出来。大型工程项目一般建设周期和投资回收周期都比较长,对于项目的投资者而言,如果这种项目的贷款安排全部反映在公司的资产负债表上,很有可能造成公司的资产负债比例失衡,超出银行通常所能接受的安全警戒线,并且这种状况在很长的一段时间内可能无法获得改善。公司将因此而无法筹措新的资金,影响未来的发展能力。采用非公司负债型的工程项目融资则可以避免这一问题。工程项目融资这一特点的重要性过去并没有被我国企业完全理解和接受。但是,随着国内市场逐渐与国际市场接轨,对于国内公司,特别是以在国际资金市场融资作为主要资金来源的公司,这一特点将变得越来越重要和有价值。具有比较好的资产负债比例的企业,在筹集资金和企业资信等级评定方面会有更强的竞争力。

5. 信用结构多样化

在工程项目融资中,用于支持贷款的信用结构的安排是灵活的和多样化的,一个成功的工程项目融资,可以将贷款的信用支持分配到与项目有关的各个关键方面。典型的做法包括（图 1-2）：在市场方面，可以要求对项目产品感兴趣的购买者提供一种长期购买合同作为融资的信用支持（这种信用支持所能起到的作用取决于合同的形式和购买者的资信）。资源性项目的开发受到国际市场的需求、价格变动的影响很大，能否获得一个稳定的、合乎贷款银行要求的项目产品长期销售合同，往往成为能否组织成功工程项目融资的关键。在工程建设方面，为了减少风险，可以要求工程承包公司提供固定价格、固定工期的合同或"交钥匙"工程合同，可以要求项目设计者提供工程技术保证等。在原材料和能源供应方面，可以要求供应方在保证供应的同时，在定价上根据项目产品的价格变化设计一定的浮动价格公式，保证项目的最低收益。所有这些做法，都可以成为工程项目融资强有力的信用支持，提高项目的债务承受能力，减少融资对投资者（借款人）资信和其他资产的依赖程度。

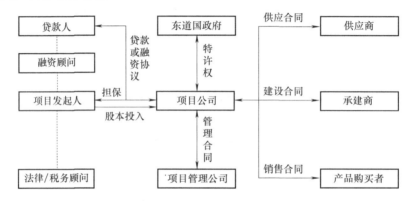

图 1-2　工程项目融资涉及的有关经济关系示意图

例如，占世界钻石产量 1/3 的澳大利亚阿盖尔钻石矿（Argyle Diamond Mine）在开发初期，其中的一个投资者澳大利亚的阿施敦矿业公司（Ashton Mining Limited）准备采用工程项目融资的方式筹集所需要的建设资金。由于参与融资的银团对钻石的市场价格和销路没有把握，筹资工作迟迟难以完成。但是，当该矿与总部设在伦敦的历史悠久的中央钻石销售组织签订了长期包销协定之后，该组织世界一流的销售能力和良好信誉加强了阿施敦矿业公司在与银行谈判中的地位，很快就顺利完成了工程项目融资。

6. 融资成本较高

与传统的融资方式比较，工程项目融资存在的一个主要问题是筹资成本相对较高，组织融资所需要的时间较长。工程项目融资涉及面广、结构复杂，需要做好大量有关风险分担、税收结构、资产抵押等一系列技术性工作，筹资文件比一般公司融资往往要多出几倍，需要几十个甚至上百个法律文件才能解决问题。这就必然造成两方面的后果：

第一，组织工程项目融资花费的时间要长一些，通常从开始准备到完成整个融资计划需要 3～6 个月的时间（贷款金额大小和融资结构复杂程度是决定安排融资时间长短的重要因素），有些大型工程项目融资甚至可以拖上几年。这就要求所有参加这一工作的各部门都有足够的耐心和合作精神。

第二，工程项目融资的大量前期工作和有限追索性质，导致融资的成本要比传统融资方式高。融资成本包括融资的前期费用和利息成本两个主要组成部分。

融资的前期费用与项目的规模有直接关系，一般占贷款金额的 0.5%～2%，项目规模越小，前期费用所占融资总额的比例就越大；工程项目融资的利息成本一般要高出同等条件公司贷款的 0.3%~1.5%，其增加幅度与贷款银行在融资结构中承担的风险以及对项目投资者（即借款人）的追索程度是密切相关的。然而，这也不是绝对的。国外的一些案例表明，如果在一个项目中有几个投资者共同组织工程项目融资的情况下，合理的融资结构和较强合作伙伴在管理、技术或市场等方面的优势可以提高项目的经济强度，从而降低较弱合作伙伴的相对融资成本。

工程项目融资的这一特点限制了其使用范围。在实际运作中，除了需要分析工程项目融资的优势之外，也必须考虑工程项目融资的规模经济效益问题。

7. 可以利用税务优势

追求充分利用税务优势降低融资成本，提高项目的综合收益率和偿债能力，是工程项目融资的一个重要特点。这一问题贯穿于工程项目融资的各个阶段、各个组成部分的设计之中。所谓充分利用税务优势，是指在项目所在国法律允许的范围内，通过精心设计的投资结构、融资模式，将所在国政府对投资的税务鼓励政策在项目参与各方中最大限度地加以分配和利用，以此降低筹资成本、提高项目的偿债能力。这些税务政策随国家、地区的不同而变化，通常包括加速折旧、利息成本、投资优惠以及其他费用的抵税法规等。

1.3 工程项目融资的结构体系

工程项目融资由四个基本模块组成：项目的投资结构、项目的融资结构、项目的资金结构和项目的信用保证结构（图1-3）。工程项目融资的四个模块不是孤立的，它们之间相互联系且相互影响。在进行工程项目融资的设计时，应把这四个模块综合在一起考虑。

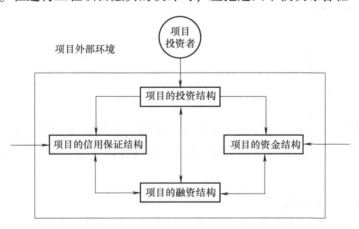

图1-3　四个模块相互之间关系示意图

简单来说，投资结构确定了项目投资者对项目资产及其之间的法律关系，合理的投资结构设计能够比较好地满足不同投资者的要求，为项目平稳运作提供组织保证。融资结构主要是指工程项目融资模式的选择，是工程项目融资结构设计中的核心，项目的其他结构都将围绕此结构展开。资金结构是指权益资本与债务资本的比例关系及其来源渠道。通常工程项目融资中发起人的投入只占总投资的一小部分，其余资金需要通过可能的融资渠道进行融资，而不同渠道的资金成本、风险及期限都是不一样的，因此需要对融资渠道有很好的认识，而资本结构的确定可能会对融资及项目未来的运作产生影响。由于工程项目融资的有限追索特性，除了项目本身的经济强度之外，项目的信用保证结构有助于降低相关投资者的风险，进而增强项目的吸引力。

工程项目的融资结构是工程项目融资的核心，由于其极度复杂，国际上很少有任何两个工程项目的融资结构完全一致。具体采用哪种融资结构，国际上并没有通行的标准，往往应根据项目的性质、背景以及项目投资者的战略考虑来进行选择。不管项目的融资结构如何复杂，在设计融资结构时，总包含着一些具有共性的问题，并存在一些基本的结构特征。

1.3.1 项目的投资结构

项目的投资结构，即项目的资产所有权结构，是指项目的投资者对项目资产权益的法律拥有形式，以及项目投资者之间（如果项目有一个以上的投资者）的法律合作关系。

采用不同的项目投资结构，投资者对其资产的拥有形式，对项目产品、项目现金流量的控制程度，以及投资者在项目中所承担的债务责任和所涉及的税务结构会有很大的差异。在投资决策分析中，确定投资结构需要考虑的因素包括项目的产权责任、产品分配形式、决策程序、债务责任、现金流量、税务结构和会计处理等。为了满足投资者对项目投资和融资的具体要求，第一步工作就需要在项目所在国法律、法规许可的范围内设计安排符合这种投资和融资要求的目标投资结构。

目前，国际上工程项目融资通常采用的投资结构有：
1）单一项目子公司。
2）非限制性子公司。
3）代理公司。
4）公司型合资结构。
5）合伙制和有限合伙制结构。
6）信托基金结构。
7）非公司型合资结构。

具体采用哪种投资结构，完全取决于该项目本身的融资要求和融资数额。在这一方面，可以根据项目的具体情况、投资者投资愿望的迫切程度以及对控制权的要求程度予以协商确认。

1.3.2 项目的融资结构

融资结构是工程项目融资的核心部分。融资结构的设计是为了实现项目投资者在融资方面的目标要求。一旦项目的投资者在确定投资结构问题上达成一致意见，接下来的重要工作就是设计和选择合适的融资结构，以实现投资者在融资方面的目标要求。因为对于一个通过工程项目融资方式设立的工程项目，其建设资金主要就是通过融资方式获取的，而只有少量资金依靠项目资本金来解决。

设计项目的融资结构是一项很复杂的工作，通常是由投资者所聘请的融资顾问（通常是投资银行）来担任。工程项目融资通常采用的融资模式包括投资者直接融资、通过单一项目公司融资、利用"设施使用协议"型公司融资、生产贷款、杠杆租赁和 BOT 模式等多种方式。融资结构的设计可以按照投资者的要求，对几种模式进行组合、取舍、拼装，再结合具体项目的资金使用要求，通过时间配比、风险配比、成本配比实现预期目标。

1.3.3 项目的资金结构

项目的资金结构设计用于决定在项目中股本资金、准股本资金和债务资金的形式、相互之间比例关系以及相应的来源（图1-4）。资金结构是由投资结构和融资结构决定的，但其反过来又会影响整体工程项目融资结构的设计。

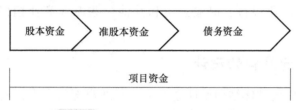

图 1-4 工程项目融资的资金构成

项目的资金结构主要包括债务资金与权益资金的比例、资金的期限结构、资金的货币结构和债务资金的利率结构等方面。针对不同的工程项目，要设计出最佳的资金结构以满足项目建设各方的需要。

针对同一个项目，选择不同的融资结构和资金结构，最终所得到的结果可能会有相当大的差别。工程项目融资重点解决的是项目的债务资金问题，然而，在整个结构中也需要适当数量和适当形式的股本资金和准股本资金作为结构的信用支持。工程项目融资经常采用的债务形式有商业贷款、银团贷款（辛迪加贷款）、商业票据、欧洲债券、政府出口信贷和融资租赁等方式。

工程项目融资可以采取灵活多样的资金结构，确定资金结构的基本原则是在不会因为借债过多而损害项目经济强度的前提下，尽可能地降低项目的资金成本。只要融资成功，不影响项目的经济强度，选择什么样的资金结构都是被允许的。这样，选择科学合理的资金结构，使其既能满足投资者对资金的需求，保证项目的顺利实施，又能保证项目的现金流量，使项目取得预期的经济效益。

1.3.4 项目的信用保证结构

工程项目融资的根本特征体现在项目风险的分担方面，而项目担保正是实现这种风险分担的一个关键所在。由于工程项目融资方式的长期性，风险的合理分配和严格管理是项目成功的关键，也是项目各参与方谈判的核心问题，他们都试图寻找更多的信用保证方式以化解或规避风险。对于银行和其他债权人而言，工程项目融资的安全性来自两个方面：一方面来自项目本身的经济强度；另一方面来自项目之外的各种直接或间接的担保。这些担保可以是由项目的投资者提供的，也可以是由与项目有直接或间接利益关系的其他方面提供的。这些担保可以是直接的财务保证，如完工担保、成本超支担保、不可预见费用担保；也可以是间接的或非财务性的担保，如长期购买项目产品的协议、技术服务协议、以某种定价公式为基础的长期供货协议等。所有这一切担保形式的组合就构成了项目的信用保证结构。项目本身的经济强度与信用保证结构相辅相成。项目的经济强度高，信用保证结构就相对简单，条件就相对宽松；反之，就要相对复杂和严格。

在工程项目融资中，充当项目担保的担保人主要有项目发起人、与项目利益有关的第三方和商业担保人三类。对于提供资金而又不愿意较深介入项目的发起人而言，提供项目担保是一种较普遍的形式。通常作为第三方担保人的有工程承包公司、供应商、产品购买者或用户、世界银行、地区开发银行、多边担保机构等国际性金融机构。它们一般不愿意在工程项目融资中承担直接的无条件担保责任，所以提供的担保多为有限责任的间接担保。商业担保人以提供担保为一种盈利手段，承担项目的风险并收取担保服务费用；它们通过分散化经营来降低自己的风险。商业银行、保险公司和其他一些专业商业担保机构是主要的商业担保人。

1.3.5 项目的融资结构的设计

一个工程项目融资的整体结构设计之复杂、所涉及部门之多、法律和经济关系之多样，是迄今为止其他工程建设项目投资方式所无法比拟的，不能简单地将各个构成元素之间理解为是独立完成各个基本模块的设计之后的简单组合，实际过程是通过投资者之间，投资者与贷款银行之间，投资者和贷款银行与项目产品的下游消费者、生产设备的供应商、能源、原材料供应商，以及与政府有关部门、税务机构等多方面之间的反复谈判，完成融资的模块设计和确定模块相互之间的组合关系。这个过程需要经过多次反复，通过对不同方案的比较、选择、调整，最后产生一个最佳方案。

对其中任何一个模块做设计上的调整，都有可能影响到其他模块的结构设计以及相互之间的组合关系。因此，对于在这一领域工作的人来说，每一个完成的工程项目融资结构都是一件由其组织者精心设计的艺术品，在原则框架的基础上，每一个融资结构都带有自己的创造性。

然而，无论融资的结构多么复杂，工程项目融资的一些基本原则和特点都是必须遵循和保留的，其中包括有限追索、风险分担、信用支持多样化和充分利用税务优势降低融资成本等。一个企业如果准备考虑采用工程项目融资的方式为项目开发进行融资，首先应该做的工作是广泛地调查一下在不同工业部门中已经成功使用过的融资结构和方法，对各种融资结构加以分析和比较。

许多工业部门，如石油工业、采矿业、有色金属工业，多年来已经成功运用了多种不同的工程项目融资结构，积累了许多成功或者失败的经验。虽然在一个工业部门中应用过的结构并不一定可以照搬到另一个工业部门，但是至少可以启发思路，帮助设计出既符合投资者要求又适应项目特点的新的融资结构。同样，虽然不同国家在政治制度、法律制度、税务、银行制度等方面有所差别，但是在一个国家取得成功的融资结构对设计在另一个国家的工程项目融资也是很有启发的。对于我国企业来说，采用工程项目融资作为一种筹集资金的手段，在学习、掌握工程项目融资的基本概念、原则、结构和分析方法的基础上，还必须认真研究分析目前国际上成功的工程项目融资案例。这样，在开展国内、国外的投资业务时，特别是在开发一些大型、回收周期长、资本密集的工业、能源、矿山和基础设施项目时，就可以抓住问题的要害，根据自己的目标要求设计融资结构，有效地保护投资者的利益。图1-5给出了深圳沙角B电厂复杂的融资结构和融资保障结构设计。

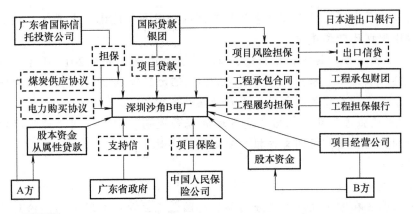

图 1-5 深圳沙角 B 电厂复杂的融资结构和融资保障结构设计示意图

固安工业园区新型城镇化项目

1. 项目概况

（1）项目背景

固安工业园区地处河北省廊坊市固安县，与北京大兴区隔永定河相望，距天安门正南 50km，园区总面积 34.68km²，是经国家公告（2006 年）的省级工业园区。

2002 年，固安县政府决定采用市场机制引入战略合作者，投资、开发、建设、运营固安工业园区。同年 6 月，通过公开竞标，固安县人民政府与华夏幸福基业股份有限公司（简称华夏幸福公司）签订协议，正式确立了政府和社会资本合作（PPP）模式。按照工业园区建设和新型城镇化的总体要求，采取"政府主导、企业运作、合作共赢"的市场化运作方式，倾力打造"产业高度聚集、城市功能完善、生态环境优美"的产业新城。目前，双方合作范围已拓展至固安新兴产业示范区和温泉休闲商务产业园区。

（2）建设内容与规模

固安工业园区 PPP 新型城镇化项目，是固安县政府采购华夏幸福公司在产业新城内提供的设计、投资、建设、运营一体化服务。

1) 土地整理服务。配合以政府有关部门为主体进行的集体土地征转以及形成建设用地的相关工作。2008—2013 年，华夏幸福公司累计完成土地整理 29047.6 亩[⊖]，累计投资 103.8 亿元。

2) 基础设施建设。具体包括道路、供水、供电、供暖、排水设施等基础设施投资建设。截至 2014 年，已完成全长 170km 的新城路网、4 座供水厂、3 座热源厂、6 座变电站、1 座污水处理厂等相关配套设施的建设。

3) 公共设施建设及运营服务。具体包括公园、绿地、广场、规划展馆及教育、医疗、文体等公益设施建设，并负责相关市政设施运营维护。园区内已经建成中央公园、大湖公园、400 亩公园、带状公园等大型景观公园 4 处，总投资额 2.54 亿元。目前，由北京八中、

⊖ 1 亩 = 666.6̇ m²。

固安县政府、华夏幸福公司合作办学项目北京八中固安分校已正式开学,按三级甲等标准建设的幸福医院也已开工建设。

4)产业发展服务。具体包括招商引资、企业服务等。截至2014年年底,固安工业园区累计引进签约项目482家,投资额达638.19亿元,形成了航空航天、生物医药、电子信息、汽车零部件和高端装备制造五大产业集群。

5)规划咨询服务。具体包括开发区域的概念规划、空间规划、产业规划及控制性详规编制等规划咨询服务,规划文件报政府审批后实施。

2. 运作模式

(1)基本特征

固安工业园区在方案设计上充分借鉴了英国道克兰港口新城和韩国松岛新城等国际经典PPP合作案例的主要经验,把平等、契约、诚信、共赢等公私合作理念融入固安县政府与华夏幸福公司的协作开发和建设运营之中。其基本特征是:

1)政企合作。固安县政府与华夏幸福公司签订排他性的特许经营协议,设立三浦威特园区建设发展有限公司(简称三浦威特)作为双方合作的项目公司(SPV),华夏幸福公司向项目公司投入注册资本金与项目开发资金。项目公司作为投资及开发主体,负责固安工业园区的设计、投资、建设、运营、维护一体化市场运作,着力打造区域品牌;固安工业园区管委会履行政府职能,负责决策重大事项,制定规范标准,提供政策支持,以及基础设施及公共服务价格和质量的监管等,以保证公共利益最大化(图1-6)。

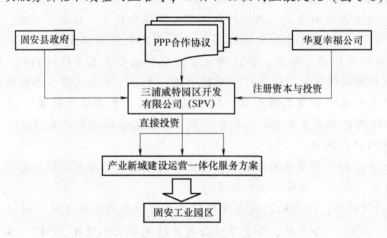

图1-6 固安工业园区新型城镇化项目政企合作模式

2)特许经营。通过特许协议,固安县政府将特许经营权授予三浦威特,双方形成了长期稳定的合作关系(图1-7)。三浦威特作为华夏幸福公司的全资公司,负责固安工业园区的工程项目融资,并通过资本市场运作等方式筹集、垫付初期投入资金。此外,三浦威特与多家金融机构建立了融资协调机制,进一步拓宽了融资渠道。

3)提供公共产品和服务。基于政府的特许经营权,华夏幸福公司为固安工业园区投资、建设、开发、运营提供一揽子公共产品和服务,包括土地整理投资、基础设施建设、公共设施建设、产业发展服务以及咨询服务和运营服务等(表1-2)。截至2014年,华夏幸福公司在固安工业园区内累计投资超过160亿元,其中基础设施建设和公共服务设施建设投资约占40%。

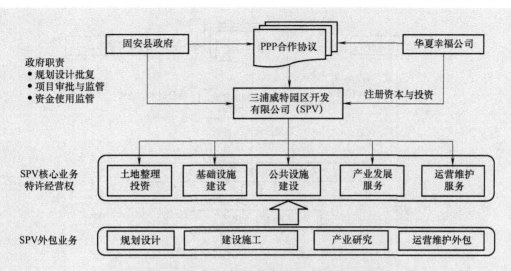

图1-7 固安工业园区新型城镇化项目特许经营模式

表1-2 固安工业园区新型城镇化项目业务范围

业务类型	代表业务或约定
土地整理投资	土地整理直接投资安置房规划设计及建设 道路官网（道路工程、热力管网、桥梁）
基础设施建设	景观节点等建设 厂站（热源厂、污水处理厂、自来水厂） 公园体系（中央公园、滨水公园、门户公园、市民广场）
公共设施建设	经营性公建（体育文化设施） 规划展览
产业发展服务	招商引资，形成落地投，后期产业服务
咨询服务	三大规划 详规、专项策划/设计 城市运营
运营服务	公共设施运营 转向运营

4）收益回报机制。双方合作的收益回报模式是使用者付费和政府付费相结合。固安县政府对华夏幸福公司的基础设施建设和土地开发投资按成本加成方式给予110%的补偿；对于提供的外包服务，按约定比例支付相应费用。两项费用作为企业回报，上限不高于园区财政收入增量的企业分享部分。若财政收入不增加，则企业无利润回报，不形成政府债务。固安工业园区新型城镇化项目投资与收益如图1-8所示。

5）风险分担机制。社会资本利润回报以固安工业园区增量财政收入为基础，县政府不承担债务和经营风险；华夏幸福公司通过市场化融资，以固安工业园区整体经营效果回收成本，获取企业盈利，同时承担政策、经营和债务等风险。风险分担情况见表1-3。

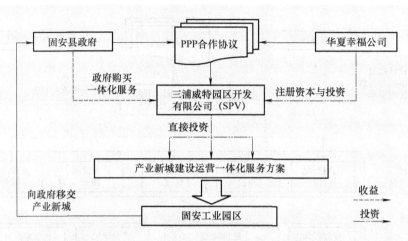

图 1-8 固安工业园区新型城镇化项目投资与收益图

表 1-3 固安工业园区新型城镇化项目风险分担情况

风险类型	政 府	华夏幸福公司
政策风险	×	√
机会风险	√	×
债务风险	×	√
经营风险	×	√

（2）主要创新点

固安工业园区新型城镇化 PPP 模式属于在基础设施和公用设施建设基础上的整体式外包合作方式，形成了"产城融合"的整体开发建设机制，提供了工业园区开发建设和区域经济发展的综合解决方案。

1）整体式外包。在政企双方合作过程中，固安县政府实际上是购买了华夏幸福公司提供的一揽子建设和外包服务。这种操作模式避免了因投资主体众多而增加的投资、建设、运营成本，而且减少了分散投资的违约风险，形成了规模经济效应和委托代理避险效应。

2）"产城融合"整体开发机制。在"产城融合"整体开发机制下，政府和社会资本有效地构建了互信平台，从"一事一议"变为以 PPP 机制为核心的协商制度，减少了操作成本，提高了城市建设与公共服务的质量和效率。

3）工业园区开发建设和区域经济发展综合解决方案。政企双方坚持以"产业高度聚集、城市功能完善、生态环境优美"作为共同发展目标，以市场化运作机制破解园区建设资金筹措难题，以专业化招商破解区域经济发展难题，以构建全链条创新生态体系破解开发区转型升级难题，使兼备产业基地和城市功能的工业园区成为新型城镇化的重要载体和平台。

3. 实施效果

经过十多年的建设，固安工业园区实现了华丽蝶变，有效促进了当地经济社会发展。

（1）经济发展：带动区域发展水平迈上新台阶

从2002年合作至今，固安工业园区已成为河北省发展速度最快的省级开发区，2014年完成固定资产投资149.6亿元，实现工业总产值224.5亿元，完成财政收入23.3亿元。受益于固安工业园区新型城镇化，固安县从一个经济发展水平相对落后的县，成为各项指标在全省领先的县。政企合作十多年，固安县人均GDP增长了4倍，财政收入增长了24倍，成功跻身"2014中国县域成长竞争力排行榜"50强，位列"中国十佳开发竞争力县"第2名。

（2）城市建设：构建了中等城市框架和服务配套设施

截至2014年，华夏幸福公司在园区内投入了大量前期开发资金，高质量推进了路、水、电、气、通信等基础设施的建设，实现了"十通一平"。同时，积极引进优势资源，建设了中央公园、水系生态景观、创业大厦、商务酒店、人才家园等一批高端配套设施，构建了以城市客厅、大湖商业区、中央大道金融街区为主体的"智能城市"核心区。其中，作为城市主干道之一的锦绣大道（大广高速至永和路段）总投资额4.13亿元，连接廊涿路与106国道，2012年竣工通车，为产业集聚和居民出行提供了便利条件。

（3）民生保障：坚持"以人为本"建设幸福城市

华夏幸福公司投资2.81亿元，引进的北京八中固安分校已正式投入使用，与首都医科大学附属医院合作经营的幸福医院也已启动建设。园区建设促进了公共资源配置均等化，当地居民和外来人员享受同等的教育和医疗等公共资源和服务，并带动固安县民生投入不断加大，促进了全县民生保障体系的完善。2014年，固安县民生领域支出达26.1亿元，占公共财政预算支出的84.8%，在全省率先实施县级社保"一卡通"，在廊坊市率先建立了"低保对象医前医疗救助制度"。

4. 案例思考

1）试分析项目的信用担保人和信用保证结构。

2）固安工业园区新型城镇化在整体推进过程中采用了PPP模式，有何推广价值？

（案例资料来源：国家发展和改革委员会PPP项目典型案例，http://tzs.ndrc.gov.cn/zttp/pppxmk/pppxmal/。）

大连湾海底隧道及光明路延伸工程

1. 项目概况

（1）项目名称

大连湾海底隧道及光明路延伸工程。

（2）项目背景

根据大连市的城市总体规划，大连将强化"组团式"发展模式，完善"多中心"城镇结构，坚持"紧凑型"开发理念，构建"一轴两翼、一核一极七节点"为主的组团城市网络。大连的城市地理特点使中心城区（包括中山区、西岗区、沙河口区、甘井子区）的空间发展形态大体上呈"C"状，由于被大连湾分隔，南北方向通道少，老市区进出交通"瓶颈"问题突出。为落实大连市城市总体规划、加强大连湾南北两岸的联系、拓展大连市城市发展空间，大连市提出建设大连湾海底隧道及光明路延伸工程。

(3) 项目基本情况

该项目包括两个子项工程，分别为大连湾海底隧道建设工程及光明路延伸工程。

1) 大连湾海底隧道建设工程。建设地点、规模及标准：大连湾海底隧道工程北起梭鱼湾20号路，南至人民路，主线全长5098.23m。其中，接线道路长299.23m、沉管海底隧道长3040m、明挖暗埋隧道长1379m（包括北岸长187m、南岸长1192m）、敞开段长380m（包括北岸长180m、南岸长200m）。全线设置3对匝道，匝道全长2260.93m，其中明挖暗埋隧道长1389.93m、敞开段长455m、地面道路长416m。人民路设置下穿港隆西路的地道，使人民路和港隆西路交叉口形成部分互通式立交，地道暗埋段长162m、敞开段长263m。道路按双向六车道城市快速路等级设计，设计速度为主线60km/h、匝道40km/h。

主要建设内容：新建道路工程、海底沉管隧道工程、陆域段隧道工程、供电照明工程、通风、消防、排水及市政基础设施管网工程、交通工程及交通监控中心、绿化工程等。

工程投资及工期：估算总投资约为105.2亿元，其中，建安工程费63.77亿元、工程其他费用7.13亿元、预备费6.45亿元、征地补偿费18.09亿元、建设期贷款利息9.76亿元，铺底流动资金200万元。项目总建设工期计划50个月。

2) 光明路延伸工程。建设地点、规模及标准：光明路延伸工程南起梭鱼湾20号路，顺接大连湾海底隧道工程北岸接线道路，北至201国道。主线全长6.9km，其中：新建隧道2km、新建桥梁3.1km、新建道路900m、现状道路利用900m。包括四段：东方路以南双向六车道，东方路—振连路双向八车道，振连路—201国道双向六车道，201国道以北双向四车道。工程全线按城市快速路等级设计，光明路主线、东方路、中华路设计速度为60km/h，立交匝道设计时速为40km/h或30km/h。

主要建设内容：新建隧道工程、道路工程、市政桥梁工程、跨铁路桥梁工程、照明工程、雨水工程、污水工程、交通工程、绿化工程等。工程投资及工期：估算总投资65.92亿元，包括建安工程费14.82亿元，工程建设其他费用5.8亿元，预备费2.06亿元，跨铁路工程估算3.21亿元，石化公司生产管线改造费用1.1亿元，征地动迁费38.93亿元。项目建设工期计划36个月。

(4) 项目进展情况

该项目包含的两个子项工程分别作为独立的工程建设项目，履行基本建设前期报批工作，均已完成立项审批。根据大连市政府安排，该项目由市政府授权委托大连市城市建设管理局作为项目实施机构、大连市城市建设投资有限公司（现更名为"大连市城市建设投资集团有限公司"，简称大连城建投资公司）作为政府方出资代表。为加快项目推进的同时给予投资人信心，大连城建投资公司在社会资本投资人招标之前已利用自有资金设立大连湾海底隧道有限公司，并先期开展项目规划红线范围内的部分征地拆迁工作，相关费用将纳入项目总投资范围。

(5) 社会资本方概况

2016年9月，大连市城市建设管理局通过公开招标方式选定中国交建联合体作为中标社会资本。社会资本联合体由中国交通建设股份有限公司(简称中国交建)、中交第一航务工程局有限公司、中交第四航务工程局有限公司、中交公路规划设计院有限公司、上海市隧道工程轨道交通设计研究院、大连市市政设计研究院有限责任公司、天津市海岸带工程有限公司、中交投资基金管理(北京)有限公司八家组成,中国交通建设股份有限公司为联合体牵头单位,各联合体成员按照联合体协议并发挥各自优势特长,分别承担项目设计、投资、施工及运维工作。

2016年10月,大连市城市建设管理局与中国交建联合体正式签订特许经营协议。投资协议签订之后,大连城建投资公司、社会资本联合体按照投资协议的约定完成股权转让程序。

(6) 咨询机构

实施机构委托中国国际工程咨询公司和北京大成律师事务所为该项目提供PPP总体咨询服务工作。

2. 运作模式

(1) 具体模式

该项目属于纯公益性的市政道路基础设施,总体上采用政府付费的BOT模式实施,即由社会资本方获得政府特许授权后负责该项目勘察设计、投融资、建设、运营及维护,政府方则根据绩效考核结果按照约定向项目公司付费,合作期满后项目公司将项目所有设施无偿移交给政府。该项目通过公开招标的方式选定中国交建联合体作为社会资本方。大连城建投资公司作为政府方出资代表,在社会资本投资人招标之前利用自有资金设立大连湾海底隧道有限公司,在选定中国交建联合体作为社会资本方后,通过股权转让方式,使得PPP项目公司的股权结构符合实施方案的要求,并由PPP项目公司具体负责项目的实施。该项目合作期为"建设期+20年运营期",建设期以初步设计及概算批复为准。具体运作模式如图1-9所示。

(2) 投融资结构

1) 股权结构。该项目政府方和社会资本在项目公司中的股权比例为15:85,其中政府方股份由大连城建投资公司持有,各方按股权比例获得项目公司分红。为确保政府方对项目公司各项事宜的知情权,合同约定政府方出资代表至少有一人进入公司董事会。

2) 资金筹措方案。项目资本金比例按照国家规定设定为不低于20%,并约定以金融机构要求为准。项目资本金由项目公司各方股东按股比出资,其余资金由项目公司负责通过银行贷款等方式进行融资。项目公司融资过程中,政府不提供担保、增信,但是允许并配合其质押特许经营收益权以获得金融机构贷款。

项目前期方案设计中允许金融机构以股权投资的方式参与项目公司组建。中国交建在投标阶段与基金公司组成联合体共同参与项目投标,基金公司按照约定比例以股权投资的方式参与。

(3) 回报机制

考虑该项目的实际情况,该项目不具备直接向使用者收取通行费的基础,因此设计采用政府付费的回报机制,即项目公司按照合同约定向公众提供符合要求的基础设施及服务,政府方则根据绩效考核结果按照合同约定向项目公司付费,确保社会资本收回建设期

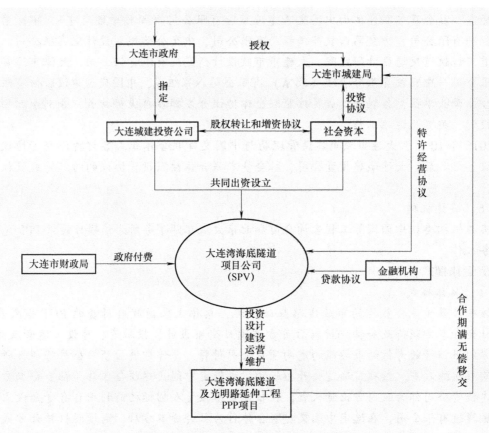

图1-9 大连湾海底隧道及光明路延伸工程项目具体运作模式

及运营期投入的资金并获得合理回报。大连市政府承诺将每年政府付费支出列入财政年度预算。

该项目以初步设计阶段的概算批复数为项目总投资控制数，即政府付费基数（征地拆迁费据实结算并以概算批复中征地拆迁费为上限）。该项目投资控制参照EPC模式，概算批复之后政府付费基数的调整仅在政府方提出设计变更、项目建设遇到重大地质条件问题、国家及地方政府政策变化的情况下触发。其余情况下，建设期项目超支风险以及投资节约收益均由社会资本承担。

为加强政府对项目运营维护服务标准的管控，在特许经营合同中明确设定了运营维护绩效考核指标，政府支出的服务费用与项目公司绩效考核中的评价结果挂钩。在项目进入运营期后，政府每年按照绩效考核结果向项目公司支付费用。为合理分担运营期风险，约定运营期内政府付费额度综合考虑基准利率变化、用电价格、人工费用及物价变化进行相应调整，并在特许经营合同中设定具体的调整方式。

(4) 主要风险分配框架

该项目风险分配遵循以下原则：
1) 由对风险最有控制力的一方承担相应的风险。
2) 承担风险的一方能够将风险合理转移。
3) 承担的风险程度与所得回报相匹配。

按照该风险分配原则,根据项目特点,综合考虑政府风险管理能力、项目回报机制和市场风险管理能力等因素,按照项目实施的时序,在政府和社会资本之间合理分配项目风险,见表1-4。

表1-4 大连湾海底隧道及光明路延伸工程项目风险分配表

风险阶段	风险因素	风险来源	风险结果	承担单位
全过程	政策风险	法律与政策稳定性	影响项目的政策进行,项目暂停甚至终止	政府
	经济风险	通货膨胀	物价上涨,成本增加	政府及社会资本
		经济形势恶化	成本增加	政府及社会资本
		利率变化	成本增加或减少	政府及社会资本
前期	社会	公众及相关企业反对	影响项目的正常进行,项目暂停甚至终止	政府
	政策	项目前期审批程序	影响进度	政府
	征地拆迁	征地、拆迁	影响进度,成本增加	政府
	建设条件	水、电、路,建设用地、临时用地	影响进度,成本增加	政府及社会资本
	经济	项目融资	影响进度,成本增加	社会资本
建设期	自然风险	不可抗力	影响进度,成本增加,财产损失	政府及社会资本
		重大地质问题	影响进度,成本增加	政府及社会资本
建设期	经济风险	原材料、人工价格上涨	增加成本	社会资本
		税费政策变化	增加成本	政府
		利率变化	增加成本	社会资本
		设备租赁费	增加成本	社会资本
		施工管理费	增加成本	社会资本
	设计风险	设计变更	项目中断,工期延误,费用增加	社会资本
		设计缺陷及错误	工期延误,费用增加	社会资本
	施工风险	工艺不当	进度延误,成本增加	社会资本
		安全措施不力	人员伤亡和财产损失,进度延误	社会资本
		方案不合理	进度延误,成本增加	社会资本
		应用技术失败	影响工期,增加进度协调难度	社会资本
	管理风险	合同管理能力	影响效率、进度	社会资本
		总承包协调	影响效率、进度	社会资本
		分包管理	影响效率、进度、成本	社会资本
		物资管理	影响效率、进度、成本	社会资本
		财务管理	影响效率、成本	社会资本
项目验收	竣工验收	交付延误	影响效率、进度	社会资本
	竣工决算	投资增加	影响成本	社会资本

(续)

风险阶段	风险因素	风险来源	风险结果	承担单位
运营维护	运营风险	重大事故及灾难	影响使用，增加成本	政府及社会资本
		维护力度不够	影响使用环境及质量	社会资本
		运营费用超支	影响成本	社会资本
		移交资料准备	影响交付进度	社会资本
		移交前维护及工程状态保障	影响项目质量	社会资本
	经济风险	通货膨胀及人员工资上涨	增加运营成本	政府及社会资本
		利率变化	增加成本	政府

（5）合同体系

该项目合同体系由两个方面构成，一是政府与社会资本之间基于长期的合作伙伴关系所需要签订的相关合同；二是项目公司为实施项目与施工、设备供应、服务商等所需要签订的相关合同（图1-10）。

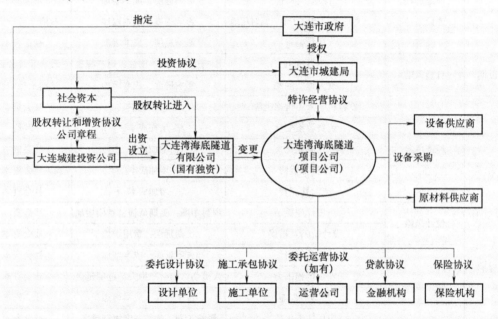

图1-10　大连湾海底隧道及光明路延伸工程项目合同体系

该项目选定社会资本投资人后，政府与社会资本签订《投资协议》，主要约定合作内容、年限、项目公司成立等事宜。项目公司成立后，政府与项目公司签订《特许经营合同》，主要约定整个合作期间的双方责、权、利等内容。为确保后期项目公司履约，政府要求社会资本投资人对项目公司签订的相关合同承担连带责任。

项目公司在项目实施过程中，根据需要自行按照建设工程管理的相关规定，与设计单位、金融机构、总承包方、设备供应商等签订符合国家法律法规要求的合同文件，并报政府备案。

(6) 履约和监管体系

该项目具备完善的履约保障体系。在投标阶段需要社会资本提交投标保证（现金或保函）。项目公司成立后需要向政府方提供建设期履约担保，担保期限涵盖至竣工验收完成，担保形式可选择具有相应担保额度的国有商业银行、股份制商业银行开具的银行保函。双方合作期最后一年，在剩余政府付费低于2亿元前，项目公司需提交2亿元的移交担保，担保期限需要延续至移交完成日后1年。

此外，针对该项目，在发改、财政、环保、公安、消防、安监等部门按照行政管理职能履行监管职责的基础上，还引入公众、专家委员会、第三方项目管理机构等方式加强监督与管理。

(7) 主要权利义务

政府授予项目公司该项目特许经营权，包括基本权益和附加权益两部分。其中，基本权益包括投融资、勘察设计、施工建设该项目的权利，运营、管理、维护该项目的权利，获得政府付费的权利；附加权益包括项目配套服务设施经营权、沿线广告经营权、项目空间的收益权，以及双方约定的围绕该项目产生的基本收益以外的其他合法权益。同时，由于该项目是具有公共属性的市政工程，因此特别约定，政府方基于公共利益或政府管理需要直接投资建设的政务网络光缆、交通管理设施等可以无偿使用项目空间。考虑到附加权益的未来收益具有较大的不确定性，同时为激发项目公司运营附加权益项目的积极性，特别约定该项目附加权益的相关运营成本及收益不纳入政府付费范畴，附加权益产生的收益由政府和社会资本共享，政府与项目公司的分成比例为8:2。

由于该项目涉及重大公共利益，特许经营期内（包含建设期、运营期），该项目及其附属设施等各项有形资产及无形资产的所有权和处置权归政府方所有；项目公司仅享有该项目设施的使用权和收益权，政府方有权依据本合同约定或法律规定收回使用权和收益权。该项目征地拆迁工作由政府负责，所需费用以独立费用项计入项目总投资，具体数额以概算批复中的征地拆迁费为上限，后续超支风险由政府承担。此外，政府需根据项目实际建设需要，在符合国家法律法规的前提下予以协助，并提供便利条件。

由于该项目沉管隧道建设工程施工技术难度较大，在特许经营合同中约定由政府和项目公司双方联合聘请隧道、地质、水文、防灾、交通工程、技术经济等专业领域的相关业内专家组成专家委员会，对该项目设计、施工中存在的技术难点、疑点以及双方在合作期内的有关争议进行指导、协调和论证，对重大设计变更的原因、方案进行分析论证。专家委员会组长由政府方指定，专家委员会议事规则由甲乙双方另行商定。同时，政府方有权在该项目可行性研究、初步设计、施工图设计等阶段聘请专家审查或者委托第三方专业机构进行论证，以充分听取相关业内专家的意见，对该项目整体设计方案提出优化和完善建议。

3. 借鉴价值

该项目属于无使用者付费来源的纯公益性市政基础设施，另外，工程项目本身包含的沉管隧道建设工程技术难度较大，项目包含的征地拆迁补偿费用比例较高、总投资体量较大，上述特殊因素均给项目PPP模式的推进造成了一定的不利影响。但是，大连市政府高度重视，大连市各政府部门通力合作，较好地发挥了中国国际工程咨询公司在工程技术经济方面的咨询经验以及北京大成律师事务所的法律事务咨询经验，充分借助各方力量，对前期方案设计、合同拟定的系统性分析，研究了一整套较为合理的 PPP 合作模式。

（1）充分结合项目实际，量体裁衣设计最适合的合作模式

该项目全生命周期内最大的风险在于工程施工建设阶段，尤其是大直径海底沉管隧道建设，目前除港珠澳大桥之外，国内外可借鉴的案例较少。为较好地控制项目进度、质量、投资并保障安全，该项目在 BOT 的合作模式的基础上参考 EPC 模式，通过社会资本投资人招标一次性选定勘察设计、施工总承包、运营维护承担单位。该种做法充分考虑了该项目沉管隧道施工技术难度大、不确定因素多、勘察设计要求较高等实际特点，同时结合了大连市自身的项目管理经验和惯例。一方面较好地推进了政府的角色和职能转变，贯彻了"专业的人做专业的事"的 PPP 核心理念，另一方面也对项目全生命周期内各阶段的利益点、风险点做了系统性的统筹考虑，有机整合了社会资本各方、各阶段的利益，为各方建立持续、良好、共赢的长期合作关系奠定了坚实基础。

（2）合理划分风险及设计防范措施，给予了社会资本充分的信心并降低了政府付费成本

在前期 PPP 方案设计阶段，对包括项目前期、建设期、运营期、移交阶段在内全生命周期内的工程、经济、法律等多维度的风险进行了分析，并充分结合项目实际和市场测算，对各项风险进行了分配。例如，考虑到该项目征地拆迁工作量大、协调难度高，且对工期影响具有不确定性，形成了征地拆迁工作由政府方负责、征地拆迁补偿费用超支的风险交由政府承担的约定；考虑到该项目地质条件复杂，在施工过程中可能面临一系列无法预知的风险，对施工进度及建设成本影响较大，因此约定经专家委员会认定的属于地质条件重大变化引起工程费用增加的风险由政府方有条件地进行适度分担；区分建设期内利率变化风险与运营期内利率变化风险分别由社会资本方、政府方承担，CPI 变化风险则由双方共同承担等。

风险分配以及防控预案设计一方面吸引了多家大型社会资本投资人参与充分竞争，有利于政府"好中选优"；另一方面也充分利用竞争机制，激发了各个社会投资人利用自身各方面的优势、经验降低投标报价，防止了社会资本因为过多地考虑无法控制的风险因素而提高报价的情况。

（3）建立系统的政府方管控体系，减少项目技术风险并避免公共利益受到侵害

考虑到项目的公共属性及设计、施工难度高的特点，该项目 PPP 合作方案中科学合理地设计了一整套高效、可行的政府管控体系，在不过多干预项目公司自身独立运作的前提下减少项目公司所承担的技术风险，并争取有效保证项目全生命周期内公共利益不受侵害。

首先，项目前期工作阶段政府方全过程介入，结合项目特点创新提出"双设计"模式，即政府方有权聘请专业设计单位作为咨询顾问，在可行性研究、初步设计、施工图设计等阶段对项目勘察设计、设计变更等进行全过程咨询，并有权在前期工作的各个阶段聘请专家审查或者委托第三方专业机构进行论证，对该项目整体设计方案提出优化和完善建议。

其次，政府方和项目公司共同聘请隧道、地质、水文、防灾、交通工程、技术经济等专业领域的相关业内专家组建专家委员会，对该项目设计、施工中存在的技术难点、疑点以及甲乙双方在合作期内的有关争议进行指导、协调和论证，对重大设计变更的原因、方案进行分析论证。

最后，该项目各方约定政府方在合作期内有权委托第三方项目管理机构，加强资金到位进度、工程关键节点工期控制的监督等；项目运营期的政府付费与绩效考核有效挂钩，同时引入公众监督等；项目移交阶段政府收取移交保函，并设置移交完成后的项目公司及保函存续期等。

通过采用双设计体系和设立专家委员会，政府方得以积极介入该项目设计、施工等方面的技术工作。这一方面能够有效帮助社会资本减少重大技术风险，另一方面也尽可能确保了项目设计、施工及有关变更的合理性，尽可能地保障了公共利益。这为同类技术复杂、施工难度大的公共基础设施项目提供了很好的借鉴。

(4) 成功引入金融机构股权投资，解决项目融资难的问题

该项目属于大型市政基础设施建设工程，包含大直径海底沉管隧道工程，工程建设费用较高；同时，项目建设又涉及市区较大范围的征地拆迁，且征地拆迁补偿费用较高。因此，该项目无论采用何种模式推进，项目融资是首先需要解决的难题。在前期 PPP 方案设计阶段，通过多方走访、沟通、调研，较好地对接了政府方与社会资本方的需求，成功引入"特大施工型中央企业＋基金公司"的社会资本联合体，较好地解决了项目融资问题。

(5) 对项目公司的组建方式有所创新，在同类项目中具有一定的示范性

一般来说，PPP 项目公司是社会资本中标后，由政府方出资代表与社会资本投资人共同出资设立，并在国家相关部门登记注册和备案。但是，由于该项目涉及征拆量大、前期工作程序复杂、工期紧张，实施机构希望项目前期工作推进能够和社会资本招商同步进行。按照大连市政府相关要求，实施机构前期组织咨询机构对项目公司的成立方案进行了多方案比选研究，并提出先行组建项目公司作为项目法人推进项目，后续以股权转让和增资方式引入社会资本的方案；同时，为确保该方案的合理性和适用性，实施机构一方面充分征求了各潜在投资人的意见，另一方面则提前与国资管理部门、财政局、法制办等机构进行了充分沟通，厘清了未来国资股份转让的程序和流程。

实际操作中，政府方出资代表——大连城建投资公司利用自有资金先行设立国有独资公司（大连湾海底隧道有限公司）。大连湾海底隧道有限公司成立之后即作为项目法人着手开展项目规划红线范围内的征地拆迁及项目前期工作。待社会资本方通过公开招标的方式入场之后，按照《中华人民共和国公司法》《企业国有资产监督管理暂行条例》《企业国有产权转让管理暂行办法》等有关法律法规和投资协议约定的股权比例通过增资进入大连湾海底隧道有限公司，将其变更为由社会资本控股、政府方出资代表参与专门负责该项目实施的项目公司（SPV 公司）。

此种先行成立项目公司、后续社会资本再以股权转让方式进入的模式，一方面有利于加快项目推进，另一方面也避免了后成立项目公司需要项目前期手续中法人变更等事宜，总体上有利于项目推进；同时，政府方先行成立项目公司主导项目前期拆迁及前期工作开展，便于投资人了解工作进展，有利于投资人控制风险。此外，政府方"以身作则"亦给予投资人较强的信心，有利于增加项目竞争力。

(6) 以初步设计阶段概算批复额为总投资控制目标，激励社会资本控制项目总投资规模

实践中，PPP 项目多设置项目总投资预估值，通过竣工验收后的审计结算最终确定总

投资数额，并以此为基数计算政府财政补贴金额。该种模式下，政府对项目总投资的控制力度较弱，尤其当项目规模较大、工程复杂时，项目总投资很容易超出预估值，导致政府承担更重的支付义务。

该项目以初步设计阶段的概算批复额为总投资控制目标，政府付费基数的调整仅在政府方提出设计变更、项目建设遇到重大地质条件问题、国家及地方政府政策变化的情况下触发。其余情况下，建设期项目超支风险以及投资节约收益均由社会资本承担。这样，一方面能够实现政府对项目总投资的严格控制，预防竣工决算超概算情形的发生；另一方面也能有效激励社会资本在保障项目质量与安全的前提下，积极开展创新管理措施，节约投资数额。

4. 案例思考

1）试分析该工程项目的各方参与者都有哪些。
2）在该工程项目中，采用PPP模式的创新点有哪些？
3）大连湾海底隧道及光明路延伸工程的BOT融资模式是如何实现的？

（案例资料来源：国家发展和改革委员会PPP项目典型案例，http：//tzs.ndrc.gov.cn/zttp/pppxmk/pppxmal/。）

本章思考题

1. 工程项目融资的基本概念是什么？
2. 工程项目融资与传统融资的主要区别是什么？
3. 工程项目融资有哪些特点？
4. 工程项目融资的四个基本模块之间有何关系？
5. 工程项目融资通常采用的融资模式有哪些？
6. 工程项目融资结构的设计主要包括哪几个部分？

第 2 章 工程项目融资的运作与组织

【关键词】
投资决策；融资决策；项目公司；特许权；特许权经营

2.1 工程项目融资实施的基本阶段

从工程项目的投资决策，到选择采用工程项目融资的方式为项目筹集资金，一直到最后完成该工程项目融资，大致可以分为五个阶段，即投资决策分析阶段、融资决策分析阶段、融资结构分析阶段、融资谈判阶段和融资执行阶段（图 2-1）。

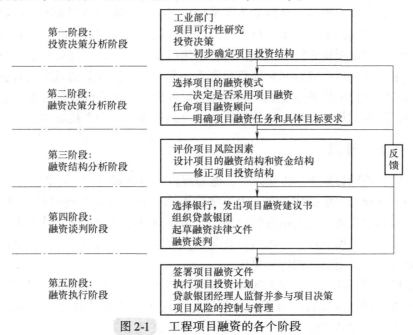

图 2-1 工程项目融资的各个阶段

2.1.1 投资决策分析阶段

从严格意义上讲，这一阶段也可以不属于工程项目融资所包括的范围。这是因为，对于任何一个投资项目，在决策者下定决心之前，都需要经过相当周密的投资决策分析，包括对国家宏观经济形势的判断、项目所处产业部门的发展前景、项目在产业部门中地位和竞争状况以及项目的可行性研究等内容。

然而，一旦做出投资决策，接下来的一个重要工作就是要确定项目的投资结构。项目投资结构的确定与将要选择的融资结构和资金来源有着密切关系。同时，在很多情况下，项目投资决策也是与项目能否融资以及如何融资紧密联系在一起的。投资者在决定项目投资结构时需要考虑的因素很多，其中主要包括项目的产权形式、产品分配形式、决策程序、债务责任、现金流量控制等方面的内容。投资结构的选择将影响到工程项目融资的结构和资金来源的选择；反之，工程项目融资结构的设计在多数情况下也会对投资结构的安排做出调整。

2.1.2 融资决策分析阶段

在这个阶段，项目投资者将决定采用何种融资方式为项目开发筹集资金。是否采用项目融资，取决于投资者对债务责任分担的要求、贷款资金数量及时间要求、融资费用要求等的综合评价。

如果决定选择采用工程项目融资作为筹资手段，投资者就需要选择和任命融资顾问，开始研究和设计项目的融资结构。有时，项目的投资者自己也无法明确判断采取何种融资方式为好，在这种情况下，投资者可以聘请融资顾问对项目的融资能力以及可能的融资方案做出分析和比较，等获得一定的信息反馈后，再做出项目的融资决策。

2.1.3 融资结构分析阶段

设计工程项目融资结构的一个重要步骤是完成对项目风险的分析和评估。如前所述，工程项目融资的信用结构的基础是由项目本身的经济强度以及与之有关的各个利益主体与项目的契约关系和信用保证所构成的。因此，能否采用以及如何设计工程项目融资结构的关键点之一，就是要求工程项目融资顾问和项目投资者一起对与项目有关的风险因素进行全面的分析和判断，以确定项目的债务承受能力和风险，设计出切实可行的融资方案。工程项目融资结构以及相应的资金结构的设计和选择必须全面反映投资者的融资战略要求和考虑。

2.1.4 融资谈判阶段

在初步确定工程项目融资的方案之后，融资顾问将有选择地向商业银行或其他一些金融机构发出参加工程项目融资的建议书，组织贷款银团，着手起草工程项目融资的有关文件。这一阶段会经过多次反复，在与银行的谈判中，不仅会对有关的法律文件做出修改，在很多情况下也会涉及融资结构或资金来源的调整问题，有时甚至会对项目的投资结构及相应的法律文件做出修改，以满足贷款银团的要求。

在这一阶段，融资顾问、法律顾问和税务顾问的作用是十分重要的。强有力的融资顾问和法律顾问可以帮助加强项目投资者的谈判地位，保护投资者的利益，并在谈判陷入僵局时，及时、灵活地找出适当的变通办法，绕过难点解决问题。

2.1.5 融资执行阶段

在正式签署工程项目融资的法律文件之后,融资的组织安排工作就结束了,工程项目融资将进入执行阶段。在传统的融资方式中,一旦进入贷款的执行阶段,借贷双方的关系就变得相对简单明了,借款人只要求按照贷款协议的规定提款和偿还贷款的利息和本金。

然而,在工程项目融资中,贷款银团通过其经理人(一般由工程项目融资顾问担任),将经常性地监督项目的进展,根据融资文件的规定,参与部分项目的决策程序,管理和控制项目的贷款资金投入和部分现金流量。

贷款银团的参与可以按项目的进展划分为三个阶段:项目的建设期、试生产期和正常运行期。在项目的建设期,贷款银团经理人将经常性地监督项目的建设进展,根据资金预算和建设进度表,安排贷款的提取。如果融资协议包括多种货币贷款的选择,为降低利率风险和汇率风险,银团经理人可以为项目投资者提供各种资金安排上的策略性建议。在项目的试生产期,银团经理人将监督项目试生产情况,将实际的项目生产成本数据和技术指标与其融资文件的规定各项指标进行比较,确认项目是否达到融资文件规定的商业完工标准。在项目的正常运行期,项目的投资者所提供的完工担保将被解除,贷款的偿还将主要依赖于项目自身的现金流量。银团经理人将按照融资文件的规定管理全部或一部分项目的现金流量。例如,在有些项目融资中,贷款银团要求项目公司必须建立以确保贷款偿还为核心的抵押账户系统,在还款期内,项目公司的所有资金必须全部存入抵押代理行开立的抵押账户内,由抵押代理行对账户内的现金流量进行长期、连续的监控,以确保债务的偿还。除此之外,银团经理人也会参与一部分项目生产的经营决策,在项目的重大决策问题(如新增资本支出、减产、停产和资产处理等)上有一定的发言权。

由于工程项目融资的债务偿还与项目的金融环境和市场环境密切相关,所以,帮助项目投资者加强对项目风险的控制和管理也成为银团经理人在项目正常运行阶段的一项重要的工作。

2.2 工程项目融资的参与者

工程项目一般都会涉及产、供、销环节上的多个参与者。而以工程项目融资的方式筹资的项目,特别是国际融资项目,由于资金数额大、涉及面广,而且要有完善的合同体系和担保体系来分担项目风险,因此这类项目的参与者就更多。概括起来,工程项目融资的参与者主要包括这样几个方面:项目发起人(项目的实际投资者)、项目公司、项目贷款银行、项目建设的工程公司/承包公司、项目设备/能源/原材料供应者、融资顾问,法律和税务顾问、有关政府机构等。

工程项目融资主要参与者之间的合同关系如图2-2所示。

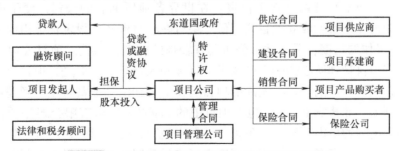

图2-2 工程项目融资主要参与者之间的合同关系

2.2.1 项目发起人

项目发起人也称项目的实际投资者，是项目的股东。项目发起人通过项目的投资活动和经营活动，收回项目投资，进而获取投资利润和其他利益；通过组织工程项目融资，实现项目投资的目标要求。

在工程项目融资结构中，项目发起人除了拥有公司全部股权或部分股权，提供一部分股本资金外，还需要以直接担保或者间接担保的形式为项目公司提供一定的信用支持。因而，项目发起人是工程项目融资中的真正借款人。项目发起人在融资中需要承担的责任和义务，需要提供的担保的性质、金额和时间要求，这主要取决于项目的经济强度和贷款银行的要求，是由借贷双方通过谈判决定的。

项目发起人可以是单独一家公司，也可以是由多家公司组成的投资财团。例如，由承包商、供应商、项目产品的购买方或使用方以及政府部门等多方构成的联合体；项目投资者可以是私人公司，也可以是政府授权的机构，或者是两者的混合体。项目发起人通常仅限于发起项目，但不负责项目的建设和运营。

2.2.2 项目公司

项目公司也称项目的直接主办人，是项目发起人为项目建设而设立的公司或合营企业。它直接参与项目投资和项目管理，直接承担项目债务责任和项目风险的法律实体。在法律层面，项目公司是一个独立的法律实体，具有独立的法律资格。它一般由投资方组建，负责从建设项目的策划、筹资、设计、建设实施、运营生产到后期的偿还债务并承担投资风险。项目公司是项目的综合中心，是包括人力资源、财物资源和其他资源的综合集成体。一个建设项目有众多利益相关者参与，项目的成败取决于项目公司在整个项目中的组织与协调。只有通过项目公司的有效集成，项目才能顺利实施。项目的投资方仅以投入项目公司中的股份为限对项目进行控制，并承担有限偿债责任。

这种做法的好处是：

1）将工程项目融资的债务风险和经营风险大部分限制在项目子公司中，项目子公司对偿还贷款承担直接责任，是实现融资责任对项目投资者有限追索的一种重要手段。

2）根据一些国家的会计制度，成立项目公司进行融资，可以避免将有限追索的工程项目融资安排作为债务列入项目实际投资者自身的资产负债表中，实现非公司负债型融资安排，即表外融资。这样有利于减少投资者的债务危机。

3）对于有多国公司参加的项目来说，组建项目公司便于把项目资产的所有权集中在项目公司一家身上，而不是分散在各个投资者在世界各地所拥有的公司，便于进行管理。同时，从贷款人的角度来看，成立项目公司便于银行在项目资产上设定抵押担保等权益。

4）从实际操作的角度，采用项目公司具有较强的管理灵活性。项目公司可以是一个实体，即实际拥有项目管理所必需的生产技术、管理和人员条件；但是，项目公司也可以只是一个法律上拥有项目资产的公司，实际的项目运作则委托给其他富有生产管理经验的项目管理公司负责。例如，菲律宾 Pagbilao 电力项目中的 Pagbilao 发电有限公司是项目公司，但是电厂的运营和售电等均由电厂经营者负责。一般来说，此时项目公司的资金状况、工程技术能力和以往的经营历史记录，会在很大程度上影响贷款银行对项目风险的判断。项目公司架起了项目发起人和项目其他参与者之间的桥梁。

2.2.3 项目管理公司

项目管理公司是受项目公司委托，按照管理合同约定承担项目管理职能的服务性机构。一般来说，项目管理公司在项目决策阶段，为业主编制可行性研究报告，进行可行性分析和项目策划；在项目实施阶段，为业主提供招标代理、设计管理、采购管理、施工管理和试运行（竣工验收）等服务，代表业主对工程项目进行质量、安全、进度、费用、合同、信息等管理和控制。

由于项目公司是因项目而发起设立的，其组织架构和人员配置大多不能承担较为完整的项目管理职能，因而项目管理公司是根据项目公司的需要而设立。项目公司根据工程监理、造价咨询、招标代理、设备监理、工程咨询等业务需要可以委托一家项目管理公司或者根据业务需要分阶段委托不同的项目管理公司协助管理项目。

2.2.4 贷款人

贷款人在工程项目融资中主要以债权人和担保人的身份出现，为项目提供债务资金的支持或者为项目提供信用支持。一般来说，商业银行、非银行金融机构（如租赁公司、财务公司，某种类型的投资基金等）和一些国家政府的出口信贷机构，都可作为项目的融资债务资金来源的贷款人，但多数贷款人往往是银行或银团。承担工程项目融资贷款责任的银行可以是单一的一两家商业银行，也可以是由十几家银行组成的国际银团。银行参与数目主要是根据贷款的规模和项目的风险（特别是项目所在国的国家风险）两个因素决定的。例如，根据一般的经验，贷款额超过3000万美元以上的项目，基本上需要至少三家以上的银行组成银团来提供资金。但是，对于一些被认为是高风险的国家，即使是几百万美元的项目贷款，也常常需要由多家银行组成的国际银团提供。

贷款银团通常分为安排行、管理行、代理行和工程银行等。这些银行都提供贷款，但又各自承担不同的责任。安排行负责安排融资和银团贷款，通常在贷款条件和担保文件的谈判中起主导作用。但是，相关文件将包含一段明确的声明，表示在银团贷款中的每一贷款人都是按照自己的判断来参加银团的，不会企图要求安排行为参与银行可能的损失负责。管理行负责贷款项目的文件管理。管理行的身份反映了对项目相当程度的参与，但管理行通常不对借款人或贷款人承担任何特殊的责任。代理行的责任是协调用款，帮助各方交流融资文件，送达通知和传递信息。代理行同样不对贷款人的贷款决定负任何责任。工程银行的责任是监控技术实施和项目的进程，并负责项目工程师和独立的专家之间的联络。工程银行可能是代理行或安排行的分支机构。

银行希望通过组织银团贷款的方式减少和分散每一家银行在项目中的风险。从借款人的角度来看，通过银团融资可以提供机会与更多的银行及金融机构建立联系，增进相互了解。然而，凡事有利有弊，如果参加银团的银行过多，则会为贷款管理带来很多困难。例如，如果借款人在贷款期间希望对融资协议的某些重要条款做出修改，按照常规，这样的修改要取得超过2/3的参与银行的同意，而贷款银行可能分散在若干国家，要完成这样的修改就会变成一件费时费事的工作。

选择项目贷款银行是十分重要的工作，选择的标准包括以下三个方面的内容：

1）选择对我国了解和友好的银行。经验证明，对于我国来说，作为项目的投资者和借款人，在组织国际银团贷款时，如果选择愿意与我国保持和发展友好经济往来关系，对我国政治经济发展、债务偿还能力及信誉充满信心的外国银行作为融资工程项目的主要贷款银行，可以获得较多的贷款优惠和较少的限制条件。进一步说，在项目进行中的某一个阶段，当项目投资者提出要求修改某些不合理或限制过严的贷款条件和规定时，也容易获得银行的理解和支持，不会从中阻挠。

2）选择与项目规模适合的银行。工程项目融资贷款规模可以从几百万美元到几亿美元甚至几十亿美元。选择与项目规模相适应的银行参与，可以有足够的能力承担任何一个重要部分的贷款，以避免参与银行过多过杂，减少谈判以至管理方面的成本。

3）选择对被融资的项目及所属工业部门比较熟悉的银行。如果银行对项目比较熟悉，将会对项目的风险有比较清楚的判断，从而对项目给予更多的支持。银行对项目的支持表现在工程项目融资谈判过程中的灵活方式、合作态度以及项目出现暂时性资金困难时对工程项目的帮助。工程项目融资结构的复杂性必然造成融资文件也非常复杂，其中包括各种担保、抵押、契约以及一系列债务比例限制等诸多内容。在谈判阶段，虽然贷款银行总是千方百计地保护自身利益，要求获得尽可能多的信用保证，但是如果采取合作的态度，就可以通过多种变通的方式来处理难题，加快融资的谈判进程，实际解决问题；在经营阶段，如果项目遇到暂时性的资金困难，采取合作态度的银行可以与项目投资者一起试图解决存在的问题，而不至于使项目陷入僵局。

2.2.5 项目承建商

项目承建商是项目建设中最为关键的主要参与者之一。通常项目公司不会采取自行建设项目的形式，而是通过招标投标的形式，通过市场竞争机制选取合适的承建商，并与承建商签订工程项目的承建合同，将项目的建设委托给承建商。承建商根据合同规定，在规定的时间、成本和质量要求下交付项目，并对项目承担保修责任。

承建商的资金和设备情况、工程技术能力以及以往的施工历史记录，可以在很大程度上影响工程项目融资的贷款人对项目建设期风险的判断。承建商在传统观念下，与项目公司之间是典型的委托代理关系。相比项目公司，承建商掌握着工程建设施工的详细内容和建设工程的实际成本，从而形成了信息的不对称分布，容易造成承建商在委托代理关系中发生"道德风险"及其"逆向选择"的行为。一般来说，如果有信用卓著的工程公司作为承建商，有较为有利的合同安排，可以帮助项目发起人减少在项目建设期间所承担的义务和责任。项目承建商可以通过与项目公司签订固定价格的一揽子承包合同，从而成为项目融资的重要信用保证者。同时，由于承建商在同贷款人、项目发起人以及各级政府机构打交道方面十分有经验，因此可以在如何进行工程项目融资方面向其业主提供十分宝贵的建议，从而成为工程项目融资中的重要参与者之一。例如，广西来宾B电厂项目，由法国电力集团和阿尔斯通作为承建商，其中法国电力是世界最大电力生产厂家之一、擅长运营，阿尔斯通是全球电力设备和电力传输基础设施领域的领先企业、更擅长在建设和设备提供，这是电力系统的强强联合。

2.2.6 项目供应商

供应商主要包括设备供应商与能源和原材料供应商两类，它们生产专有化的产品，为项目建设与运营提供产品。供应商具有很强的专业技术，它们通过细分市场或者垄断市场来获取利润，即对技术大众化的产品通过过硬的产品或优质服务来赢得市场，或者通过技术垄断提高产品的技术门槛，从而获取超额利润。

项目设备供应商通过延期付款或者低息优惠出口信贷的安排，可以构成项目资金的一个重要来源。许多国家在鼓励本国设备出口时采用这种做法。较为典型的是将设备供应与出口信贷捆绑在一起。这样做，一方面贷款方可以为本国企业开辟国外市场，另一方面借款方可以获得出口信贷等优惠贷款，双方都可以获得好处。

项目能源和原材料供应商为了寻求长期稳定的市场，在一定的条件下愿意以长期的优惠价格条件为项目提供能源和原材料。这种安排有助于减少项目初期以及项目经营期间的许多不确定性因素，为项目投资者安排工程项目融资提供了便利条件。

2.2.7 项目产品购买者

项目产品购买者可以在工程项目融资中发挥相当重要的作用，是构成融资信用保证的关键部分之一。项目产品购买者通过与项目公司签订长期购买合同（特别是具有"无论提货与否均需付款"和"提货与付款"性质的合同），保证了项目的市场和现金流量，为投资者对项目的贷款提供了信用保证。项目产品购买者作为工程项目融资的参与者，可以直接参加工程项目融资谈判，确定项目产品的最小承购数量和价格公式。

工程项目融资中的产品购买者这一角色，一般是由项目发起人本身、对项目产品或设施有兴趣的第三方或有关政府机构（多数在交通运输、电力等基础设施项目中）承担。例如，在我国第一个BOT基础设施融资项目——深圳沙角B电厂的融资协议中规定：

1）中方——深圳特区电力开发公司必须在项目生产期间按照事先规定的价格，从项目中购买一个确定的最低数量的发电量，从而排除项目的主要市场风险。

2）中方负责按照一个固定的价格提供项目发电所需要的全部煤炭。这个安排实际上排除了项目的能源价格、供应风险以及大部分的生产成本超支风险。

3）广东省国际信托投资公司为中方的电力购买协议和煤炭供应协议提供担保。

4）广东省政府需要为上述三项安排出具支持信。

2.2.8 融资顾问

工程项目融资的组织安排工作需要由具有专门技能的人来完成。绝大多数的项目投资者缺乏这方面的经验和资源，所以需要聘请专业融资顾问。

融资顾问在工程项目融资中扮演着极为重要的角色，在某种程度上可以说是决定工程项目融资能否成功的关键。融资顾问通常聘请投资银行、财务公司或者商业银行中的工程项目融资部门来担任。担任融资顾问的条件包括：能够准确地了解项目投资者的目标和具体要求；熟悉项目所在国的政治经济结构、投资环境、法律和税务；对项目本身以及项目所属工业部门的技术发展趋势、成本结构、投资费用有清楚的认识和分析；掌握当前金融市场的变化动向和各种新的融资手段；与主要银行和金融机构建立良好的关系；具有丰富的谈判经验和沟通技巧等。在工程项目融资的谈判过程中，融资顾问周旋于各个有关利益主体之间，通过对融资方案的反复设计、分析、比较和谈判，最终形成一个既能在最大限度上保护项目投资者利益，又能为贷款银行所接受的融资方案。

工程项目融资顾问分为两类：一类是只担任项目投资者的顾问，为其安排融资结构和贷款，而自己不参加最终的贷款银团；另一类是在担任融资顾问的同时也参与贷款，作为贷款银团的成员和经理人。国际上对这两类顾问的看法有争议。一种看法认为，单纯作为投资者的融资顾问，立场独立，可以更好地代表投资者的利益；如果同时作为贷款银团的一员，则会更多地站在银行的立场，照顾贷款银团的利益。但是，另一种看法认为，融资顾问参与贷款，可以起到一种带头作用，有利于组织银团，特别是对难度较大的工程项目融资，如果融资顾问不准备承担一定的风险，就很难说服其他银行加入贷款的行列。

融资顾问对项目管理权的控制程度也是一个需要注意的问题。在工程项目融资中，贷款银行对项目管理的发言权要比传统的融资公司大得多。在许多情况下，工程项目融资安排完成以后，融资顾问也加入贷款银行并成为其经理人，代表银行参加一定的项目管理和决策；有时也会根据银行的要求控制项目的现金流量，安排项目资金的使用，以确保从项目的收益中拨出足够的资金用于贷款偿还。虽然银行在金融业务方面是专家，但并不表明其在项目管理上也具有同样的能力。因此，项目投资者在项目管理上要注意保护自己的相对独立性，防止银行插手项目的日常管理。

2.2.9 东道国政府

项目所在国政府有时在工程项目融资中可以起到关键作用，这些作用主要表现在微观和宏观两个层面。微观方面，有关政府机构可以为项目的开发提供土地、良好的基础设施、长期稳定的能源供应以及某种形式的经营特许权，从而减少项目的建设风险和经营风险；同时，有关政府机构还可以为项目提供条件优惠的出口信贷和其他类型的贷款或贷款担保，这种贷款或贷款担保可以作为一种特殊股本资金进入项目，促进工程项目融资的完成。宏观方面，有关政府机构可以为项目建设提供一个良好的投资环境。例如，利用批准特殊外汇政策和特殊税务结构等各种优惠政策，降低项目的综合债务成本，提高项目的经济强度和可融资性。

在融资期结束后，特别是在BOT项目中，项目所在国政府通常无偿地获得项目的所有权和经营权。例如，在我国的许多电力工程（深圳沙角B电厂、广西来宾电厂、中华发电项目）项目融资中，中央政府或地方政府都为工程项目融资出具了支持信，在一定程度上消除了外方的顾虑。

2.2.10 保险公司

需要进行融资的工程项目往往具有工期长、投资大、技术复杂、要求严格、协作单位多等特点。项目在整个生命周期内面临大量难以预料的风险，这些风险可能造成无法弥补的损失。这要求项目各参与方准确地认定自己面临的主要风险，并且需要采取应对措施来规避、控制和转移风险。适当的保险是工程项目融资的一个重要内容，也是工程项目融资赖以存在的基础。

保险公司作为商业机构，通过保费固定的成本最小化来实现自身利润目标。为避免各种风险的发生，保险公司往往要介入项目风险管理过程，对项目风险进行管理和控制。这是由工程项目融资的有限追索性质所决定的。因此，保险公司也是工程项目融资的主要参与者，尤其是一国官方的保险机构，如美国的海外私人投资公司、英国的出口信贷担保局、法国的对外贸易保险公司和德国的赫尔墨斯信贷保险公司等。

2.2.11　法律和税务顾问

富有经验的法律和税务顾问是项目投资者在安排工程项目融资中不可缺少的另一个助手。工程项目融资中大量的法律文件需要有经验的法律顾问来起草和把关；而同时由于工程项目融资结构要达到有限追索的目的，需要通过投资结构和融资结构的设计以降低资金的综合成本。因此，必须要有经验丰富的会计税务顾问来检查这些安排是否符合项目所在国的有关规定，是否存在任何潜在的问题和风险。

2.3 | 特许权与特许权经营

在政府财政和国家银行贷款大幅增长能力受到约束的条件下，应该努力寻找适合民间资本、境外资本介入的融资途径，一个行之有效的方式就是推进特许权与特许权经营。特许权经营是动员民间资本和外资参与基础设施建设的有效办法，对解决发展中国家资金短缺、投资效率低下等问题具有十分重要的意义：首先，它可以克服资金短缺，减少债务风险；其次，可以实施有效管理，提高投资效率；最后，可以扩大外资规模，调整外资结构。

2.3.1　特许权

特许权是工程项目融资中政府授予的一种特殊权利。这种特殊权利的范围包括从供应市场某种产品或服务的权利到使用某些公共资源的权利，如建设项目需要的土地、管网铺设需要的公共道路或通道、水厂需要的原水水源等。政府特许权的授予一般都要附带某些合约条款，这些合约条款可以采取政府对特许权使用者的部分或全部经营活动进行管制的形式。特许权合约构成政府实施管制的法律基础，特许权从广义上来讲是一种法律安排。以 BOT 融资方式为例，就是在确定了项目发展商的条件下，政府与其经过对项目的技术、经济、法律等多方面谈判后，形成各类法律文件。

1. 授权法律

授权法律是政府就某一工程项目的建设、经营而专门制定的法律，它明确了发展商在专营期内对项目的建设、经营、转让所具有的法定权利和义务，为保证项目资金筹措和工程建设的顺利进行提供了基础。授权法律一般包括以下三方面内容。

（1）总则

总则主要包括制定此法律的目的、有关专用术语，如项目名称、授权者、建设期、经营期、专营期、不可抗力事件等的定义。明确这一内容是该 BOT 项目其他所有相关协议、条例的制定基础。

（2）授予工程项目开始的权利

授予工程项目开始的权利主要包括授予工程项目发展商独家开发项目及相关的土地使用权，授予工程项目发展商所需的项目设备购买权和进口权，授予工程项目产品的输出权等。

（3）专营权和其他特许权

为了确保发展商在维持正常的项目投资工程外，还能够取得一定的投资回报，并确保不因这些投资回报过高而引起政治上的关注，需要授予发展商经营相关项目的专营权和其他相关的特许权。授予发展商取得回报的权利主要有以下五种：

1）收费权。给予发展商对使用设施收费的权利，这一般适用于港口、体育场、公路、机场、隧道等项目。收费标准的确定应有一定的灵活性，能反映出经营工程项目的成本上升情况及收益货币的贬值情况。同时，收费标准的修改应建立在双方同意的基础上，任何单方面的修改都是无效的。

2）取得项目产品的权利。对于如煤炭等矿物的开采项目，政府往往允许承包商可免费或以优惠价格取得工程项目的产品，这需要在授权法律中明确这种取得产品的权利。

3）销售项目产品的权利。对于一些有产品的项目，如水电站、大型矿山、自来水厂等，政府一般要授予发展商销售这些产品，如电力、矿产品、自来水等的权利。

关于专营权的转移，授权法律还明确规定，未经政府批准，发展商在专营期内不得将专营权出租、转让、抵押给专营合同以外的第三者。但发展商为履行授权法律规定的义务向第三者融资贷款，第三者要求其将专营权作为担保而抵押时除外。

4）项目的建设。对于工程项目的建设，授权法律要求发展商在一定时间内完成主体项目建设，并在此之后的一定期限内完成辅助项目的建设，否则将采取不同措施。需修改计划的，发展商必须向政府说明更改理由（如不可抗力事件或其他非合作双方可控制的事件导致项目工期的延误），政府可批准更改工期计划，延长工期；对于发展商无正当理由而造成的工期延误，应由其按专营合同承担违约责任。

在工程项目建设期间，政府有权要求发展商提供工程建设的实际进度、工程承包商身份及资质证明、工程采用的设备材料及供应商情况、工程建设资金到位及使用情况等资料，并且，政府有权依国家法律法规及地方规章对工程建设的质量、进度、环境等情况进行监督检查。当然，政府也有义务为发展商提供项目建设方面的方便条件，如提供配套项目的建设等。

5）项目的经营与转让。对于工程建设，授权法律还明确规定：在经营期内，政府有权对发展商的经营管理状况进行监督检查，规定项目经营的期限、项目产品或服务应达到的标准，规定发展商在经营期间内按合同相应规定对项目设备、设施承担维修、保养、及时更新等责任。关于项目的转让，必须规定转让的范围，如项目的固定资产、流动资产、有关的工业产权及专有技术等。同时应规定在项目正式转让前的规定期限内，发展商必须为政府安排的项目的上岗人员提供技术和岗位培训，项目转让后，政府不承担在专营期间形成的任何债务。

2. 特许权协议

特许权协议是政府和项目发展商在授权法律的指导下，就项目的建设、经营和转让而签订的明确双方权利和义务的法律文件，是在保证政府应有权益的前提下，向财团法人业主授予充分权利的协议。一般情况下，特许权协议包括以下内容。

（1）项目建设方面的规定

1）设计责任。发展商要在遵守政府有关方面基本规定的基础上进行工程项目的设计工作。政府要对发展商的设计方案实施审查。如果发现该设计方案不符合合同标准，政府有权要求发展商对设计方案进行修改；如果修改后的设计方案仍不能为政府所接受，政府有权取消该方案直至终止发展商的设计权。同时，政府也应保证发展商提供工程项目设计方案所涉及的专利权、商标、版权等知识产权不受侵犯。

2）建设时间。特许权协议中应明确工程项目的建成时间，发展商如未能按规定的时间完成项目的建设，须支付给政府约定的赔偿金。但是，由于战争、恐怖活动、叛乱、暴乱等政府及发展商所不能控制的原因造成的项目建设时间延长，发展商不承担赔偿责任；同时，由于政府向工程提供设备有延误、政府暂时中止工程进行等原因造成的项目工期延误，发展商也不承担赔偿责任。

3）建设责任。作为工程建设的具体实施者，发展商有权确定工程建设的承包者，决定工程项目所需材料及设备的采购。同时，政府也有权通过代理人对工程项目建设实施监督，并保持对工程变更、材料设备标准变更的审批权。如果政府认为工程建设存在安全等问题，可要求中止项目的建设，发生的费用根据中止原因的不同而由政府或发展商分别承担。

4）项目建成。当发展商认为建设工程项目已建成，符合特许权协议的有关规定，应及时通知政府，政府在接到发展商的完工通知后，应组织对工程进行审核，审核合格后签发完工证书。如果工程项目建设出现瑕疵，则由发展商承担相应的修理责任。

5）工程保险。工程项目涉及的风险很多，涉及的投保人有发展商、贷款人、项目建设的总承包商、分包商、设备及材料的供应商等。投保的主要险种是：最终损失保险，因建设施工毁损导致交工期延误而造成的财务方面的损失；空运海运的运输保险，因空运海运事故造成的财产损失保险；施工全过程保险，承保在施工现场发生的和在运输过程中发生的风险，涵盖人身及财产伤害与毁损；此外，还有为建设项目的雇用人员及机械设备损害投保的险种等。

6）履约保证金。为保证发展商履行其义务，政府往往要求发展商缴纳一定的履约保证金，金额一般为建筑工程造价的10%。

7）政府对项目相关的土地移交责任。具体包括土地移交的时间、土地移交的相关资料等，同时明确声明政府对土地有关地质方面资料的准确性不承担责任，并规定如果在一定时间内政府不能移交项目所需土地，则发展商有权得到额外时间以完成工程，并得到对方给付的违约赔偿。

（2）发展商的财务安排及公司结构

1）收益及税收。特许权协议必须明确规定工程项目由发展商独立经营，可通过服务收费或销售项目产品以取得合理回报，并且应明确规定上述费用或产品销售价格的调整原则及依据。为了强化项目对发展商及贷款者的吸引力，特许权协议中还应考虑税收优惠政策。

2）融资方面。在特许权协议中，应明确贷款人所关心的问题，如贷款的担保手段、风险的种类及政府或组成发展商的财团分担风险的意愿以及政府愿为发展商提供外汇供给担保的条款。

3）发展商的公司结构。作为一个由多家财团组成的发展商，各财团成员之间的相互关系是通过一份股东协议规定的，特许权协议中必须规定股东协议中有关条款的制定原则，因为这将影响到该项工程计划是否可行和在经营期内能否维持下去。这些原则包括：

① 必须规定发展商是在政府熟悉的司法制度下注册的，以便于政府对发展商进行监管，同时使发展商根据有关法律将规定所需的资料提交给政府。

② 财团各成员必须承诺向发展商提供融资的义务，同时向政府提供发展商履行义务的担保，且保证提供融资的贷款条件为政府所认可。

2.3.2 特许权经营

1. 特许权经营的概念

特许权经营是指政府为项目的建设和经营提供特许,由民间公司或外国公司作为项目的投资者安排融资、承担风险、开发建设,并在有限的时间内经营项目以获取商业利润,最后根据协议将该项目转让给政府机构。

工程项目,尤其是基础设施类工程项目的特许权经营是指政府把应当由政府控制或需要由政府实施的基础设施项目通过特许权,在一段规定的时间内(即特许期内),由国内民营公司或外国公司作为项目的投资者和(或)经营管理者,来安排项目的融资,进行开发建设或维护,经营管理项目以获取商业利润,并承担投资和经营过程中的风险。特许期满后,根据特许权合约的规定将该项目转让给政府机构。其典型模式是适用于经营性项目的 BOT 和适用于公益性项目的 PFI。特许权经营适用的领域包括公路、铁路、桥梁、隧道、电力、城市基础设施等多个领域。

2. 特许权经营的形式

特许权经营有多种形式,从不同的角度分析,其形式也不同。

(1) 从工程项目融资建设的角度分析

从工程项目融资建设的角度分析,特许权经营主要分为三种形式:第一种是被称为 BOT 模式的特许权经营,是指特许权人投资修建一个新的基础设施,运营一定时期后移交给政府。国内狭义的项目特许权往往就是指 BOT 项目的特许权。第二种是租赁经营,也称为 TOT,是指政府将已建成正在运营或即将开始运营的项目转移给特许权人,特许权人向政府缴纳特许权费或设施使用费,政府利用融到的资金建设新的项目或用于其他公益事业。第三种是 ROT,它具有租赁经营的全部特点,但特许权人首先要投资修复或改扩建已有基础设施。

(2) 从项目资产形成分析

从项目资产形成分析,特许权经营分为两种形式:特许权人进行项目投资的特许权经营和特许权人不进行项目投资的特许权经营。特许权人不进行基础设施建设的大规模投资,可以为特许权的转让提供条件,有利于频繁的特许权竞争,激励特许权人提高生产和经营效率。一旦需要特许权人进行建设投资,由于要保证投资者的收益,一般需要较长的特许权期限,或在特许权移交时对投资进行合理补偿。在合约不完全或补偿制度不完善时,可能达不到激励特许权人提高效率的目的。

(3) 从政府实行特许权经营目的分析

从政府实行特许权经营的目的分析,特许权经营分为两种:以项目建设或改建的资金筹集为目的的融资型特许权经营和以改进项目生产经营效率为目的的效率型特许权经营。相较于融资型特许权经营而言,效率型特许权经营是政府管制和民营化的一种实现形式,涉及价格理论和市场竞争理论等复杂问题,强调特许权授予过程中的充分竞争,在政府管制经济学理论中是为自然垄断行业引入竞争的一种手段。

(4) 从企业与消费者的关系分析

从企业与消费者的关系分析,特许权经营也分为两种:一种是产品或服务直接面对消费者的零售式特许权经营,如电力系统的输电系统、自来水管网;另一种是产品或服务提供给政府部门或公营企业的整售式特许权经营,由政府部门或国有企业提供给消费者。在两种特许权经营方式中,企业承受的风险和市场垄断程度是不同的。

(5) 从项目的收入支付资金来源分析

从项目的收入支付资金来源分析,经营性项目的收入来源主要为消费者付费,服务或产品的公共物品特性较弱,其模式主要有 BOT、TOT 和 ROT 等;公益性项目的收入来源主要为政府通过财政资金支付,其模式有民间主动投资方式 PFI、管理合同和服务合同等形式。

重庆涪陵至丰都高速公路项目

1. 项目概况

重庆涪陵至丰都高速公路是重庆高速公路路网的重要组成部分,属于《重庆市高速公路网规划》的"三环十射三联线"骨架公路网中的"十射"部分,是重庆市、贵州北部、四川南部地区通往长三角地区最快捷的公路运输通道,也是沪渝通道内最后建设的一段高速公路,同时还是重庆"一圈两翼"经济圈的重要交通纽带及沿江综合交通运输体系的重要组成部分。该项目的建设,对增强重庆主城区对三峡库区的经济辐射、促进重庆逐步发展成为长江上游交通枢纽和经济中心、提高重庆干线公路网的可靠性和安全性,具有重要意义。

项目经重庆涪陵城区、清溪镇、南沱镇、湛普镇、丰都县城区及双路镇,按双向四车道高速公路标准修建,路线全长 46.5km。设计车速 80km/h,路基宽度为 24.5m,沥青混凝土路面,交通工程和沿线设施等级为 A 级。全线有特大桥梁 4 座共 4526m,大桥 11 座共 6004m,涵洞 36 道,人行天桥 8 座,互通式立交 8 处(含预留立交 1 座),分离式立交 8 处,通道 14 道,特长隧道 2 座共 8791m,长隧道 3 座共 6110m,中隧道 3 座共 2235m,总投资为 41.79 亿元。该项目于 2008 年批准立项,2009 年 6 月开工建设,2013 年建成通车。

2. 运作模式

(1) 采用 BOT + EPC 模式

BOT + EPC 模式,即政府向企业授予特许经营权,允许其在一定时间内进行公共基础建设和运营,而企业在公共基础建设过程中采用总承包模式施工,当特许期限结束后,企业将该设施向政府移交。

该项目于 2008 年 4 月启动投资人招标,采用"BOT + EPC"投融资模式,经招标确定中交路桥集团国际建设股份有限公司为项目投资人。经重庆市政府授权,由重庆市交通委员会(简称市交委)于 2008 年 8 月与投资人签订项目投资协议,约定由项目投资人根据项目规划和政府相关要求完成项目投资建设和运营管理。项目投资协议签署后,投资人根据项目投资协议的要求成立项目公司,具体负责项目的投资建设和经营管理。经市政府授权,市交委于 2009 年 5 月与项目公司签署项目特许权协议,授予项目公司投资建设和经营管理重庆涪陵至丰都高速公路项目的特许权利。根据协议授权,项目公司开展项目核准、勘察设计、征地拆迁、融资安排、工程建设、运营管理等项目投资建设工作。该项目政企合作模式如图 2-3 所示。

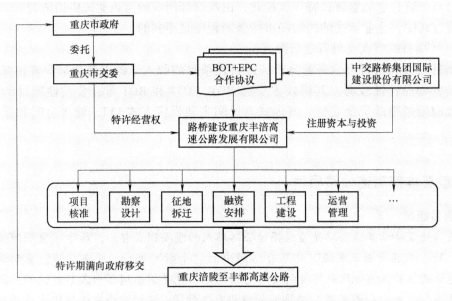

图 2-3　重庆涪陵至丰都高速公路项目政企合作模式

（2）项目实施方案

1）项目为经营性收费公路，收费期限为 30 年。

2）授予项目投资人独占性、排他性的经营管理权利，依法享有车辆通行费收取权、项目沿线规定区域内的服务设施经营权、项目沿线规定区域内的广告经营权等。

3）对投资人的非竞争性承诺，即除招标前国家、重庆市已规划的公路项目外，政府严格控制审批建造与本项目平行、方向相同且构成车辆实质性分流的高速公路，但本项目已达到设计通行能力或出现长期严重堵塞的除外。

4）承诺投资人享有重庆市人民政府建设运营高速公路的同等优惠政策。

5）按照高速公路供地政策，以划拨等方式提供项目建设用地的土地使用权。

6）为投资人获取项目投资建设、经营管理相关文件提供支持。

（3）项目公司与总承包人的职责划分

工程建设原则上按照"小业主，大总包"的模式进行管理，项目业主的职责主要由项目公司承担，但部分现场的质量、安全等管理工作由项目公司和总承包人共同负责。项目公司与总承包人、分标段承包人、设计、监理等参建各方权责明晰、统筹协调、各司其职。

项目公司履行项目法人职责，按照股东、董事会赋予的权责，负责项目建设的融资，总承包合同的履约管理，建设项目进度、质量、安全和投资目标的制定和宏观管理，拨付资金，以及建设施工环境、征地拆迁政策的总体协调和指导工作。

总承包人作为项目建设过程的管理实施主体，履行总承包合同约定的职责，负责建设过程的质量、安全、进度和投资的具体管理及与之合作的勘察设计、施工、材料及设备供应等单位协调和履约管理，负责建设施工与环境的具体协调管理，并接受政府主管部门、项目公司的监督和管理。

（4）项目公司工程管理

在前期工程管理过程中，项目公司多措并举，代表和维护着双方股东的共同利益。

1) 实行 EPC 总价包干，有效控制投资成本。在签订 EPC 合同时，对工程建设过程中可能存在的风险进行约定分担和规避，明确"除由于不可抗力原因、重大技术标准、重大建设规模、重大建设范围调整、工程主要材料价格重大变化等造成工程费用增减外，不得要求对总承包价格调整"，可以有效控制投资成本。

2) 临时用地包干使用，有效控制用地数量。临时占地费用按单列费用供承包人包干使用，数量以批复的初步设计文件概算中临时用地数量为准，单价以发包人与地方政府签订的最终执行价格为准。只有因不可抗力原因，或与初步设计相比重大技术标准、重大建设规模、重大建设范围调整等造成工程临时用地的增加，才可通过变更对包干数量进行调整。

3) 引进设计监理，优化施工设计。由于采取 EPC 模式建设，为保证总承包单位进行设计优化，满足项目业主的功能要求和初步设计的技术标准，在设计单位完成施工图初步设计后，项目公司委托设计监理对施工图进行审查，取消不必要的设计，优化不合理的设计，对工程建设项目设计阶段和实施阶段的投资进行有效控制。

4) 建立工程量清单台账，做好建设费用控制。项目公司委托相关咨询公司进行编制和建立工程量清单台账，总承包人对建立的工程量清单台账进行复核确认，作为工程计量支付的依据。其目的和作用是：①减少中间计量的工作量，便于计量支付，加快支付进度；②有利于编制施工计划，反映工程进度；③有利于工程变更管理，避免工程量交叉；④有利于控制项目投资；⑤有利于做好工程决算工作。

5) 建立变更调配金制度，做好项目投资控制。项目公司在合理分配总承包方合同价时，合理设置变更调配金制度，以确保项目顺利开展，保障项目投资控制。变更调配金的来源主要有施设与初设之间的投资差异、按正常分配专项后总承包合同价的结余、后续工程的变更或合理化建议的结余、总承包统筹管理带来的结余以及其他额外来源。

(5) 总承包人具备项目整体管理能力

与传统项目管理模式相比，BOT + EPC 模式将发包人分段招标时对各实施阶段增加的管理与实施费用，以及因发包人管理招标的投资增加、竣工日期延长等风险，与总承包人共担，强化风险识别，降低风险等级。同时，该模式下的项目投资管理和成本控制要求更加精细化，以满足投资股东双方的效益目标。

总承包商承担工程项目的设计、采购、施工、试运行服务等工作，并对承包工程的质量、安全、工期和造价全面负责。在项目全生命周期中担当传统招标模式中"建设单位"的角色。EPC 工程总承包管理的本质是要充分发挥总承包商的集成管理优势，需要总承包商强大的融资和资金实力、深化设计能力、成熟的采购网络，以及争取施工技术精良的专业分包商的资源支持和有效监控等。

3. 借鉴价值

项目的成功建设和运营，是重庆市对 BOT + EPC 模式进行的一次有益探索，通过将 BOT 和施工总承包方式结合，有效地提高了项目公司内部的沟通效率和工程建设进度，工程建设成本也得到有效控制。自此，重庆市高速公路开始了 BOT + EPC 模式的广泛应用。

(1) 提高管理效率

BOT + EPC 模式以 EPC 总承包商为中心，业主不再拥有传统项目管理中的控制权。总承包商除接受业主的质量监管外，是项目建设管理的核心层，有足够的自主权。EPC 建设模式下的设计、采购与施工界面之间的协调工作由传统的外部接口转变为内部接口，加快了现场解决问题的能力。同时，项目公司人员能够最大化精简，只需要少部分高素质人员。

(2) 加强制衡约束

1) 过程制衡。在 BOT+EPC 模式下，高速公路建设项目注重项目的全生命周期管理。作为投资主体的业主，负责工程项目的策划、设计、融资、建设管理、运营管理等全过程的工作。

2) 权力制衡。在 BOT+EPC 模式下组建的项目公司不再像传统模式下的项目公司直接对建设项目进行管理，而是将具体事务转移交给总承包商进行管理。其主要工作转变为质量的监管与确认、设计条件的认可、采购行为的认可、现场的外部协调、费用的确认与重大变更的签认以及提交场地等，从而较好地回避了工程量增减及费用变更风险。

3) 利益制衡。在 BOT+EPC 模式下，建设项目中的一些股东同时也承担着项目总承包的任务。因此，总承包商在实施项目时会站在业主的角度思考问题，激发其管理的动力，充分挖掘其项目管理的潜力，使承包商在项目实施中变被动为主动，在项目管理上有利于项目的整体利益。

(3) 主要比较优势

1) 在限额以内进行设计、施工、采购，从而更加有效地控制投资，由比较先进的"固定单价"承包模式提高到更加先进的"固定总价"合同模式。

2) 设计单位与施工单位无缝连接。设计单位作为总承包商的一个部门，在设计阶段与施工单位共同对项目建设提出更为合理的设计方案和施工方案，从而减少施工阶段的设计变更；总承包商作为投资人，为使项目尽快投入运营、产生效益，采取更为合理的施工组织，合理缩短建设工期，尽可能避免"工期马拉松、投资无底洞"的现象；承包人参与到项目实施阶段的项目管理和使用阶段的项目管理，在建设过程中不再单纯追求建设阶段的收益，转而站在工程项目全生命周期的角度，增加节约投资的动力。

3) 总承包商以项目整体利益为出发点，通过对设计、采购和施工的一体化管理，对共享资源的优化配置、大型专用设备的提供以及各种风险的控制为项目增值，总承包商对影响工程造价的大宗材料可统一招标采购，从而降低采购成本。

4) 总承包商参与项目的运营，会更加重视施工质量，降低运营阶段的养护成本。

5) EPC 工程又称"交钥匙"工程，投资方只提出建设方案、标准，不必投入大量的人力、物力到项目管理中。

6) 总承包商作为投资人，具有为工程项目融资的性质，进而分担了传统投资人的投资风险。

7) 可以充分发挥总承包单位的统筹协调能力。

4. 案例思考

1) 试分析该工程项目的各方参与者都有哪些。

2) 在该工程项目中，项目公司的特许权体现在哪里？

3) 重庆涪陵至丰都高速公路项目的 BOT 融资模式是如何实现的？

(案例资料来源：国家发展和改革委员会 PPP 项目典型案例，http://tzs.ndrc.gov.cn/zttp/pppxmk/pppxmal/。)

北京市兴延高速公路项目

1. 项目概况

北京市兴延高速公路PPP项目位于北京市京藏高速公路以西,南起本市西北六环路双横立交,北至延庆京藏高速营城子立交收费站以北,是2019年中国北京世界园艺博览会(简称北京世园会)的外围配套交通项目,也是2022年北京冬季奥运会(简称北京冬奥会)中心城与延庆比赛场地的主要联络通道之一。兴延高速路线全长42.2km,双向四车道,预留两车道。该公路设计时速为平原地区每小时100km,山区及隧道每小时80km,采用高速公路标准建设。项目总投资约130.96亿元,其中政府方出资约占项目总投资的25%,其余资金由项目公司通过融资解决。项目公司由首发集团作为政府出资人代表和中铁建联合体按照49:51的比例共同出资,首发集团不参与分红。

随着京津冀一体化国家战略的推进实施、2019年北京世园会和2022年北京冬奥会等重大赛事及博览会的举办,北京市配套建设的交通基础设施投资规模将超过千亿元,政府投资压力凸显,亟须对新建高速公路投融资机制进行改革。同时,2014年以来国务院及各部委大力推进PPP模式并出台了一系列相关指导文件,为全国公共基础设施PPP项目实施提供了充足依据。在此背景下,北京市交通委及市发改委积极响应国家和北京市政府倡导推进PPP政策导向,出台了鼓励社会投资人参与北京市高速公路投资建设的相关政策文件。为了创造更好的市场化条件,北京市政府对未来一段时期拟实施的多条高速公路项目安排了资本金补助。兴延高速公路项目是北京市推进的第一个高速公路PPP项目,自2015年初启动研究和准备工作,于2015年9月选定社会投资人,2016年4月6日施工单位进场,2017年4月16日正式施工,2019年1月1日正式通车运营。

2. 运作模式

(1) 项目参与者

实施机构及出资人代表概况:北京市交通委为该项目实施机构,负责全过程统筹管理该项目;首发集团作为政府出资人代表,协助北京市交通委推进项目落地并履约执行。

社会资本方概况:项目招商采用公开招标的方式,严格按照国家及北京市相关法规的流程和规定进行,最终选定中国铁建股份有限公司(牵头人)、中铁十二局集团有限公司及中铁十四局集团有限公司联合体(简称中铁建联合体)为社会投资人。

PPP咨询单位情况:该项目为北京市工程咨询公司PPP咨询中心提供PPP全过程技术支撑和咨询服务。

(2) 项目运作模式

项目采用BOT方式运作。由首发集团作为政府出资人代表与中铁建联合体共同成立北京兴延高速公路项目公司,北京市人民政府授权北京市交通委与项目公司签署PPP合同,授权项目公司进行高速公路投资、建设、运营管理。特许经营期分为建设期和运营期两个阶段,其中建设期至2018年年底,运营期为25年,特许经营期限届满将项目资产无偿移交政府。项目运作模式如图2-4所示。

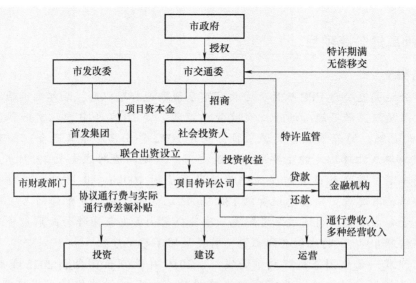

图 2-4　项目运作模式

(3) 投融资模式和股权结构

项目建设总投资约 130.96 亿元，其中政府方出资约占总投资的 25%，剩余建设资金缺口由项目公司通过融资解决。项目公司由首发集团作为政府出资人代表和中铁建联合体按照 49∶51 的比例共同出资，首发集团不参与分红。项目投融资结构如图 2-5 所示。

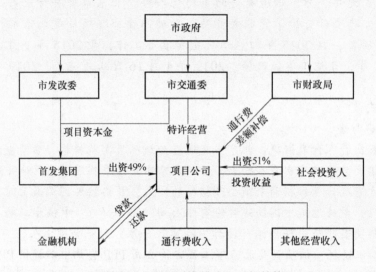

图 2-5　项目融资模式和股权结构

项目公司由首发集团以及社会投资人共同成立。项目公司注册资本金与项目资本金相等，为 66.82 亿元，其中首发集团利用政府资本金出资约 32.74 亿元（占股 49%），社会投资人出资约 34.08 亿元（占股 51%），作为政府方出资代表的首发集团在项目公司中不参与分红。此种股权结构的设计的优点有：一是满足了财政部要求政府在 PPP 项目公司中的持股比例低于 50% 的规定；二是政府能够通过首发集团参与重大事项的决策，降低信息不对称性，保障公共利益的最大化；三是首发集团在项目公司中不分红，符合政府提供公共服务和产品应体现公益性的原则；四是该项目回报采用资本金收益率测算，政府在项目公司中的股权比例提高，可以变相降低社会投资人资本金比例，进而降低了运营期的财政补贴压力。

(4) 主要权利和义务约定

1) 政府方和社会资本的权利界定。在项目执行过程中，北京市交通委作为实施机构和项目甲方，主要有行使政府监管职能、行使自身行政职能、代表公共利益行使权利、合作期满时获得全部项目资产等权利。项目公司作为项目乙方，主要有享有政府授予的特许经营权、享有国家和北京市给予的各项优惠政策，以及要求政府方全面履行法律法规和本合同约定的各项义务的权利。

2) 政府方和社会资本的义务界定。在项目实施过程中，政府方应遵守相关法律法规，协助办理项目审批手续，为项目提供良好的建设和运营条件，按合同要求支付项目公司约定通行费补偿。项目公司应遵守相关法律法规、建设标准及行业主管部门要求，及时筹措项目资金，做到专款专用，采取有效措施进行项目建设和运营管理，接受政府方在项目全程的监督、管理、审计和检查，不得擅自转让、出租、质押、抵押特许经营权和项目资产，并在合作期满时无偿移交项目资产。

(5) 实施流程

1) 项目识别阶段。2014年12月，北京市发改委、北京市交通委向市政府上报了《关于完善首发集团资金筹措机制的意见》（京发改文〔2014〕425号），建议采用PPP模式实施需新建的兴延高速等8条高速公路建设，其中兴延高速公路被确定为北京市采用PPP模式实施的首条高速公路，并于2015年1月正式启动PPP项目研究工作。

2) 项目准备阶段。北京市交通委作为项目实施机构，协调北京市发展改革委、北京市财政局等相关部门，对项目实施方案的主要内容进行反复研究和充分论证，确定了项目基本情况及经济技术指标、风险分配原则、项目运作方式、投融资结构、投资回报机制、合同体系架构、招商方式等关键要点，经过各相关部门的联审联评，最终实施方案于2015年5月上报市政府审批通过。

3) 项目招商阶段。为保证该项目招商成功，成立由北京市政府副秘书长牵头，北京市交通委、北京市发改委、北京市财政局以及首发集团等相关单位参与的招标领导小组，负责对招商文件中的要点进行决策。领导小组对招标文件中强制性资格文件、双信封评标办法的打分内容及细则、专家组成员、招标平台、PPP合同条款等核心内容进行了多次研究讨论，最终成稿。项目采用公开招标方式，严格按照国家及北京市相关法律法规推进，最终由中铁建联合体中标成为社会投资人。

4) 项目执行阶段和移交阶段。由首发集团和中铁建联合体共同成立项目公司，与交通委签署PPP合作协议。通过融资管理、建设和运营管理、绩效检测和支付、中期评估等一系列管理手段保障项目顺利实施。特许经营期限结束后，按规定开展移交准备、性能测试、资产交付以及绩效评价工作。

3. 借鉴价值

(1) 项目建设意义

该项目是解决北京西北交通瓶颈的重点工程，亦是2019年北京世园会和2022年北京冬奥会等重大活动的配套交通基础设施之一，项目建成后将缓解我国华北地区及北京市西北方向目前的交通压力，有力支持西北方向客货分流政策，进一步促进京津冀区域交通一体化，缩短本市中心城区与河北张家口方向的时空距离，具有十分重要的政治和社会意义。

(2) 项目特点

一是项目建设难度大。项目全线共设隧道5处，桥梁11座，单洞累计全长31089m。其中3km以上的特长隧道有3处，最长的隧道全长达5700m，而之前北京市最长的八达岭潭峪沟隧道长度仅为3455m。二是施工工期紧张。由于北京世园会将于2019年4月份正式开幕，兴延高速公路作为世园会重要的配套基础设施之一，有严格的工期要求，市政府要求兴延高速公路必须于2018年12月底之前完工。三是经营收入难以覆盖建设运营成本。根据可研报告报审版，该项目主要的收入来源是车辆的通行费收入。根据测算，项目的经营收入仅能平衡约14.5亿元的银行贷款，若无其他经营收入来源，远远无法满足投资人对投资回报的要求。四是PPP模式准备工作难度大。由于国内缺乏同类高速公路PPP项目实施案例，需要经过大量调研、认真研究、充分论证，才能保证实施方案关键内容科学合理，另外招标方案、招标文件、合同文件等均无成功范例可依，均需要研究、创新解决。

(3) 采用PPP模式的创新点

北京兴延高速PPP项目通过大胆创新、充分论证，将PPP运作模式的各项优点发挥到淋漓尽致，把兴延高速这样一个投资大、工期紧、建设难的低回报项目打造成为对社会资本具有显著吸引力的精品项目。项目创新主要体现在以下五个方面。一是成为全国高速公路领域首例"约定通行费标准"的项目。通过约定通行费票价机制的设置，创新可行性缺口补助方式，有效保障社会投资人投资回报，提高了对社会投资人的吸引力，为全国高速公路投资回报机制开创了新的路径。二是合理设计保底车流量和超额利益分成机制。一方面通过财务测算科学合理地确定保底车流量，避免社会投资人承担过大风险，体现风险共担的原则；另一方面通过设置"分梯段"超额利益分成机制，激励社会投资人通过提高运营服务水平吸引车流量，同时避免社会投资人获得不合理的超额收益，体现PPP"利益共享、风险共担"的原则。三是构建了合理的收益分配及风险分担机制。通过保底车流量、超额收益分配、征地拆迁风险分担、政府方认可的设计变更补偿等机制的设计，为社会资本带来合理预期收益。合同中相关商务条款、风险分担和利益共享的约定较公平合理，增强对社会资本的吸引力。四是评标方式采用双信封综合评估法。项目采用公开招标方式，评标办法为双信封评标法⊖，整个过程分为两个阶段，第一阶段主要评审投资人的技术能力、商务条件等指标（第一信封），第二阶段评审投资人对约定通行费标准的报价（第二信封），第一信封和第二信封的内容合理设定权重。通过这种方式，既能选出施工组织管理能力过硬的资本方，又能使约定通行费标准得到充分的竞争。五是创新编制高速公路PPP项目招标文件及合同。现阶段交通主管部门尚无此类项目的招标文件范本，该项目招标文件在综合考虑公路工程和经营性公路建设项目的招标文件范本以及

⊖ 根据《公路工程施工招标投标管理办法》，双信封评标法是公路工程施工招标的评标方法之一。

财政部和国家发展改革委关于政府和社会资本合作文件的基础上编制而成，在高速公路PPP项目领域属于首创。

(4) 项目的重要经验

一是项目依法、合规推进实施。项目以国家相关PPP政策文件为依据，同时结合《北京市城市基础设施特许经营条例》，明确PPP项目具体实施方式、市政府各相关部门的责任、项目实施流程、项目相关主体权利义务等。二是政府主导、企业配合、投资人自主决策。首先，北京市政府成立由主管交通的副秘书长牵头的招商工作领导小组，工作组由市交通委牵头，市发改委、市财政局、市重大办、市国资委、市政府法制办及相关市属国有企业等相关部门配合；其次，市属国有企业首发集团负责配合市交通委初步提出实施方案、招商方案、调研社会投资人响应度；最后，社会投资人自主决策项目内部收益率，并通过投标响应文件体现。三是实施方案及招商方案编制合理。项目聘请了专业的第三方咨询机构，负责编制项目PPP实施方案、招商文件，组织公开招标等相关事宜，为项目提供全过程咨询服务，有力保障了项目的顺利推进。四是构建了合理的收益分配及风险分担机制。通过保底车流量、超额收益分配、风险分担、设计变更补偿等机制的设计，为社会投资人带来合理预期收益，在社会投资人的经济利益和政府方的公共利益之间找到了科学合理的平衡点，提升了该项目对社会资本的吸引力。五是规范运作和充分竞争使得公共利益最大化。该项目整个运作过程规范有序，对潜在投资人产生了较大的吸引力，实现了充分的竞争。所有投标人的商务条件均优于政府预期，最低报价仅为控制价的53%。通过公开招标，不但实现了筹集资金、引进先进技术和管理的目标，同时有效地降低了建设和运营成本，减小了政府运营期的补贴压力，实现了公共利益的最大化。

(5) 项目示范意义

一是提供了全国示范样板。该项目是自2014年国家层面力推PPP模式，出台了一系列新的相关制度法规以来，北京市和全国范围内首条高速公路PPP项目。项目的成功实践，为今后北京市乃至全国高速公路PPP项目的推广，提供了可借鉴的成功经验，对推进高速公路市场化进程，解决高速公路集中建设的资金需求，进一步提升运营管理水平、降低投资运营成本都具有重大的现实意义。二是通过PPP模式，有效地降低了传统建设模式下的投资及运营成本，通过公开招标方式引入市场竞争，约定通行费标准由1.67元/标准车·公里的最高控制价降低到0.88元/标准车·公里的中标价，极大地降低了政府的财政压力，充分体现出PPP模式提高公共产品及服务提供效率的优势。

4. 案例思考

1) 试分析该工程项目的各方参与者都有哪些。
2) 在该工程项目中，采用PPP模式的创新点有哪些？
3) 北京市兴延高速公路项目的BOT融资模式是如何实现的？

(案例资料来源：国家发展和改革委员会PPP项目典型案例，http://tzs.ndrc.gov.cn/zttp/pppxmk/pppxmal/。)

本章思考题

1. 工程项目融资实施的基本阶段有哪些?具体要完成哪些任务?
2. 工程项目融资的参与者包括哪些?
3. 在工程项目融资中建立项目公司的目的和作用是什么?
4. 选择项目贷款人的时候需要注意什么?
5. 工程项目融资中的特许权是指什么?
6. 从工程项目融资建设的角度来看,特许权经营有哪些形式?

第3章

工程项目融资的合同管理制度

【关键词】
　　工程项目融资合同；合同结构；招标；政府采购

3.1 工程项目融资合同的一般规定

3.1.1 工程项目融资合同概述

1. 工程项目融资合同的概念

工程项目融资合同是指贷款人向特定的工程项目提供贷款协议融资，对该项目所产生的现金流量享有偿债请求权，并以该项目资产作为附属担保的协议。它是一种以项目的未来收益和资产作为偿还贷款的资金来源和安全保障的融资方式。

2. 工程项目融资合同的特点

（1）工程项目融资合同主体的多样性

由于采用工程项目融资的项目一般都是投资大、周期长、风险高的项目，因而在法律层面上和一般的企业融资项目相比，其涉及的当事人和法律问题更为复杂。它涉及的法律主体有贷款人、项目发起人、借款人（项目公司）、项目使用方（项目产品的买主或项目的用户）、供应方、建设方、保证方、官方保险机构、受托人等。

（2）工程项目融资合同标的的特定性

工程项目融资合同主要运用于资源开发项目、基础设施建设项目和制造业项目。

1）资源开发项目。资源开发项目包括石油、天然气、煤炭、铁、铜等开采业。工程项目融资最早就是源于资源开发项目。

2）基础设施建设项目。基础设施一般包括铁路、公路、港口、电信和能源等项目的建设。

3）制造业项目。在制造业中，工程项目融资多用于工程上比较简单或某个工程阶段中已使用特定技术的制造业项目，此外，也适用于委托加工生产的制造业项目。

(3) 工程项目融资债权人追索权的有限性

工程项目融资合同是就项目论项目的，债权人和签约方除另有特别约定外，不能追索项目自身以外任何形式的资产，也就是说，工程项目融资完全依赖项目未来的经济强度。在其他融资方式中，投资者向金融机构的贷款尽管是用于项目，但是债务人是投资者而不是项目，整个投资者的资产都可能用于提供担保或偿还债务。也就是说，债权人对债务有完全的追索权，即使项目失败也必须由投资者还贷，因而贷款的风险对金融机构来讲相对较小。而在工程项目融资中，投资者只承担有限的债务责任，贷款银行一般在贷款的某个特定阶段（如项目的建设期）或特定范围内可以对投资者实行追索，一旦项目达到完工标准，贷款将变成无追索。工程项目融资主要依赖项目自身的未来现金流量及形成的资产，而不是依赖项目投资者或发起人的资信及项目自身以外的资产来安排融资。融资合同债权的排他性决定了债权人关注的是项目未来现金流量中可用于还款的金额，其融资额度、成本结构等都与项目未来现金流量和资产价值密切相关。

(4) 工程项目融资合同履行期限的长期性

由于工程项目融资资金需求量大、风险高，所以往往由多家金融机构参与提供资金，并通过书面协议明确各贷款银行承担风险的程度，一般还会形成结构严谨而复杂的担保体系。由于工程项目融资风险高，融资结构和担保体系复杂，参与方较多，因此前期需要做大量协议签署、风险分担、咨询顾问的工作，需要发生各种融资顾问费、成本费、承诺费、律师费等；另外，要将多样化的信用支持分配到项目未来的各个风险点，从而规避和化解不确定项目风险。例如，要求项目产品的购买者签订长期购买合同（协议），原材料供应商以合理的价格供货等，以确保强有力的信用支持。

(5) 工程项目融资合同订立程序的复杂性

工程项目融资数额大、时限长、涉及面广，涵盖融资方案的总体设计及运作的各个环节，需要的法律文件也多，其合同订立的程序也比传统融资复杂；并且，前期费用占融资总额的比例与项目规模成反比，其融资利息也高于公司贷款。

3.1.2 工程项目融资合同的种类

1. 投资协议

工程项目融资的一个特点就是项目主办人并不直接参与融资，而是通过成立一个项目公司，以该项目公司为借款人来达到融资的目的。所以，投资协议就是项目主办人之间或项目主办人与项目公司之间订立的协议。前者主要是明确股东各方的出资比例、出资额、出资方式及股东各方的职责与权利；后者主要是用来确定主办人对项目公司的财务支持，或提供次位贷款来保证项目公司具有清偿能力。

2. 完工担保协议

所谓完工担保协议，是指贷款人与项目主办人订立的旨在防止因工程建设延期而造成还款困难的协议。其主要内容是，项目主办人向贷款人保证，除原计划的融资之外，在项目建设成本超支时，项目主办人应进一步提供资金，以保证项目建设于规定的日期内完工。

(1) 项目主办人履行完工担保协议义务的方式

当项目工程建设成本超支时，依照完工担保协议，项目主办人应承担为使项目工程按期完工而进一步提供资金的义务。履行该义务主要有两种方式：一是要求项目主办人对项目公司追加股权出资；二是由项目主办人自己或通过其他金融机构向项目公司提供从属贷款，但该贷款必须在项目贷款人原先的贷款得到清偿之后才有权要求清偿。

(2) 预防项目主办人不履行完工担保义务的措施

工程项目融资中，项目主办人和贷款人往往居住在不同的国家，因而当项目主办人不履行完工担保义务，贷款人申请法院强制执行时，就会出现执行上的困难。为了解决这一困难，贷款人往往要求项目主办人在一家受托银行账户上存入一笔预订金，或由项目主办人通过银行开出一张备用信用证。这样，一旦项目主办人不履行完工担保义务，贷款人即可动用上述款项。还有一种预防措施是，由项目主办人开出一张以贷款人为受票人的本票，并以此作为贷款人支付初期贷款的先决条件。

3. 购买协议

购买协议是项目主办人与贷款人之间签订的协议。该协议通常做出这样的规定：当项目公司不履行其与贷款人订立的借贷协议的条款时，项目主办人将购买相当于贷款人给予项目公司贷款数额的产品。这实际上就是项目主办人通过购买项目产品来替项目公司还债，也是为项目公司履行债务而提供的一种担保。

4. 先期购买协议

先期购买协议是项目公司与贷款人拥有股权的金融公司之间订立的协议。该协议一般规定，金融公司同意向项目公司预付购买项目产品的价款，项目公司则利用这笔预付价款来从事项目的建设。在项目建成投产后，金融公司按照协议规定从项目公司处获得项目产品，然后再与第三人订立提货或付款协议将产品转售给第三人，从而获得偿还贷款所需的现金。这种先期购买协议只是当贷款人通过金融公司向项目公司贷款时才适用，金融公司只是起到一个桥梁的作用，因此当协议签订后，金融公司即将该协议下的权利让与贷款人。

5. 产品支付协议

以矿业产品支付协议为例，这是项目公司与贷款人之间签订的，由项目公司将矿藏权益的一部分及矿产品出售所得的应收款项的一部分利益让与贷款人，而贷款人所拥有的权利仅限于其所受让的那部分矿藏所产生的产品。如果产品的销售收入不足以偿还贷款人的债务，贷款人无权请求补偿。但在项目公司将所贷款项偿还之前，贷款人都拥有这些权益。该协议主要用于资源开发项目。由于矿藏权通常被认为是一种准物权，所以有些国家的法律将上述权利转让行为视为是对贷款人所设立的一种担保物权。因此，在这些国家进行上述权利转让时，就要按照法律的要求办理担保权益的登记手续，否则，这种产品支付协议就不能对抗第三人。

6. 提货或付款协议

提货或付款协议也被称为无论取得货物与否均须付款的合同，它是项目公司与项目产品购买人之间签订的一种长期销售协议。该协议一般规定，不论项目公司能否提供足够的符合要求的产品，购买人都必须支付不少于偿还贷款和支付项目经营费用所需要的价款。该协议具有特殊的作用，它实际上是将本由贷款人承担的债权风险转移给了项目产品购买人，从而为贷款人收回贷款提供了一种间接担保。由于该协议具有这种转移风险的作用，贷款人对其能否得到切实履行极为关注。实践中，为了能保证该协议的履行，贷款人一般都要求在合同中做出一些特殊规定，以此来排除买方撤销合同或减少价金的可能性。贷款人的做法一般有以下五种：

1）将项目公司所承担的合同义务降到最低限度，从而降低买方以项目公司违约为由提出反要求或撤销合同的风险。但在买卖合同中，等价有偿是其基本原则，双方当事人均要对价履行方为平等，否则对方即可提出各种合同上的抗辩权以拒绝履行己方的不对价义务。因此，为达到买卖双方权利义务对价的要求，贷款人通常要求项目公司在合同中规定，买方不是为取得货物或劳务而付款，而是为取得货物或劳务的"期望"，即一种期待权；或者以某种与交货或提供劳务无关的东西作为买方支付价金的对价，如此就可得到法律上的支持。

2）排除项目公司依据合同所承担的默示义务。各国合同法一般都有要求买卖合同中的卖方承担某些默示义务的规定，比如卖方应对货物承担权利瑕疵担保和产品瑕疵担保等义务。卖方（项目公司）如果违反这些义务，买方即有权要求解除合同或减少价金。因此，为了减少项目公司违反这些义务的可能性，贷款人一般都要求在合同中排除项目公司所承担的这些默示义务。但是，排除这些默示义务是与合同法的基本规定冲突的，所以要写上这样的条款就要看具体国家的特殊规定，并在合同中约定所适用的准据法。

3）排除项目公司根本违约的责任。在合同法中，根本违约是一种严重的违约行为，如卖方所交货物不是合同所规定的货物。根本违约一般都导致合同目的无法实现，买方对此享有法定解除权。但在无论取得货物与否均须付款的合同中，买方对项目公司所提供的产品是必须接受的。只要买方同意接受这样的合同，那么，项目公司在合同中排除其根本违约的责任在理论上是可能的。

4）不得抵销。为了保证收回贷款的现金来源，贷款人通常要求项目公司在协议中规定，买方不得以自己对项目公司的债权来抵销其依据合同对项目公司所承担的付款义务。

5）合同落空与不可抗力。合同落空是英美法系中的一个原则，在大陆法系中与之相对应的是情势变更原则。它是指非由于当事人自身的原因，而是由于意外情况而使当事人订立合同的目的无法实现，或订立合同所基于的理由已不复存在，使合同无法履行或没有必要履行，未履行义务的当事人免除责任。合同落空的情况有：①因不可能履行而导致的合同落空，如合同履行的特定物灭失或无法使用；情况发生了重大的变化，以至于当事人双方的权益与签约时相比发生了根本性的变化；当事人一方丧失履约能力。②共同利益的落空，即合同落空不是因为实际履行的不可能，而是因为合同目的或合同利益的难以实现导致的。

不可抗力，即不可抗拒的力量，一般是指不能预见、不能避免并且不能克服的客观情况。在实践中，不可抗力事件的出现是适用情势变更原则或合同落空原则的经常性原因，而合同中约定的不可抗力条款则是当事人对情势变更原则或合同落空原则的一种主动适用。买卖合同（特别是一些长期的大型项目的买卖合同）总是受到潜在的不可抗力事件的威胁。如果因为发生了某种意外情况致使合同的履行成为不可能时，那么此种无论取得货物与否均须付款的合同就会终止，担保此项合同的履行的担保义务也随之终止。因此，为了防止项目产品的购买者对不可抗力的范围做广义或扩大的解释并借以逃避付款义务，项目公司应拒绝使用含义广泛的不可抗力条款，并明确规定哪些意外事件可以构成不可抗力事件。

尽管贷款人可以要求项目公司采取以上各种限制或排除己方责任的条款，但这些条款在法律上是否有效，归根结底还得取决于该合同所适用的准据法。

7. 特许协议

由于国际贷款的项目一般是属于国家享有控制权的基础设施项目，而且投资者在项目开发与经营中经常遇到东道国法律和行政方面的障碍，因此，项目主办人就需要与东道国政府谈判并订立一个特许协议，以此来限制东道国政府对项目的干涉。所谓特许协议，就是项目主办人与东道国政府签订的，由东道国政府将本属于政府享有的勘探、开发及经营特定项目的权利授予项目主办人的协议。取得一定项目的开发经营特许权是进行工程项目融资的前提。从这一点来说，特许协议是一个基础性协议，是工程项目融资所有协议的核心和依据。通过签订该协议，项目主办人取得特定项目的开发经营权，但应向东道国政府缴纳一定的费用，并遵守该项目经营管理方面的准则。

贷款人虽不直接参与特许协议的签订，但这份协议对贷款人具有十分重要的意义。因为项目公司给贷款人的担保权益中，很主要的一项权益就是把特许权协议项下的权利转让给贷款人，保证该协议的履行。贷款人一般都要求在合同中做出一些特殊规定，以此来排除买方撤销合同或减少价金的可能性。

8. 经营管理合同

利用一系列合同来维护贷款人的利益，是工程项目融资的最大特点。为了加强项目的经营管理，使项目有更大的成功把握，从而使贷款人对收回其贷款获得更有力的保障，贷款人通常要求项目公司与第三人订立长期的经营管理项目合同。但是，有些国家限制外国人参与项目的经营管理，所以在订立此合同前应取得东道国政府的许可。

3.1.3 工程项目融资中的合同结构

工程项目融资中，当事人众多，法律关系复杂，所使用的合同也涉及很多种类。这些合同既是相互独立的，又是紧密联系在一起的。它们主要围绕两个基本问题展开：一是投资者收回投资并获得利润的过程中的权利与义务问题；二是项目发展商为完成项目并使其转入商业运行过程中的权利与义务问题。其实就是围绕着工程项目融资风险及其分担这一核心要素，把贷款人、借款人和为融资提供各种直接间接担保的保证人以及其他各方当事人的法律关系连接起来，从而形成了特定的工程项目融资合同结构。

在有限追索权融资项下，合同结构主要有以下三种。

1. 二联式合同结构

二联式合同结构是由两类合同结合而形成的。一类是项目公司与贷款人之间订立的协议，主要是借贷协议，由贷款人向项目公司提供项目贷款；另一类是项目主办人与贷款人之间订立的协议，主要是由项目主办人向贷款人提供各种担保，包括完工担保协议、购买项目产品或服务的协议、投资协议等。

二联式合同结构涉及的合同法律关系简单、直接，权利义务明确，成本较低，是一种常见的合同结构。工程项目融资二联式合同结构如图3-1所示。

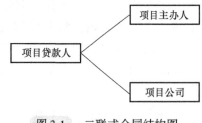

图 3-1 二联式合同结构图

2. 三联式合同结构

这是由三类不同的合同联结起来的结构。在此种合同结构中，贷款人、项目主办人、项目公司、项目设施使用人或项目产品购买人都是不可缺少的当事人。当然，由于法律主体的增加，法律关系变得复杂，当事人之间的权利义务比较难以平衡，使得缔结合同的合意很难达成，从而导致工程项目融资复杂化和融资成本增加。该合同结构主要是指由项目公司与贷款人之间签订项目贷款协议，同时约定，在项目完工之前由项目主办人提供担保予以支持。

工程项目融资三联式合同结构如图 3-2 所示。

3. 四联式合同结构

在这一结构中，除了三联式结构中的当事人外，又增加了一个贷款人全资拥有或拥有股权的金融公司，因而使工程项目融资法律关系变得更加复杂。该结构主要包括以下四个合同。

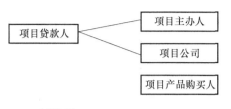

图 3-2　三联式合同结构图

1）借贷协议。这是由贷款人同其拥有全部股权的金融公司订立的，即由前者向后者提供贷款。

2）先期购买协议。这是金融公司与项目公司之间签订的，由金融公司将其从贷款人那里取得的贷款付给项目公司，以之作为以后购买项目产品的预付款。

3）提货或付款协议。当项目投产后，项目公司向金融公司支付产品，金融公司则采用提货或付款协议再将产品转售第三人，用所得价款偿还贷款。

4）担保协议及其转让。项目主办人对项目公司依据先期购买协议所负之义务向金融公司提供特定形式的担保，同时对购买项目产品或服务的第三方依据"无论提货与否均须付款协议"所负之义务向项目公司提供特定形式的担保，并由项目公司将此担保转让给金融公司，最后由金融公司将上述合同项下的权利以及各项担保全部转让给贷款人以作为提供贷款的担保权益。

四联式合同结构虽然复杂，但由于有一家金融公司参与，使之具有其他合同结构所没有的独特优点。工程项目融资中，法律文件众多，融资过程烦琐，之所以这样，皆是贷款人出于维护自身利益的考虑。基于这种考虑，贷款人的一些做法往往会同有关国家的法律相冲突。因此，如何规避这些冲突也是融资过程中各方当事人所注意的地方。四联式合同结构通过引入一家金融公司，就可做到规避有关法律的禁止性规定。例如，贷款人所属国家的银行法规可能禁止银行参与非银行性质的商业交易。我国相关法律也对商业银行的经营业务做出了明确规定，这样，贷款银行就不能直接购买项目产品，而通过贷款人所属的金融公司则可从事这种商业交易。

在采用四联式合同结构时，项目贷款人应注意，每个环节的付款义务都是不可撤销和不可减少的。第一，在此合同结构中，担保人和贷款人分处合同链条的两端，如果有一个环节发生了问题，整个权利义务链就会中断，贷款人的权益就得不到保障。第二，在这种合同结构中，贷款人所获得的担保主要来自金融公司对其做出的权利让与，而按照一般法律原则，受让人基于合同权利转让而取得的权利只能局限于让与人所能给予他的权利。

因此，项目贷款人必须十分注意自己与金融公司之间的权利让与的内部关系，注意权利让与的有效性。即注意在权利让与过程中要存在有效的债权或其他权利，让与的债权必须具有可让与性，让与人应将债权证明文件全部交付给受让人，让与人向受让人移转债权时，依附于主债权的各种从权利，如抵押权、留置权、定金债权、利息债权、违约金债权及损害赔偿请求权也一并移转。工程项目融资四联式合同结构如图3-3 所示。

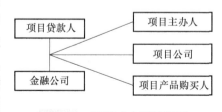

图 3-3　四联式合同结构图

3.1.4 工程项目融资合同的法律渊源

工程项目融资合同的法律渊源是指法定的国家机关制定的具有不同法律地位和效力的工程项目融资法律的一种分类，是工程项目融资法律的各种具体表现形式。

1. 《中华人民共和国宪法》

《中华人民共和国宪法》第十八条规定："中华人民共和国允许外国的企业和其他经济组织或者个人依照中华人民共和国法律的规定在中国投资，同中国的企业或者其他经济组织进行各种形式的经济合作。在中国境内的外国企业和其他外国经济组织以及中外合资经营的企业，都必须遵守中华人民共和国的法律。它们的合法的权利和利益受中华人民共和国法律的保护。"《中华人民共和国宪法》的这一规定是我国所有外资立法最权威的法律依据，在包括 BOT 项目在内的外资法的层次中居于核心地位。

2. 法律

此处仅指狭义上的法律，即全国人民代表大会及其常务委员会制定、颁布的适用于工程项目融资的规范性文件，一般名称均称为"法"，例如，《中华人民共和国公司法》、《中华人民共和国民法典》合同编、《中华人民共和国招标投标法》、《中华人民共和国政府采购法》、《中华人民共和国外商投资法》等。

3. 行政法规

行政法规是由最高行政机关——国务院制定、颁布的适用于工程项目融资的规范性文件，具体名称有条例、决定、指示、命令等。例如，《中华人民共和国招标投标法实施条例》《中华人民共和国政府采购法实施条例》《中华人民共和国外商投资法实施条例》。此外，还有《中华人民共和国外汇管理条例》《境内机构对外担保管理规定》等外汇管理、外债登记、对外担保的行政法规。

4. 工程项目融资地方性法规

工程项目融资地方性法规是省、自治区、直辖市的人民代表大会及其常务委员会，在不与宪法、法律和行政法规相抵触的前提下制定、颁布的有关工程项目融资的地方规范性文件。例如，1994 年 4 月 28 日海南省第一届人民代表大会常务委员会第八次会议通过的《海南经济特区基础设施投资综合补偿条例》（2006 年废止）。

5. 工程项目融资规章

工程项目融资规章是国务院各部、委、局及地方人民政府在其职权范围内依法制定、颁布的管理性文件。例如，1997 年 4 月 16 日，国家计委（现为国家发改委）和国家外汇管理局发布的《境外进行项目融资管理暂行办法》；2004 年 5 月 1 日，建设部（现为住房和城乡建设部）发布实施的《市政公用事业特许经营管理办法》；2005 年，国家发改委、国家开发银行发布的《关于进一步加强对境外投资重点项目融资支持有关问题的通知》；2006 年苏州市发布的《苏州市市级政府投资项目融资管理办法》等。

6. 工程项目融资国际条约

工程项目融资国际条约是我国参加和承认的有关国际多边公约、双边条约的规定，如我国与投资者母国关于双边投资的协定、关于避免双重征税的协定，具体有《承认及执行外国仲裁裁决的国际公约》《多边投资担保机构公约》《关于解决国家和他国国民之间投资争端公约》等。

3.2 工程项目融资合同的订立方式及程序

关于工程项目融资合同，目前我国并没有特别的专门法律规定。除了《中华人民共和国民法典》合同编部分之外，目前一般根据《中华人民共和国招标投标法》《中华人民共和国招标投标法实施条例》《中华人民共和国政府采购法》《中华人民共和国政府采购法实施条例》《政府采购货物和服务招标投标管理办法》《政府采购非招标采购方式管理办法》《政府采购竞争性磋商采购方式管理暂行办法》来订立和管理相关的合同。

3.2.1 政府采购与招标投标的区别

政府采购是指各级国家机关、事业单位和团体组织使用财政性资金，采购依法制定的集中采购目录以内的或者采购限额标准以上的货物、工程和服务的行为。这里所称的采购，是指以合同方式有偿取得货物、工程和服务的行为，包括购买、租赁、委托、雇用等；货物，是指各种形态和种类的物品，包括原材料、燃料、设备、产品等；工程，是指建设工程，包括建筑物和构筑物的新建、改建、扩建、装修、拆除、修缮等；服务，是指除货物和工程以外的其他政府采购对象。

招标投标是指由交易活动的发起方在一定范围内公布标的特征和部分交易条件，按照依法确定的规则和程序，对多个响应方提交的报价及方案进行评审，择优选择交易主体并确定全部交易条件的一种交易方式。

从政府采购与招标的概念上分析，很容易发现两者之间存在的区别：

（1）行为主体不同

政府采购的主体是国家机关、事业单位和社会团体；招标的主体主要是企业、个人或其他经济组织。

（2）资金性质不同

政府采购使用的是财政性资金；招标使用的是企业、个人或其他经济组织使用的任何性质的资金，包括部分财政性资金。

（3）遵循法律不同

我国的政府采购除工程类项目采用招标方式进行的，适用《中华人民共和国招标投标法》外，其余均遵循《中华人民共和国政府采购法》；而招标除政府采购的招标项目外，均遵循《中华人民共和国招标投标法》。

（4）采购方式不同

我国的政府采购方式包括公开招标、邀请招标、竞争性谈判、单一来源采购、询价和国务院政府采购监督管理部门认定的其他采购方式；而招标仅有公开招标和邀请招标两种采购方式。

（5）采购结果不同

政府采购必须遵循国家政策的要求，如节约支出、购买国货、保护中小企业、环境保护等，采购结果不以寻求单个采购人的最大受益为目的，是各国政府经常使用的一种宏观经济调控手段；而招标则只要不违反国家法律、政策，采购结果应体现对单个招标人的最大受益，是一种完全的自由市场竞争行为。

3.2.2 工程项目融资合同的订立方式及适用条件

根据《中华人民共和国招标投标法》的相关规定，工程项目融资合同的订立方式包括公开招标、邀请招标、竞争性谈判、竞争性磋商和单一来源采购五种方式。工程项目融资的一般采购流程包括资格预审、采购文件的准备和发布、提交采购响应文件、采购评审、采购结果确认谈判、签署确认谈判备忘录、成交结果及拟定项目合同文本公示、项目合同审核、签署项目合同、项目合同的公告和备案等若干基本环节。

1. 公开招标

公开招标属于无限制性竞争招标，是指招标人通过依法指定的媒介发布招标公告的方式邀请所有不特定的潜在投标人参加投标，并按照法律规定程序和招标文件规定的评标标准和方法确定中标人的一种竞争交易方式。

依法必须公开招标的项目主要有以下三类：

1）国家重点项目和省、自治区、直辖市人民政府确定的地方重点项目（《中华人民共和国招标投标法》第十一条）。

2）国有资金占控股或者主导地位的依法必须进行招标的项目（《中华人民共和国招标投标法实施条例》第八条）。

3）其他法律法规规定必须进行公开招标的项目。例如，《中华人民共和国政府采购法》第二十六条规定，公开招标应作为政府采购的主要采购方式。

2. 邀请招标

邀请招标属于有限竞争性招标，也称选择性招标，是招标投标的两种方式之一。它是指招标人以投标邀请书的方式直接邀请特定的潜在投标人参加投标，并按照法律程序和招标文件规定的评标标准和方法确定中标人的一种竞争交易方式。与之相对应的方式是公开招标。

有下列情形之一的，经批准可以进行邀请招标：

1）涉及国家安全、国家秘密或者抢险救灾，适宜招标但不宜公开招标的。

2）项目技术复杂或有特殊要求，或者受自然地域环境限制，只有少量潜在投标人可供选择的。

3）采用公开招标方式的费用占项目合同金额的比例过大的。

非依法必须公开招标的项目，由招标人自主决定采用公开招标还是邀请招标。

邀请招标应当向三个以上具备招标项目资格能力要求的特定潜在投标人发出投标邀请书。

3. 竞争性谈判

竞争性谈判是指采购人或者采购代理机构直接邀请三家以上供应商就采购事宜进行谈判的方式。竞争性谈判采购方式的特点是：①缩短准备期，使采购项目更快地发挥作用；②减少工作量，省去了大量的开标、投标工作，有利于提高工作效率，减少采购成本；③供求双方能够进行更为灵活的谈判；④有利于对民族工业进行保护；⑤能够激励供应商自觉将高科技应用到采购产品中，同时又能降低采购风险。

符合下列情形之一的货物或者服务，可以采用竞争性谈判的方式：

1）招标后没有供应商投标、没有合格标的或者重新招标未能成立的。

2）技术复杂或性质特殊，不能规定详细规格或者具体要求的。

3）采用招标所需时间不能满足用户紧急需要的。
4）不能事先计算出价格总额的。

根据《政府采购货物和服务招标投标管理办法》第四十三条的规定，投标截止时间结束后参加投标的供应商不足三家的，或在评标期间出现符合专业条件的供应商或者对招标文件做出实质响应的供应商不足三家情形的，经报政府采购监督管理部门批准，可以采用竞争性谈判采购方式。

《中华人民共和国政府采购法》第三十条和《政府采购货物和服务招标投标管理办法》第四十三条明确规定了竞争性谈判采购方式的适用范围。

4. 竞争性磋商

竞争性磋商是指采购人、政府采购代理机构通过组建竞争性磋商小组（简称磋商小组）与符合条件的供应商就采购货物、工程和服务事宜进行磋商，供应商按照磋商文件的要求提交响应文件和报价，采购人从磋商小组评审后提出的候选供应商名单中确定成交供应商的采购方式。

符合下列情形的项目，可以采用竞争性磋商方式开展采购：

1）政府购买服务项目。
2）技术复杂或者性质特殊，不能确定详细规格或者具体要求的。
3）因艺术品采购、专利、专有技术，或者服务的时间、数量事先不能确定等原因，不能事先计算出价格总额的。
4）市场竞争不充分的科研项目，以及需要扶持的科技成果转化项目。
5）除按照《中华人民共和国招标投标法》及《中华人民共和国招标投标法实施条例》必须进行招标的工程建设项目以外的工程建设项目。

5. 单一来源采购

单一来源采购是指只能从唯一供应商处采购、不可预见的紧急情况、为了保证一致性或配套服务从原供应商添购且添购资金总额不超过原合同资金总额10%的情形的政府采购项目，采购人向特定的一个供应商采购的一种政府采购方式。

单一来源采购其适用条件介绍如下。

（1）招标失败

在采用公开和限制程序情况下没有合适投标，且原招标合同条款未做重大改变。招标失败的原因或是无人投标，或是串通投标，或是投标由不符合参加条件的供应商所提出。世界贸易组织的《政府采购协议》和欧盟的《政府采购公共指令》都有此规定。

（2）采购标的来源单一

基于技术、工艺或专利权保护的原因，产品、工程或服务只能由特定的供应商、承包商或服务提供者提供，且不存在任何其他合理的选择或替代。各类国际规则都有此规定。

（3）紧急采购时效的需要

不可预见事件导致出现异常紧急情况，使公开和限制程序的时间限制难以得到满足，且出现该紧急事件的情势也不归因于签约机构。

根据《中华人民共和国政府采购法》《政府采购非招标采购方式管理办法》《政府采购竞争性磋商采购方式管理暂行办法》等规定，工程项目融资合同的订立方式及适用条件见表3-1。

表 3-1　工程项目融资合同的订立方式及适用条件

订立方式	适用条件
公开招标	主要适用于核心边界条件和技术经济参数明确、完整、符合国家法律法规和政府采购政策，且采购中不做更改的项目
邀请招标	（1）具有特殊性，只能从有限范围的供应商处采购的 （2）采用公开招标方式的费用占政府采购项目总价值比例过大的
竞争性谈判	（1）招标后没有供应商投标或者没有合格标的或者重新招标未能成立的 （2）技术复杂或者性质特殊，不能确定详细规格或者具体要求的 （3）采用招标所需时间不能满足用户紧急需要的 （4）不能事先计算出价格总额的
竞争性磋商	（1）政府购买服务项目 （2）技术复杂或者性质特殊，不能确定详细规格或者具体要求的 （3）因艺术品采购、专利、专有技术，或者服务的时间、数量事先不能确定等，不能事先计算出价格总额的 （4）市场竞争不充分的科研项目，以及需要扶持的科技成果转化项目 （5）除按照《中华人民共和国招标投标法》及《中华人民共和国招标投标法实施条例》必须进行招标的工程建设项目以外的工程建设项目
单一来源采购	（1）只能从唯一供应商处采购的 （2）发生了不可预见的紧急情况不能从其他供应商处采购的 （3）必须保证原有采购项目一致性或者配套服务的要求，需要继续从原供应商处添购且添购资金总额不超过原合同资金总额10%的

3.2.3　工程项目融资招标或政府采购的基本程序

1.《中华人民共和国招标投标法》的一般性规定

（1）制定招标方案

招标方案是指招标人通过分析和掌握招标项目的技术、经济、管理的特征，以及招标项目的功能、规模、质量、价格、进度、服务等需求目标，依据有关法律法规、技术标准，结合市场竞争状况，针对一次招标组织实施工作的总体策划。招标方案包括合理确定招标组织形式、依法确定项目招标内容范围和选择招标方式等，是科学、规范、有效地组织实施招标采购工作的必要基础和主要依据。

（2）资格预审

资格预审是指招标人根据招标方案，编制、发布资格预审公告，向不特定的潜在投标人发出资格预审文件，潜在投标人据此编制、提交资格预审申请文件，招标人或者由其依法组建的资格审查委员会按照资格预审文件确定的资格审查方法、资格审查因素和标准，对申请人的资格能力进行评审，从而确定通过资格预审的申请人的过程。未通过资格预审的申请人不具有投标资格。

招标人采用资格预审办法对潜在投标人进行资格审查的，应当发布资格预审公告、编制资格预审文件。依法必须进行招标的项目的资格预审公告和招标公告，应当在国家发改委依法指定的媒介发布。

招标人应当按照资格预审公告、招标公告，或者投标邀请书规定的时间、地点，发售资格预审文件或者招标文件。资格预审文件或者招标文件的发售期不得少于 5 日。

招标人应当合理确定提交资格预审申请文件的时间。依法必须进行招标的项目提交资格预审申请文件的时间，自资格预审文件停止发售之日起不得少于 5 日。

资格预审应当按照资格预审文件载明的标准和方法进行。国有资金占控股或者主导地位的依法必须进行招标的项目，招标人应当组建资格审查委员会审查资格预审申请文件。资格审查委员会及其成员应当遵守《中华人民共和国招标投标法》和《中华人民共和国招标投标法实施条例》有关评标委员会及其成员的规定。

资格预审结束后，招标人应当及时向资格预审申请人发出资格预审结果通知书。未通过资格预审的申请人不具有投标资格。通过资格预审的申请人少于 3 个的，应当重新招标。

招标人采用资格后审办法对投标人进行资格审查的，应当在开标后由评标委员会按照招标文件规定的标准和方法对投标人的资格进行审查。

招标人可以对已发出的资格预审文件或者招标文件进行必要的澄清或者修改。澄清或者修改的内容可能影响资格预审申请文件或者投标文件编制的，招标人应当在提交资格预审申请文件截止时间至少 3 日前，或者投标截止时间至少 15 日前，以书面形式通知所有获取资格预审文件或者招标文件的潜在投标人；不足 3 日或者 15 日的，招标人应当顺延提交资格预审申请文件或者投标文件的截止时间。

潜在投标人或者其他利害关系人对资格预审文件有异议的，应当在提交资格预审申请文件截止时间 2 日前提出；对招标文件有异议的，应当在投标截止时间 10 日前提出。招标人应当自收到异议之日起 3 日内做出答复；做出答复前，应当暂停招标投标活动。

（3）编制、发售招标文件

招标人应结合招标项目需求的技术经济特点和招标方案确定要素、市场竞争状况，根据有关法律法规、标准文本编制招标文件。依法必须进行招标项目的招标文件，应当使用国家发改委会同有关行政监督部门制定的标准文本。招标文件应按照投标邀请书或招标公告规定的时间、地点发售。

（4）踏勘现场

招标人可以根据招标项目的特点和招标文件的规定，集体组织潜在投标人实地踏勘，了解项目现场的地形地质、项目周边交通环境等并介绍有关情况。潜在投标人应自行负责据此踏勘做出的分析判断和投标决策。工程设计、监理、施工和工程总承包以及特许经营等项目招标一般需要组织踏勘现场。

（5）投标预备会

投标预备会是招标人为了澄清、解答潜在投标人在阅读招标文件或现场踏勘后提出的疑问，按照招标文件规定时间组织的投标答疑会。所有的澄清、解答均应当以书面形式发给所有获取招标文件的潜在投标人，并属于招标文件的组成部分。招标人同时可以利用投标预备会，对招标文件中的有关重点、难点等内容主动做出说明。

（6）编制、提交投标文件

1）潜在投标人在阅读招标文件中产生疑问和异议的，可以按照招标文件规定的时间以书面提出澄清要求，招标人应当及时书面答复澄清。潜在投标人或其他利害人如果对招标文件的内容有异议，应当在投标截止时间 10 天前向招标人提出。

2）潜在投标人应依据招标文件要求的格式和内容，编制、签署、装订、密封、标识投标文件，按照规定的时间、地点、方式提交投标文件，并根据招标文件的要求提交投标保证金。

3）投标截止时间之前，投标人可以撤回、补充或者修改已提交的投标文件。投标人撤回已提交的投标文件，应当以书面形式通知招标人。

(7) 开标

招标人或其招标代理机构应按招标文件规定的时间、地点组织开标，邀请所有投标人代表参加，并通知监督部门，如实记录开标情况。除招标文件特别规定或相关法律法规有规定外，投标人不参加开标会议不影响其投标文件的有效性。

投标人少于3个的，招标人不得开标。依法必须进行招标的项目，招标人应分析失败原因并采取相应措施，按照有关法律法规要求重新招标。重新招标后投标人仍不足3个的，按国家有关规定需要履行审批、核准手续的依法必须进行招标的项目，报项目审批、核准部门审批、核准后可以不再进行招标。

(8) 评标

招标人一般应当在开标前依法组建评标委员会。依法必须进行招标的项目评标委员会由招标人代表和不少于成员总数2/3的技术经济专家，且5人以上成员单数组成。依法必须进行招标项目的评标专家从依法组建的评标专家库内相关专业的专家名单中以随机抽取方式确定；技术复杂、专业性强或者国家有特殊要求，采取随机抽取方式确定的专家难以胜任评标工作的，可以由招标人直接确定。

评标由招标人依法组建的评标委员会负责。评标委员会应当充分熟悉、掌握招标项目的需求特点，认真阅读研究招标文件及其相关技术资料，依据招标文件规定的评标方法、评标因素和标准、合同条款、技术规范等，对投标文件进行技术经济分析、比较和评审，向招标人提交书面评标报告并推荐中标候选人。

(9) 中标

1）中标候选人公示。依法必须进行招标的项目，招标人应当自收到评标报告之日起3日内在指定的招标公告发布媒体公示中标候选人，公示期不得少于3日。中标候选人不止1个的，应将所有中标候选人一并公示。投标人或者其他利害关系人对依法必须进行招标项目的评标结果有异议的，应当在中标候选人公示期间提出。招标人应当自收到异议之日起3日内做出答复；做出答复前，应当暂停招标投标活动。

2）履约能力审查。中标候选人的经营、财务状况发生较大变化或者存在违法行为，招标人认为可能影响其履约能力的，应当在发出中标通知书前由原评标委员会按照招标文件规定的标准和方法审查确认。

3）确定中标人。招标人按照评标委员会提交的评标报告和推荐的中标候选人以及公示结果，根据法律法规和招标文件规定的定标原则确定中标人。

4）发出中标通知书。招标人确定中标人后，向中标人发出中标通知书，同时将中标结果通知所有未中标的投标人。

5）提交招标投标情况书面报告。依法必须招标的项目，招标人在确定中标人的15日内应该将项目招标投标情况书面报告提交招标投标有关行政监督部门。

(10) 签订合同

招标人和中标人应当自中标通知书发出之日起30日内，按照中标通知书、招标文件和中标人的投标文件签订合同。签订合同时，中标人应按招标文件要求向招标人提交履约保证金，并依法进行合同备案。

根据《中华人民共和国招标投标法》及相关规定，工程项目融资的招标一般程序如图3-4所示，以公开招标为例。

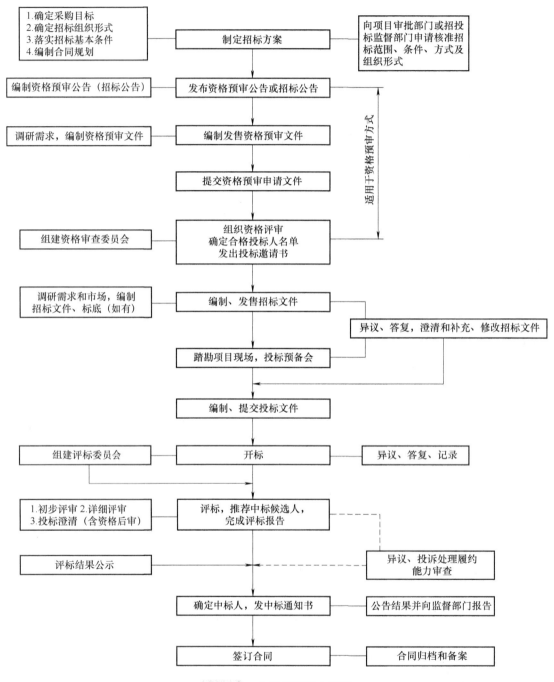

图3-4 公开招标基本程序

2.《中华人民共和国政府采购法》的特别规定

根据《中华人民共和国招标投标法》和《中华人民共和国政府采购法》的相关规定，

主要介绍下面两个重要程序。

（1）资格预审

《中华人民共和国政府采购法》规定，采购人可以要求参加政府采购的供应商提供有关资质证明文件和业绩情况，并根据本法规定的供应商条件和采购项目对供应商的特定要求，对供应商的资格进行审查。

采购人或者采购代理机构有下列情形之一的，属于以不合理的条件对供应商实行差别待遇或者歧视待遇：

1）就同一采购项目向供应商提供有差别的项目信息。

2）设定的资格、技术、商务条件与采购项目的具体特点和实际需要不相适应或者与合同履行无关。

3）采购需求中的技术、服务等要求指向特定供应商、特定产品。

4）以特定行政区域或者特定行业的业绩、奖项作为加分条件或者中标、成交条件。

5）对供应商采取不同的资格审查或者评审标准。

6）限定或者指定特定的专利、商标、品牌或者供应商。

7）非法限定供应商的所有制形式、组织形式或者所在地。

8）以其他不合理条件限制或者排斥潜在供应商。

根据法律规定，项目采购应当实行资格预审。项目实施机构应当根据项目需要准备资格预审文件，发布资格预审公告，邀请社会资本和与其合作的金融机构参与资格预审，验证项目能否获得社会资本响应和实现充分竞争。

在一般的政府采购中，资格预审并非采购的必经前置程序；然而，在工程项目融资中，无论采取何种采购方式，均应进行资格预审程序。这是由于工程项目融资作为一种新型的政府采购服务，建立了政府与企业间的长期合作关系，政府希望通过前置的资格预审程序，实现项目实施机构对参与工程项目融资的社会资本进行更为严格的筛选和把控，保障项目安全。

根据《中华人民共和国招标投标法实施条例》等规定，工程项目融资的资格预审流程如图3-5所示。

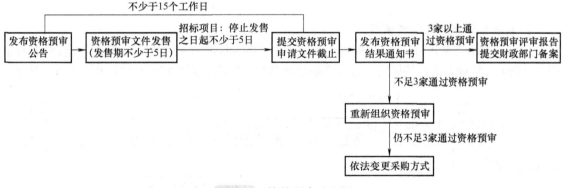

图3-5 资格预审流程图

（2）联合体投标

两个以上的自然人、法人或者其他组织可以组成一个联合体，以一个供应商的身份共同参加政府采购。

以联合体形式进行政府采购的，参加联合体的供应商均应当具备《中华人民共和国政府采购法》第二十二条规定的条件，并应当向采购人提交联合协议，载明联合体各方承担的工作和义务。联合体各方应当共同与采购人签订采购合同，就采购合同约定的事项对采购人承担连带责任。

联合体中有同类资质的供应商按照联合体分工承担相同工作的，应当按照资质等级较低的供应商确定资质等级。

以联合体形式参加政府采购活动的，联合体各方不得再单独参加或者与其他供应商另外组成联合体参加同一合同项下的政府采购活动。

3. 公开招标和邀请招标

根据《中华人民共和国招标投标法》《中华人民共和国招标投标法实施条例》《中华人民共和国政府采购法》《中华人民共和国政府采购法实施条例》《政府采购货物和服务招标投标管理办法》等规定，通过公开招标及邀请招标方式的工程项目融资合同采购的流程如图3-6所示。

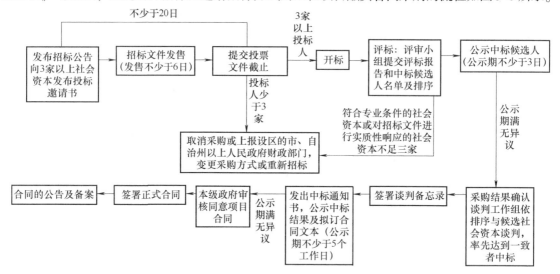

图 3-6　公开招标和邀请招标流程图

4. 竞争性谈判和竞争性磋商

根据《中华人民共和国政府采购法》《中华人民共和国政府采购法实施条例》《政府采购非招标采购方式管理办法》等规定，通过竞争性谈判和竞争性磋商方式项目的流程如图3-7所示。

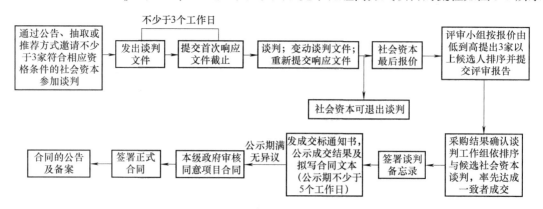

图 3-7　竞争性谈判和竞争性磋商流程图

就竞争性谈判和竞争性磋商采购方式需要特别说明的是：

1）《中华人民共和国政府采购法》规定的政府采购方式并不包括竞争性磋商，竞争性磋商是财政部于2014年依法创新的政府采购方式。竞争性磋商和竞争性谈判相比，两者关于采购程序、供应商来源方式、采购公告要求、响应文件要求、磋商或谈判小组组成等方面的要求基本一致；但是，在采购评审阶段，竞争性磋商采用了类似招标采购方式中的"综合评分法"，从而区别于竞争性谈判的"最低价成交"。财政部有关负责人在就《政府采购竞争性磋商采购方式管理暂行办法》有关问题答记者问中解读："之所以这样设计，就是为了在需求完整、明确的基础上实现合理报价和公平交易，并避免竞争性谈判最低价成交可能导致的恶性竞争，将政府采购制度功能聚焦到'物有所值'的价值目标上来，达到'质量、价格、效率'的统一。"

2）根据《政府采购非招标采购方式管理办法》和《政府采购竞争性磋商采购方式管理暂行办法》的一般性规定，供应商的来源方式均包括以下三种：①采购人或采购代理机构发布公告；②采购人或采购代理机构从省级以上财政部门建立的供应商库中随机抽取；③采购人和评审专家分别以书面推荐的方式邀请符合相应资格的供应商参与采购。

5. 单一来源采购

根据《中华人民共和国政府采购法》《中华人民共和国政府采购法实施条例》和《政府采购非招标采购方式管理办法》等规定，通过单一来源采购方式订立合同的流程如图3-8所示。

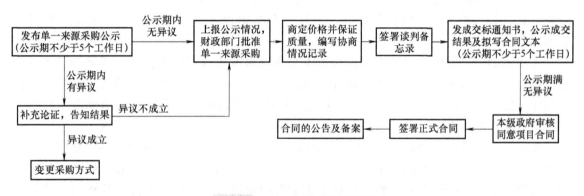

图3-8　单一来源采购流程图

当然，如前文所述，相关规定对不同采购方式的条件存在不同要求。对达到当地政府公开招标数额标准的PPP项目，如通过公开招标以外的方式进行采购（例如，在公开招标的资格预审阶段，符合资格预审条件的社会资本在连续两次资格预审中均不足3家），则项目的实施机构应当在报经主管预算单位同意后，向设区的市、自治州以上人民政府财政部门申请批准。

以上为针对工程项目融资合同订立的相关规定进行的概括性、一般性梳理。在实务操作中，在选定某一具体的工程项目融资方式后，还应参照相关规定对不同方式的规定，进一步深化研究和梳理，以确保工程项目融资方式符合法律法规及其他规范性文件的各项要求。

3.3 工程项目融资中各方退出机制

工程项目融资的合同订立后,由于很多主客观因素的制约和影响,有可能出现资本方退出的情况,但目前的立法中对社会资本方限制因素过多、限制方式单一的退出机制却较少提及。完善的社会资本方退出机制是社会资本方参加工程项目融资合同制度不可或缺的重要保障;放宽市场准入门槛和健全市场退出机制,是建立健全工程项目融资机制的重要组成部分。本节重点阐述PPP模式的各方退出机制。

3.3.1 工程项目融资社会资本方退出机制的现状

1. 部委立法有明确的原则性要求

2014年11月26日,《国务院关于创新重点领域投融资机制鼓励社会投资的指导意见》(国发〔2014〕60号,简称60号文)中,对工程项目融资中常见的PPP模式"建立健全政府和社会资本合作(PPP)机制"从四个方面进行了规范,其中"健全退出机制"是重要的组成部分。明确要求:"政府要与投资者明确PPP项目的退出路径,保障项目持续稳定运行。"

国家发改委为贯彻60号文,随即发布了《关于开展政府和社会资本合作的指导意见》(发改投资〔2014〕2724号,简称2724号文)。在2724号文的"加强政府和社会资本合作项目的规范管理"部分,将"退出机制"作为重要的一环予以规范,并提出政府方要"依托各类产权、股权交易市场,为社会资本提供多元化、规范化、市场化的退出渠道"。

而在2724号文附件2《政府和社会资本合作项目通用合同指南》中,对社会资本方退出安排以"合同的转让"进行了概括性规范,提出"项目合同应约定合同权利义务是否允许转让;如允许转让,应约定需满足的条件和程序"的意见,将具体细节全部留由政府方和社会资本方协商确定。

2014年9月23日,财政部下发了《财政部关于推广运用政府和社会资本合作模式有关问题的通知》(财金〔2014〕76号,简称76号文),其中,"细化完善项目合同文本"部分明确提出"地方各级财政部门要会同行业主管部门协商订立合同,重点关注项目的功能和绩效要求、付款和调整机制、争议解决程序、退出安排等关键环节,积极探索明确合同条款内容"。2014年12月30日,财政部又下发了《关于规范政府和社会资本合作合同管理工作的通知》(财金〔2014〕156号,简称156号文),在"切实遵循PPP合同管理的核心原则"部分明确提出了"兼顾灵活"的原则,并要求"合理设置一些关于期限变更(展期和提前终止)、内容变更(产出标准调整、价格调整等)、主体变更(合同转让)的灵活调整机制,为未来可能长达20~30年的合同执行期预留调整和变更空间"。

社会资本方的退出机制安排已经纳入为国家和各部委关于PPP机制的应有内容,列入PPP合同管理和文本的重要组成部分,成为PPP合同的关键环节之一,并提出了退出机制的框架性要求。

2. 地方政府实施中重准入保障、轻退出安排

为贯彻国务院及财政部等各部委关于PPP的精神,许多地方政府和财政厅等政府组成部门相继出台了推广运用 PPP 模式的指导意见或实施意见。在这些指导意见或实施意见中，地方政府在社会资本方退出机制方面的安排主要表现为如下三种：

1）缺乏社会资本方退出机制的单独规定。例如，湖南省财政厅发布的《关于推广运用政府和社会资本合作模式的指导意见》等。

2）在 PPP 合同管理部分沿用财政部 76 号文的框架性表述。例如，《河南省人民政府关于推广运用政府和社会资本合作模式的指导意见》和《安徽省财政厅关于推广运用政府和社会资本合作模式的意见》等。

3）PPP 合同管理部分和退出机制安排并重。例如，《浙江省人民政府办公厅关于推广运用政府和社会资本合作模式的指导意见》，除了在合同管理部分沿用财政部 76 号文框架性规范外，还单独设置了"健全退出机制"一节。该内容主要是在出现不可抗力、违约或者项目终止等情形下，政府方临时接管或移交的退出安排，侧重于社会资本方非正常情形下的退出机制安排。又如，郑州市人民政府发布的《关于推广运用政府和社会资本合作（PPP）模式的实施意见》，在体例上单设"退出机制"一节，除社会资本方非正常退出机制的内容外，还添加了 2724 号文的相应内容。

总体来看，地方政府和其组成部门关于 PPP 模式的指导或实施意见，多为国务院和各部委政策精神的贯彻。在细化方面，侧重于 PPP 操作流程的规范以及政府审批、土地供应、税收优惠、融资支持等配套政策，强化吸引社会资本参与 PPP 项目；而对社会资本方退出机制的安排，偏重于非正常情形下的临时接管等，对正常情形下社会资本方的退出方面，规范和细化的新意较少。

3. 具体规范中凸显更多限制性条款

财政部在《PPP 项目合同指南（试行）》（156 号文的附件）的"编制说明"中，明确提出编制该指南，是为了"帮助 PPP 项目各参与方全面系统地认识 PPP 项目合同，指导合同的订立和履行"。就社会资本方退出机制的内容而言，集中规定于第二章第十节"股权变更限制"。虽然该指南认识到"对于股权变更问题，社会资本和政府方的主要关注点完全不同，合理地平衡双方的关注点是确定适当的股权变更范围和限制的关键"，但就具体内容而言，更多体现了政府方的关注。其大致体现出以下三大特征：

（1）股权变更限制的适用范围广泛

基于国内外的 PPP 实践，该指南股权变更限制的适用范围包括三方面内容：①社会资本方在项目公司中的股权变更、社会资本方本身的股东尤其是控股股东的变更，甚至包括可能因社会资本方控股股东变更发生的股权变更；②涵盖了普通股、优先股以外的股份相关权益变更，将股份上可能附着的表决权或一致行动安排等其他相关权益以及债转股或可能的影响表决权的债权监督权变更等内容一并纳入广义的股权变更限制范围；③单独设置了股权变更限制的"兜底条款"，即"其他任何可能导致股权变更的事项"。

该股权变更限制的适用引申到社会资本方股权结构及可能影响其股权结构的事项，并对股权权益最大限度地进行了扩张解释，适用范围极其广泛。

（2）股权变更限制的方式单一

与广泛的股权变更限制适用范围相比较，限制方式却呈现简单、单一的特征。该指南对社会资本方股权变更的限制方式，以锁定期为主，并将之视为"股权变更限制的最主要机制"，另外附之于特定主体禁入机制，以达到股权变更限制的目的。

（3）股权变更限制的主体不对等

这一特征主要体现在两方面：一方面，政府方豁免股权变更限制，具体为"如果政府参股了项目公司，则政府转让其在项目公司股权的不受上述股权变更限制"；另一方面，在社会资本方股权变更的场合，政府方则以公共利益监督者的身份行使单方面事先审核权。政府方在PPP项目实施中具有监督者和参与者的双重身份，本身就是国际社会公认的PPP模式的一大难点。

在PPP合同中，政府方的股权变更限制豁免和单方审核权，无疑增加了社会资本方退出安排的难度。

4. 现实操作中退化为变相的政府方审批权

受国家和各部委的框架性规定以及财政部《PPP项目合同指南（试行）》等影响，在实践中，社会资本方正常退出机制的匮乏和不足更为明显。主要表现为以下两方面。

（1）PPP合同法律关系下的社会资本方退出退化为变相的政府方审批权

从政府方而言，PPP模式是政府从公共产品或服务的供给方，通过引入市场机制，与社会资本合作，向购买方转变的重大制度安排。政府方既是公共产品或服务的购买者，又是承担法定职责的监督者，具有与其他民事合同相区别的浓重色彩。当过分忽视社会资本方的利益安排或关注，而简单地将股权变更转换为单方事先同意条款时，政府方无疑具有了公权力性质的单方审批权。

例如，《漳州市东墩污水处理厂（一期）项目特许经营协议》约定："未经甲方事先书面同意，乙方不得出让、转让、抵押、质押本项目的资产，也不得在上述资产、权利和利益上设置任何留置权或担保权益或者以其他方式处置这些资产、权利或利益。"

又如，《宁乡县东城区污水处理厂PPP项目特许经营协议》第17.1条约定："乙方应在公司章程中做出规定，确保在协议生效日之后至运营期结束的最后一日，未经甲方同意股东都不得将股权进行转让，股权比例亦不得变更。"第24.2.1条约定："未经甲方事先书面同意，乙方不得出让、转让、抵押、质押本项目的资产，也不得在上述资产、权利和利益上设置任何留置权或担保。"

（2）社会资本方多以非正常方式退出

由于股权变更限制存在的上述诸多不足，加上PPP合同体系之间的传导性和交叉性，尤其是融资合同的股权变更限制等内容，社会资本方很难以正常方式退出，常伴随着其他违约或风险负担方式，需要通过政府方回购、项目搁置方式解决或以仲裁、诉讼等高成本、非正常方式退出。

3.3.2 完善正常退出机制是市场机制发展的现实需求

PPP模式强调政府方和社会资本方的长期合作关系，然而这种长期合作关系并非是指单一的社会资本方。政府购买公共产品和服务的PPP创新体制，本身就是引入市场机制的结果。健全的市场机制需要宽松的市场准入门槛，也需要来去自由的退出安排。

1. 企业生存周期影响长期合作伙伴关系

PPP模式起源于特许经营管理，其合作期限虽因具体PPP模式的不同而各异，但一般都长达10~30年。我国自2015年6月1日起施行的《基础设施和公用事业特许经营管理办法》第六条规定，基础设施和公用事业特许经营期限应当根据行业特点、所提供公共产品或服务需求、项目生命周期、投资回收期等综合因素确定，最长不超过30年。对于投资规模大、回报周期长的基础设施和公用事业特许经营项目（简称特许经营项目）可以由政府或者其授权部门与特许经营者根据项目实际情况，约定超过前款规定的特许经营期限。也就是说，基础设施和公用事业特许经营的期限在特殊情况下可以超过30年。

而上述特许经营期限远远超过我国企业的平均生存时间。根据国家工商总局企业注册局、信息中心于2013年发布的《全国内资企业生存时间分析报告》显示，多数行业生存危险期为第三年。从不同行业寿命众数（某一时段退出市场的企业寿命值之中出现次数最多的数值）来看，大部分行业企业的寿命众数为三年，即企业成立后的第三年为企业生存的危险期。其中，农林牧渔业、制造业、批发和零售业、房地产业、水利、环境和公共设施管理业生存危险期均在一年以内，即成立当年死亡数量最多；采矿业、电力热力燃气及水的生产业生存危险期为企业成立后的第五年，即企业成立后的第五年退出市场量最多。而这一调查结果显示的水利、环境、电力、热力、公共设施管理业等行业，又多为PPP模式推广运用的重点行业领域。

我国的企业如此，不少国外企业也类似。美国《财富》杂志的统计数据显示，美国62%的企业寿命不超过5年，只有2%的企业能存活50年。日本《日经实业》的调查显示，日本企业平均寿命为30年；《日本百强企业》一书记录了日本百年间的企业变迁史，在百年中，始终列入百强的企业只有一家。巴特尔斯曼（Bartelsman）等人通过对10个经合组织（OECD）国家的数据分析发现，20%~40%的企业在最初2年之内就会退出市场，40%~50%的企业可生存7年以上。

《国家发展改革委关于开展政府和社会资本合作的指导意见》等部委文件均明确规定，开展政府和社会资本合作的意义在于：创新投融资机制，拓宽社会资本投资渠道，增强经济增长内生动力；推动各类资本相互融合、优势互补，促进投资主体多元化，发展混合所有制经济；理顺政府与市场关系，加快政府职能转变，充分发挥市场配置资源的决定性作用。

因此，推广运用PPP模式，没有也不可能要求社会资本方均长期生存。即便是社会资本方中的大型央企、国企及上市公司，也难以保证从事某一主业而长期不进行发展战略调整或股权变更。这也是财政部156号文将主体变更作为"兼顾灵活"这一合同管理核心原则重要内容的原因所在。可以说，没有完善的社会资本方退出机制，不利于PPP模式的推广和运用。

2. 联合体成员需要随融资项目进程而进退

PPP模式具有多种类型，以DBOT（Design、Build、Operate、Transfer，即设计、建筑、运营、移交）为例，其内容常常涵盖工程设计、施工建造、运营管理、移交等多个方面，时常还包括工程项目融资的要求。正因为PPP项目的综合性，社会资本方在参与PPP项目时，常常集合不同主体的各自优势，以联合体的方式参与项目投标，以求发挥综合优势。

例如，上海建工集团、绿地集团与建信信托联合发起设立了首个中国城市轨道交通PPP产业基金。该联合体的投资地域和投资方向为：纳入PPP项目库及政府统一采购的轨道交通与城市基础设施建设项目，地域上主要考虑省会城市及具有一定条件的地级市。其基金定位是：依托绿地集团、上海建工、建信信托的优势，发起成立一家以融资、投资、建设、运营地铁等城市轨道交通项目为主要投资对象的轨交产业基金。绿地集团、上海建工集团与建信信托将发挥各自在物业开发、轨交建设和工程项目融资方面的品牌影响和产业优势，承担轨交基金的责任，支撑轨交基金的业务。诚如学者盛和太所言，在运营阶段，"工程承包商并不具备运营管理的经验和优势，因此若其继续充当股东，可能因专业水平的不足而增加决策成本，影响委托方与代理方的利益一致性。因此，理论上应将股权全部转让。"对于上海建工而言，其优势在于轨交建设，当 PPP 项目建设这一阶段完成之后，上海建工如能依约退出，无论对于 PPP 项目还是其他联合体，均无重大利益损害，并且有助于上海建工将更多精力和财力投资于他处。从实践来看，目前我国许多 PPP 项目的社会资本方均以联合体形式出现，如中信银行联合中信集团内的中信证券、中信信托、中信投资控股、中信地产、中信建设、中信工程、国际咨询、中信环保、中信产业投资基金等单位组成了中信 PPP 联合体，并成功摘得银行 PPP 业务首单。又如，国电南瑞与南京南瑞集团公司、中铁二局股份有限公司、中铁二局集团电务工程有限公司组成的联合体中标 35 亿元宁和城铁一期 PPP 项目。

3. 工程项目融资的特征决定了纯财务投资者参与的可能性

PPP 模式推广运用的直接动力来源于地方政府财政压力。这一点，从《国务院关于加强地方政府性债务管理的意见》（国发〔2014〕43 号）以及《国务院关于创新重点领域投融资机制鼓励社会投资的指导意见》（国发〔2014〕60 号）等文件的精神中均可得到证实。虽然 PPP 模式有别于 BT（Build、Transfer，即建造和移交）等模式，不单具有融资功能，但融资功能在 PPP 项目中仍然具有重要地位。况且，"单靠国家财政拨款显然不能满足公共基础设施建设的巨大需求，因此，PPP 模式作为一种创新的融资渠道被引入了基础设施建设领域。"这一特点决定了社会资本方纯财务投资者参与的可能性。只要不影响项目公司的技术、决策等实质内容，财务投资者可以在 PPP 项目的不同阶段发挥融资的重要角色，但又不至于绑定财务投资者的"人身自由"。例如，2015 年 6 月，中国邮政储蓄银行便中标了全国首个高铁项目。

3.3.3 社会资本方正常退出机制的设计及途径设想

1. 摒弃单纯期限锁定模式，以股权变更限制的实质目的为设计导向

诚如财政部《PPP 项目合同指南（试行）》"股权变更限制"一节所言，在项目合作方选择阶段，通常政府方是在对社会资本的融资能力、技术能力、管理能力等资格条件进行系统评审后，才最终选定社会资本合作方。既然如此，在社会资本方退出机制安排方面，为何不针对具体项目，将限制退出的关注点转向融资能力、技术能力、管理能力等 PPP 项目所需要的重点上来？社会资本方的退出以此为条件进行创新设计，有助于增强政府方对公共产品和服务质量保障的关注，也有利于增加社会资本方的资本灵活性和融资吸引力，进而有利于社会资本更便利地实现资金价值。

关于这一点，《中华全国律师协会律师办理基础设施特许经营法律业务操作指引》虽然也有类似项目发起人事先同意的内容，但对于项目投资人的股权转让，该指引第 69.6 条还是进行了实质目的保证方面的明确规定："项目公司的股权发生转让时，为保护委托人（尤其是项目发起人）的利益，律师应提示委托人，受让股东财务状况应相当或优于项目公司股东在生效日期时的状况，并要求受让股东出具书面声明，表明其已完全理解特许经营协议全部条款规定的内容，且转让后的控股股东应具备运营类似项目的经验。"

事实上，深圳市人民政府 2008 年发布的《深圳市污水处理厂 BOT 项目特许经营协议示范文本》第 13.1 条 "股权转让的限制"中已经做出了类似的社会资本方退出条件的规定，乙方原始股东的名单及各自在注册资本中所占的份额应在公司章程中做出规定，确保在协议生效日之后 5 年内，未经甲方批准，任何股东都不得将股权进行转让。在协议生效 5 年后，在符合下列全部条件的情况下，甲方应批准乙方进行股权转让：

1）乙方提出股权转让申请。

2）项目运营（处理水量、处理污染物削减量及出水水质）正常。

3）累计转让股权占总股权比例小于 50%；或者，受让方上一年年末净资产必须大于项目总资产的 2 倍、受让方流动资产大于转让价款的 1.5 倍及受让方净现金流量大于转让价款的 1.2 倍。

综上所述，以实质目的为设计导向的社会资本方正常退出机制安排，是 PPP 这一创新模式本身的应有之义。

2. 社会资本方以资本市场方式实现在 PPP 项目公司的正常退出

工程项目融资的项目一般有长达 10~30 年，甚至更长期限的经营期限。对于经营性的项目公司，在规范管理、提高效率的基础上，积极参与区域股权交易市场（如浙江产权交易所）、新三板等多层次资本市场，有助于社会资本方在不损及项目公司正常运转的同时，实现低成本、高收益的正常退出。例如，北京碧水源科技股份有限公司以 PPP 模式投资云南水务公司后，该项目公司于 2015 年 5 月在香港联合交易所挂牌上市，为碧水源公司提供了高效便捷的资本市场退出选择。

值得注意的是，2015 年 7 月，温州文化金融产权交易中心携手天津滨海柜台结构化产品交易中心共同打造 PPP 项目股权交易中心。该交易中心旨在为 PPP 项目参与各方提供融资、交易、确权、转让流通等方案，在解决公共事业建设问题的同时为民间资本提供可靠安全的投资渠道。这应该是中国首个专门 PPP 股权交易中心，是社会力量在社会资本方正常退出机制方面积极而有益的探索。

2.4 亿元政采项目招标程序违规被废标

2019 年春耕时节，江西省各地陆续开展农业保险工作，通过公平有序竞争购买政策性保险服务，防范、化解农业生产风险，全力保障农民合法权益。而丰城市 2 月 13 日实施的一项涉及总金额约 2.4 亿元的购买农业保险服务竞争性磋商采购项目，却因采购程序涉嫌违规，引发当地群众质疑。

自 2 月 15 日起，媒体就此持续进行调查采访，引起了宜春市财政局及丰城市委、市政府的重视。丰城市政府根据核查结果，及时做出废标决定。3 月 11 日，丰城市公共资源交易网正式发布"关于丰城市 2019 至 2021 年度政策性保险服务供应商入围项目（项目编号：弘和—FC2019—001）的预中标（成交）废标公告"，并说明"因该项目磋商采购过程中不合规，予以废标，重新招标时间待定"。

1. 未依法磋商采购 审批单位督促审查

采用竞争性谈判、磋商方式采购，《政府采购法》和《政府采购竞争性磋商采购方式管理暂行办法》对此均有明确规定，即须遵循相关程序，成立谈判小组，谈判小组由采购人的代表和有关专家共3人以上的单数组成，其中专家的人数不得少于成员总数的2/3；谈判小组所有成员集中与单一供应商分别进行谈判，谈判的任何一方不得透露与谈判有关的其他供应商的技术资料、价格和其他信息。

丰城市财政局相关负责人表示，就"丰城市2019至2021年度政策性保险服务供应商入围项目"，该部门依照《政府采购法》的规定，向宜春市财政局提出申请采取"竞争性磋商"方式进行采购，并获得批复（宜财购发〔2019〕24号）。对此，宜春市财政局采购办主任刘军毅予以证实，但强调该批复注明了"务必依法依规磋商采购"。

就该项目在磋商采购中，涉嫌未依法履行磋商或谈判等程序问题，2月22日，宜春市财政局明确表态，当天已责成丰城市财政局启动监督检查程序，对整个磋商采购过程进行核查，同时宜春市财政局介入审查。如确实存在程序违规或其他违法违规问题，宜春市财政局将责成丰城市财政局做出废标决定，依法重新组织采购活动。

随后，宜春市财政局和丰城市财政局在审查中均发现，该项2.4亿元的采购项目在竞争性磋商采购中，不仅未依法履行磋商及谈判程序，且存在在受理投标企业报名中就要求企业提前递交相关审查材料等违规问题，遂做出了废标决定。

2. 招标代理机构已受处罚，评审专家如何受罚陷尴尬

如果丰城市2.4亿元政府采购招标项目遭遇废标，不仅招标代理机构应对此负有责任，受邀的5名评标专家也存在一定的责任，他们在该磋商项目评审报告中均签了字，但令人不解的是，面对磋商采购中出现的基本程序违规等问题，专家们集体失声，无一人提出过异议。

目前，丰城市财政局已对该招标项目的招标代理机构依法做出处罚，而对5名评标专家的处罚却陷入尴尬。根据2017年1月1日起正式实施新修订的《政府采购评审专家管理办法》明确规定：评审专家未按照采购文件规定的评审程序、评审方法和评审标准进行独立评审或者泄露评审文件、评审情况的，由财政部门给予警告，并处2000元以上2万元以下的罚款，影响中标、成交结果的，则处2万元以上5万元以下的罚款，禁止其参加政府采购评审活动。

宜春市财政局和丰城市财政局相关负责人表示，在常规的政府招标项目中，所邀请的评审专家基本上是从江西省综合评标专家库随机抽取的，他们的评审资质均由省级相关主管部门定评，且有不少专家系退休人员。就相关专家存在"不负责"等问题，实施招标项目管理及现场监督的相关单位目前仅限于在招标系统平台上，对评审专家的专业水平和执业能力是否能够满足政府采购评审工作要求，是否熟悉《政府采购法》等相关法规、制度等评价内容做出评价，而依法对其处罚却"力不从心"。

江西省社科院经济研究所所长麻智辉在接受记者采访时表示，近几年来，随着政府采购项目逐年增加，投标人及公众维权意识增强，建立对招标评审专家的责任追究制十分必要，这有助于规范专家的从业行为，以进一步提高政府采购的科学性，对构建政府采购的诚信体系、规范其秩序、降低成本大有益处。

（案例资料来源：2.4亿元政采项目招标程序违规被废标，童梦宁，发表于《中国招标》，2019年第30期。）

本章思考题

1. 工程项目融资合同有哪些特点?
2. 工程项目融资合同有哪些种类?
3. 工程项目融资合同有哪几种结构?
4. 简述工程项目融资合同的订立方式与适用条件。
5. 通过流程图,比较不同合同订立的不同方式。
6. 思考工程项目融资的退出模式构建。

第 4 章

工程项目融资的成本与结构

【关键词】
　　资金成本；资金结构；直接融资；杠杆租赁；产品支付融资

4.1 资金成本分析

4.1.1 资金成本概述

1. 资金成本的含义

资金成本又称融资成本，是指为完成项目筹集和使用资金而付出的代价。广义来讲，筹集和使用任何资金，不论是短期还是长期，都要付出代价。狭义的资金成本仅指筹集和使用长期资金的成本。由于多数工程项目特许期均超过一年，有的甚至长达数十年，因此，本章研究对象的资金成本为狭义的资金成本。

现代经济条件下，工程项目使用的资金主要有所有者权益（权益资金）和负债（债务资金）两大类。所有者权益是指投资人对项目公司净资产的权利，如股份公司中的普通股和优先股。负债是指项目公司所承担的能以货币计量的，需要资产或劳务偿付的债务，一般分为优先债务和附属债务。投资者或权益人将资金投入项目，其目的是取得一定的投资报酬；而债务人将资金借贷出去，目的也是能获得一定的利息。由此可见，资金的使用必须付出代价，这个代价就是资金成本。资金成本可能是一定时期内实际支付的利息和股利等实际成本，是事后核算的成本；也可能是按照一定市场利率等计算的机会成本，是项目筹集资金可能会发生的事前预期成本。在工程项目融资中，主要关注的是对未来筹资的安排和规划，因此更多考虑的是资金的预期成本。

资金成本与资金的时间价值这两个概念既有区别又有联系。资金的时间价值与资金成本都基于同一个前提，即资金或资本参与任何交易活动都有代价。具体地说，资金的时间价值是资本所有者在一定时期内从资本使用者那里获得的报酬；资金成本则是资金使用者由于使用他人的资金而付出的代价。它们都以利息、股利等作为表现形式。两者的区别主要表现在两个方面：第一，资金的时间价值表现为资金所有者的利息收入，而资金成本是资金使用者的筹资费用和利息费用；第二，资金的时间价值一般表现为时间的函数，而资金成本则表现为资金占用额的函数。

2. 资金成本的构成

资金成本由资金筹集费用和资金占用费两部分组成。资金筹集费用是在资金筹集过程中发生的各项费用，如发行股票、债券支付的印刷费、手续费、律师费、资信评估费、公证费、担保费、广告费等。资金占用费是指支付给资金所有者的资金使用报酬，如股票的股息、银行贷款和债券利息等。资金筹集费用一般是一次性发生的，在计算资金成本时通常作为筹资金额的一项扣除。资金占用费是筹资中经常发生的，是资金成本的主体部分，也是降低资金成本的主要方向。

为了便于比较分析，通常以项目资金占用费用与筹集资金净额的比值来表示资金成本的大小，用公式表示为

$$K = \frac{D}{P - F} \tag{4-1}$$

式中　K——资金成本率（一般亦称为资金成本），以百分率表示；
　　　D——资金占用费用；
　　　P——筹集资金总额；
　　　F——资金筹集费用。

公式中 D 的含义由筹集资金的渠道或方式决定。若资金为债务资金，如银行贷款、发行债券、融资租赁等，则 D 为利息费用；若资金为权益资金，则 D 为预计的投资利润或股利。

3. 资金成本的作用

资金成本是项目筹资和投资决策的主要依据，分析资金成本的作用在于：

1）资金成本是选择资金来源、确定筹资方案的重要依据，一般选择资金成本最低的筹资方式。

2）资金成本是评价投资项目、决定投资取舍的重要标准。国际上通常将资金成本视为项目投资的"最低收益率"或是否采用投资项目的取舍率，它是比较投资方案的主要标准。

4. 影响资金成本的主要因素

在市场经济环境中，多方面的因素综合作用决定着资金成本的高低，其中四个主要因素介绍如下。

（1）总体经济环境

总体经济环境决定了整个经济中资金的供给与需求，以及预期通货膨胀的水平。如果货币需求增加，而供给没有相应增加，投资者便会提高投资收益率，资金成本就会上升；反之，投资者则会降低其要求的投资收益率，使资金成本下降。如果预期通货膨胀水平上升，货币购买能力下降，投资者也会提出更高的收益率要求来补偿预期的投资损失，导致资金成本上升。

（2）证券市场条件

证券市场条件影响证券投资的风险。证券市场条件包括证券的市场流动难易程度和价格波动程度。如果证券市场流动性不好，投资者想买进或者卖出证券相对困难，变现风险加大，要求的收益率就会提高；或者虽然存在对证券的需求，但其价格波动较大，投资风险

大，要求的收益率也会提高。

(3) 项目公司的经营和融资状况

项目公司的经营和融资状况是指经营风险和财务风险的大小。经营风险是投资决策的结果，表现在资产收益率的变动上；财务风险是筹资决策的结果，表现在普通股收益率的变动上。如果项目公司的经营风险和财务风险大，投资者便会有较高的收益率要求。

(4) 融资规模

融资规模大，则资金成本较高。例如，如果发行的证券金额很大，资金筹集费和资金占用费都会上升，而证券发行规模的增加还会降低其发行价格，由此会增加资金成本。

4.1.2 资金成本的确定

1. 个别资金成本

个别资金成本是指使用各种长期资金的成本。根据长期资金的来源，个别资金成本可以分为长期借款成本、债券成本、优先股成本、普通股成本。其中，前两者为债务资金成本，后两者为权益资金成本。

(1) 长期借款成本

长期借款成本一般由借款利息和借款手续费两部分组成。按照国际惯例和各国税法的规定，借款利息可以计入税前成本费用，起到抵税的作用。由此，一次还本、分期付息借款的成本计算公式为

$$K_1 = \frac{I_t(1-T)}{L(1-F_1)} \tag{4-2}$$

式中 K_1——长期借款成本；

I_t——长期借款年利息；

T——所得税率；

L——长期借款筹资额；

F_1——长期借款筹资费用率。

长期借款利息等于长期借款本金与借款利率之积，式 (4-2) 可以简化为

$$K_1 = \frac{R_1(1-T)}{1-F_1} \tag{4-3}$$

式中 R_1——长期借款利率。

当长期借款的筹资费（主要是借款的手续费）很小时，可以忽略不计。

【例4-1】 某工程项目需要初始投资100万元，向银行贷款，年利率为8%，每年付息一次，到期一次还本，筹资费用率为0.5%，所得税率为25%。计算其长期借款的资金成本。

$$K_1 = \frac{I_t(1-T)}{L(1-F_1)} = \frac{100\,万元 \times 8\% \times (1-25\%)}{100\,万元 \times (1-0.5\%)} = 6.03\%$$

或

$$K_1 = \frac{R_1(1-T)}{1-F_1} = \frac{8\% \times (1-25\%)}{1-0.5\%} = 6.03\%$$

上述计算长期借款资金成本的方法比较简单，其缺点在于没有考虑货币的时间价值，因而这种方法的计算结果不是十分精确。为了得到精确的长期借款资金成本，可以采用计算现金流量的办法确定长期借款的税前成本，然后再计算其税后成本。公式为

$$L(1-F_1) = \sum_{t=1}^{n} \frac{I_t}{(1+K)^t} + \frac{P}{(1+K)^n} \tag{4-4}$$

$$K_1 = K(1-T) \tag{4-5}$$

式中 P——第 n 年年末应偿还的本金；

K——所得税前的长期借款资金成本；

K_1——所得税后的长期借款资金成本。

按照这种办法，实际上是将长期借款的资金成本看作是使用这一借款的现金流入等于其现金流出的贴现率。在实际操作时，先通过式（4-4）采用内插法求解借款的税前资金成本，再通过式（4-5）将税前资金成本调整为税后资金成本。

【例 4-2】 沿用【例 4-1】的资料，考虑货币时间价值的方法，该项借款的资金成本计算如下：

首先，计算税前借款资金成本。

$$L(1-F_1) = \sum_{t=1}^{n} \frac{I_t}{(1+K)^t} + \frac{P}{(1+K)^n}$$

$$100 \times (1-0.5\%) = \sum_{t=1}^{5} \frac{100 \times 8\%}{(1+K)^t} + \frac{100}{(1+K)^n}$$

查复利系数表可知，7%、5 年期的年金现值系数为 4.1002；7%、5 年期的复利现值系数为 0.7130。代入上式有

100 万元 × 8% × 4.1002 + 100 万元 × 0.7130 − 99.5 万元 = 4.6016 万元

4.6016 万元大于 0，因此应提高贴现率再试。

查复利系数表可知，9%、5 年期的年金现值系数为 3.8897；9%、5 年期的复利现值系数为 0.6499。代入上式有

100 万元 × 8% × 3.8897 + 100 万元 × 0.6499 − 99.5 万元 = −3.3924 万元

−3.3924 万元小于 0，运用内插法求税前借款资金成本

$$7\% + \frac{4.6016}{4.6016 + 3.3924} \times (9\% - 7\%) = 8.15\%$$

然后，计算税后借款资金成本。

$$K_1 = K(1-T) = 8.15\% \times (1-25\%) = 6.11\%$$

(2) 债券成本

债券成本主要是指债券利息和筹资费用。债券利息的处理和长期借款利息的处理相同，应以税后的债务成本为计算依据。债券的筹资费用一般比较高，不可以在计算资金成本时省略。同时，由于债券的发行价格受发行市场利率的影响，致使债券发行价格出现等价、溢价、折价等情况。因此，在计算债券成本时，债券的利息按票面利率确定，但债券的筹资金额按照发行价格计算。债券成本的计算公式为

$$K_b = \frac{I_b(1-T)}{B(1-F_b)} \tag{4-6}$$

式中 K_b——债券资金成本；
I_b——债券年利息；
T——所得税率；
B——债券筹资额；
F_b——债券筹资费用率。

【例 4-3】 某一新建项目发行面额为 1000 万元的 10 年期债券，票面利率为 12%，发行费用为 5%，所得税率为 25%。计算债券的资金成本。

$$K_b = \frac{I_b(1-T)}{B(1-F_b)} = \frac{1000\ \text{万元} \times 12\% \times (1-25\%)}{1000\ \text{万元} \times (1-5\%)} = 9.47\%$$

【例 4-4】 假定上述债券票面利率为 12%，发行费用为 5%，发行价格为 1200 万元，所得税率为 25%。计算债券的资金成本。

$$K_b = \frac{I_b(1-T)}{B(1-F_b)} = \frac{1000\ \text{万元} \times 12\% \times (1-25\%)}{1200\ \text{万元} \times (1-5\%)} = 7.89\%$$

【例 4-5】 假定上述债券票面利率为 12%，发行费用为 5%，发行价格为 800 万元，所得税率为 25%。计算债券的资金成本。

$$K_b = \frac{I_b(1-T)}{B(1-F_b)} = \frac{1000\ \text{万元} \times 12\% \times (1-25\%)}{800\ \text{万元} \times (1-5\%)} = 11.84\%$$

如果需要将债券资金成本计算得更为准确，则应当先依据现金流量确定税前的债券成本，进而计算其税后成本。这样，债券成本的计算公式则为

$$B(1-F_b) = \sum_{t=1}^{n} \frac{I_b}{(1+K)^t} + \frac{P}{(1+K)^n} \tag{4-7}$$

$$K_b = K(1-T) \tag{4-8}$$

式中 K——所得税前的债券成本；
K_b——所得税后的债券成本。

【例 4-6】 假定上述债券票面利率为 12%，发行费用为 5%，发行价格为 800 万元，所得税率为 25%。根据考虑时间价值的方法计算债券的资金成本。

1) 计算税前债券成本。

$$800\ \text{万元} \times (1-5\%) = \sum_{t=1}^{10} \frac{1000\ \text{万元} \times 12\%}{(1+K)^t} + \frac{1000\ \text{万元}}{(1+K)^{10}}$$

查复利系数表可知，16%、10 年期的年金现值系数为 4.8332；16%、10 年期的复利现值系数为 0.2267。代入上式有

1000 万元 × 12% × 4.8332 + 1000 万元 × 0.2267 − 760 万元 = 46.684 万元

46.684 万元大于 0，因此应提高贴现率再试。

查复利系数表可知，18%、10 年期的年金现值系数为 4.4941；18%、10 年期的复利现值系数为 0.1911。代入上式有

1000 万元 × 12% × 4.494 + 1000 万元 × 0.1911 − 760 万元 = −29.62 万元

−29.62 万元小于 0，运用内插法求税前债券资金成本。

$$16\% + \frac{46.684 \text{ 万元}}{46.684 \text{ 万元} + 29.62 \text{ 万元}} \times (18\% - 16\%) = 17.22\%$$

2）计算税后债券资金成本。

$$K_b = K(1-T) = 17.22\% \times (1-25\%) = 12.92\%$$

（3）优先股成本

优先股筹资既要支付筹资费用，又要定期支付股利。它与债务成本不同的是，股利在税后支付，且没有固定到期日。项目破产时，优先股持有人求偿权在债务持有人之后，其风险大于债券。因此，优先股成本通常高于债券成本。其计算公式为

$$K_p = \frac{D_p}{P(1-F_p)} \tag{4-9}$$

式中　K_p——优先股成本；
　　　D_p——优先股股息；
　　　P——优先股发行价格；
　　　F_p——优先股筹资费用率。

【例 4-7】 采用发行优先股的方式筹集项目建设资金 500 万元，发行价格为 625 万元，筹集资金费用率为 5%，规定年股利率为 12%。计算优先股成本。

$$K_p = \frac{D_p}{P(1-F_p)} = \frac{500 \text{ 万元} \times 12\%}{625 \text{ 万元}(1-5\%)} = 10.1\%$$

（4）普通股成本

普通股的资金成本可以用投资者对发行企业的风险程度与股票投资承担的平均风险水平来评价。普通股资金成本通常被定义为其股票的预期报酬率。

1）股利增长模型。普通股成本的计算基本上与优先股相同，但是普通股的股利是不固定的。由于与优先股相比，普通股股东承担的风险要比债券人和优先股股东大，因此，普通股股东要求的收益也较高，且通常要求逐年增长。

如果预期每期的股利相等，则普通股成本的计算公式为

$$K_s = \frac{D_s}{P_s(1-F_s)} \tag{4-10}$$

式中　K_s——普通股成本；
　　　D_s——每年固定股利；
　　　P_s——普通股市价；
　　　F_s——普通股筹资费用率。

【例 4-8】 采用发行普通股的方式筹集项目建设资金,发行价格为 15 元,每股筹资费用 3 元,预计每年分派现金股利 1.6 元。计算普通股成本。

$$K_s = \frac{D_s}{P_s(1-F_s)} = \frac{1.6 \text{元}}{15 \text{元} \times (1 - 3 \text{元}/15 \text{元})} \times 100\% = 13.33\%$$

如果预期股利是不断增加的,假设年增长率为 G,则普通股成本的计算公式为

$$K_s = \frac{D_{1s}}{P_s(1-F_s)} + G \tag{4-11}$$

式中 D_{1s}——第一年的股利。

【例 4-9】 采用发行普通股的方式筹集项目建设资金,发行价格为 15 元,每股筹资费用 3 元,预计第一年分派现金股利 1.6 元,以后每年股利增长 2%。计算普通股成本。

$$K_s = \frac{D_{1s}}{P_s(1-F_s)} + G = \frac{1.6 \text{元}}{15 \text{元} \times (1 - 3 \text{元}/15 \text{元})} \times 100\% + 2\% = 15.33\%$$

2)资本资产定价模型。资本资产定价模型提供了有关证券的市场定价及期望报酬率测定的思想,它主要用于项目投资决策和公司财务中。

第一,用于风险投资决策。资本资产定价模型提供了与投资组合理论相一致的单一证券风险的计量指标,有助于投资者预计单一资产的不可分散风险。该模型可表述为

期望的投资报酬率(或预期报酬率) = 无风险报酬率 + 风险报酬率

= 无风险报酬率 + 风险报酬斜率 × 风险程度

(4-12)

其中,风险程度用标准差或变化系数等计量;风险报酬斜率取决于全体投资者的风险回避态度,可以通过统计方法来测定。

该模型用于风险投资项目的决策,最常用的方法是风险调整贴现率法。这种方法的基本思路是,对高风险的项目采用较高的贴现率(风险调整贴现率)计算净现值,然后根据净现值法的规则来选择方案。

第二,用于投资组合决策。资本资产定价模型来源于投资组合理论,又反过来用于投资组合决策。某一投资组合的 β 系数等于组合中个别证券的 β 系数的加权平均数之和,其计算公式为

$$\beta_p = \sum w_i \beta_i \tag{4-13}$$

用于投资组合决策时,资本资产定价模型可以表述为

投资组合的报酬率 = 无风险报酬率 + (市场平均的风险报酬率 - 无风险报酬率) ×

投资组合的 β 系数

(4-14)

利用该模型进行投资组合决策的基本方法是:①确定不同证券投资组合的 β 系数;②计算各证券组合的风险收益率,证券组合的风险收益率 = (市场平均的风险报酬率 - 无风险报酬率) × 投资组合的 β 系数;③确定各投资组合的报酬率;④比较投资组合的报酬率,并结合投资者的风险态度和风险收益率来进行投资组合方案决策。或者用上述步骤计算某证券投

资组合的报酬率,将其与期望的最低报酬率相比较,然后进行选择与否的决策。

第三,用于筹资决策中普通股资金成本的计算。普通股的资金成本可以用投资者对发行企业的风险程度与股票投资承担的平均风险水平来评价。普通股的资金成本通常被定义为其股票的预期报酬率。根据资本资产定价模型,有

普通股的资金成本 = 无风险报酬率 + (股票市场平均报酬率 − 无风险报酬率) × β 系数

(4-15)

例如,万达科技公司普通风险系数为2,政府长期债券利率为3%,股票市场平均报酬率为8%,则万达公司普通股的资金成本 = 3% + 2 × (8% − 3%) = 13%。

2. 综合资金成本

在筹资过程中,由于受到多种因素的制约,不可能只使用某种单一的筹资方式,往往需要通过多种方式筹集所需要资金。为了进行筹资决策,就要计算确定全部长期资金的总成本——综合资金成本,又称加权平均资金成本。综合资金成本是以各种资金占全部资金的比重为权数,对个别资金成本进行加权平均确定。其计算公式为

$$K_w = \sum_{j=1}^{n} K_j W_j \qquad (4-16)$$

式中 K_w——综合资金成本;

K_j——第 j 种个别资金成本;

W_j——第 j 种个别资本占全部资本的比重(权数)。

【**例4-10**】 某工程的开发建设需要初始投资6000万元,融资方案的详细资料见表4-1。计算该融资方案的综合资金成本。

表 4-1 某工程初始融资方案表

项　目	长期借款	债　券	优 先 股	普 通 股
账面价值(万元)	1200	1500	900	2400
资金成本	5.64%	6.25%	10.5%	15.7%

计算过程可以通过表4-2来完成。

表 4-2 综合资金成本计算表(以账面价值为基础)

资金类别	账面价值(万元)	所占比重	个别资金成本	加权平均成本
长期借款	1200	20%	5.64%	1.128%
债券	1500	25%	6.25%	1.5625%
优先股	900	15%	10.5%	1.575%
普通股	2400	40%	15.7%	6.28%
合计	6000	100%		10.5455%

通常情况下,个别资本占全部资本的比重可以按照账面价值确定,其资料容易取得。但当资本的账面价值与市场价值差别较大时,如股票、债券的市场价格发生较大变动,按照账面价值计算的资金成本结果与实际有较大的差距,从而会影响筹资决策的正确性。为了克服

这一缺陷，个别资金占全部资金比重的确定还可以按照市场价值或目标价值确定，分别称为市场价值权数、目标价值权数。

4.2 工程项目融资的资金安排

4.2.1 工程项目资金结构的概念

投资总额中所有者权益和负债所占的比例构成了项目的资金结构。求偿权在优先债务之后的资金（如优先股和附属债务）对项目成功具有特殊重要的意义，通常把这类资金归结为中间资金。因此，项目资金结构中包含所有者权益、负债和中间资金三部分。

1. 所有者权益

所有者权益是项目所有者投入的资金，在所有项目资金中，它的求偿权是最低的。正常情况下，只有在项目的其他义务全部满足之后，才能考虑权益投资人的利益。如果项目失败了，任何求偿权都要优先于权益投资人的求偿权。若满足其他义务之后的剩余项目资产价值少于权益资本的初始值，权益投资人将受到损失。权益资本承受着比其他任何资金都高的风险，因此，权益资本也被称为风险资本。当然，如果项目成功，满足其他义务后的剩余资产价值必然高于初始权益资本，高出部分将归权益投资者所有。权益投资者承受较高风险的同时，也能获得较高的回报，如果工程项目取得成功，将获得极大的收益。

2. 负债

与权益资本相反，工程项目的优先债务是所有项目资金中偿还级别最高的。根据预先制订的计划，优先债务具有对项目资产的第一求偿权，只有它得到满足之后才能考虑其他求偿权。在所有资金中，优先债务的风险是最低的，因此无论项目多么成功，其回报也只限于按照借款额应支付的利息。

3. 中间资金

与纯权益和纯债务相比，中间资金是一种比较灵活的工具，它兼有权益和债务的特点，其风险介于权益资本和债务资本之间。当项目资金充足时，支付优先债务之后就将向中间资金支付，优先于权益资本的股息支付；如果资金不充分，中间资金将被当作权益处理，得不到支付，这相当于为项目提供了附加权益资金。中间资金的回报也介于权益资金和债务之间，其回报表现在两个方面：一方面，若作为债务，获得高于优先债务的利率；另一方面，若作为权益，也将接受项目的利润或资本收益，如优先购股权、可转换权或保证收益等。

4.2.2 项目各方对资金结构的要求

工程项目的资金结构直接影响权益投资者、债务投资者和所在国政府的风险和回报，各方对资金结构的要求是不同的。确定合理的资金结构有助于降低资金成本、减少风险和促成项目。

股本投资者希望项目资金结构中的负债比率尽量高一些。一方面，如果项目成功，将获得较高的股本回报率；如果项目失败，其承担的风险也较小。另一方面，较高的负债比率可使权益投资者保留一部分资金从事其他投资回报率更高的项目开发。但是，较高的负债比率对债务投资者来说意味着较大的风险，因此，其希望项目资金结构中的负债比率尽量低一些。另外，资本结构还将影响到项目公司的财务风险，较高的负债比率将使项目公司的财务结构稳定性变差。

债本比率从某种程度上也体现出主办人的融资能力和项目的偿债能力。通常而言，权益资金成本高、债务资金成本低，因为对于具有强融资能力（企业实力、信用等级）的主办人或主办人联合体，则可以获得更多低成本的债务资金，即债本比率偏高。项目自身盈利能力、偿债能力是获得债务资金的基础条件，偿债能力强的项目获得债务资金，更能体现项目融资的本质特征。

既然资金结构影响了权益投资者和债务投资者的风险，那么它必然在回报中得到反映，最终影响到项目资金成本。对政府来说，资金成本是一个重要的财务要素，它反映了政府将要为项目的产品或服务付出的代价。

4.2.3 工程项目资金结构的确定

落实工程项目的资金结构是前期工作的重要组成部分，最后形成的资金结构应该能够满足政府、权益投资人和债务投资人的要求，否则项目将无法实施。

一般在确定项目投资者和合作伙伴时，政府要在招标文件中对投标人的财务能力提出明确要求，包括资金结构设想、提供权益资金的能力和金融机构愿为其提供贷款的声明等。投标人的财务能力在资格预审阶段尤为重要，它往往是决定投标人能否通过预审的关键因素；在项目建议书中，项目资金结构是测算项目取费的基础条件之一，后者是评标时的重要财务指标。

接受邀请的投标人作为可能的权益投资人，一般是由对工程项目感兴趣的不同角色组成的财团。在投标阶段，还没有形成项目公司，这些角色要签订初步合资协议。协议将规定如何分摊可行性研究费用、雇用咨询顾问费和其他前期工作费用。最重要的是，协议将规定项目中标后签字各方提供股本投资的数量，并且根据需要，各方应以备用股本或附加债务形式提供额外支持，以保证工程项目融资成功。获得特许后，权益投资人要签订项目公司协议，除初始发起人外，权益投资人范围将扩大到一些被动投资人，如交通设施项目所占用土地的所有者以及那些盼望项目的兴建能给他们带来利益的人。项目公司的最终权益投资人可能包括建筑商、供应商、所在国政府或公用事业机构、运营商、证券投资人、机构权益投资人等。

在投标准备阶段，发起人就要与贷款银团协商，并认真进行可行性研究，吸引贷款银团投资，争取得到贷款承诺。项目公司成立后，项目公司要与贷款银团签订融资合同，最后落实项目贷款。在典型的项目中，商业银行辛迪加贷款㊀可能仅提供建设贷款，也可能提供长期贷款。项目在不同阶段的风险不同，所以工程项目融资可能是分阶段的，在每一阶段融资包含不同级别的优先债务和附属债务。项目建成并开始运营时项目风险开始减少，保险公司和退休基金等在这种情况下可以为项目提供长期融资。在得到上述资金后，项目公司可以全部或部分偿还成本较高的商业银行建设贷款。为了促成项目，债务投资人也应保证在项目超支、延期出现资金短缺等情况下为项目提供备用贷款或备用股本。

在工程项目融资中，资金结构的突出特点是负债比率高，一般在 60%～80%，而且是

㊀ 辛迪加贷款又称"银团贷款"，是指由一家或几家银行牵头，若干家商业银行联合向借款人提供资金的贷款形式。

无追索或有限追索融资，这样贷款投资人将承受比传统贷款项目高得多的风险。项目融资没有标准的债务资金/股本金比率可供参照，可以依据以下五个方面的因素来确定：

1. 资金需求量

一个投资项目所需要的投资资金包括建设投资和流动资金，建设投资包括项目的固定资产投资、无形资产投资和开办费，对于项目所需要的各项投资，可以采取科学的估算方法进行测算。资金需求量是投资者确定债务资金/股本金比率的基础，在总量已知的情况下，首先考虑自己所能投入的股本金，然后分析自己所需要的债务资金的可能性和可行性，最后初步确定债务资金/股本金比率。

2. 投资者对项目现金流量和风险的判断

投资者投入的股本金量与投资者可得到的投资收益成正比，投入的股本金比率越高，可能获得的投资收益分成份额越大。因此，投资者在选择债务资金/股本金比率时，要看其对项目现金流量和风险的判断。如果对项目现金流量有足够的把握，项目风险比较小，则可以使股本金占的比率较大一些，如果不能很有把握地确定项目的现金流量，同时对风险没有准确的判断，或者认为项目风险较大，则可以使股本金占的比率小一些。

3. 投资者筹集股本金的能力

投资者投入的股本金可以有多种形式，可以直接投入，也可以从外部筹集，在确定债务资金/股本金比率时，一定要考虑其筹资股本金的能力，量力而行，能够保证所许诺的股本金及时到位，因为债务资金是在确定落实了股本金以后才到位的。

4. 资金市场上资金供求关系和竞争状况

工程项目融资所需要的债务资金基本上来自于资金市场，因此，资金市场上资金供求关系和竞争状况是确定债务资金/股本金比率的一个重要因素。当资金市场的资金比较短缺时，投资者在借贷双方的谈判中会处于不利的地位，筹集债务资金的难度比较大，筹资成本相对也较高，债务资金的比率可能要相对低一些。当资金市场上供求基本平衡或供大于求时，资金市场竞争也相对比较激烈，在借贷双方的谈判中，投资者将会处于比较有利的地位，筹集债务资金的难度相对较小，筹资成本也相对较低，债务资金的比率要相对高一些。

5. 贷款银行承受风险的能力

相对传统融资方式，工程项目融资中，贷款银行所面临的风险比较大。对于每一个贷款银行或贷款银团来说，可能有众多贷款项目，对每一个贷款项目所能承受风险的能力总是有限的。如果向某个项目提供的贷款金额过大，可能会使其面临难以承受的风险，因此，在选择债务资金/股本金比率时要充分考虑贷款银行承受风险的能力，不但是投资者考虑，贷款银行也一定会考虑的。

另外，在确定债务资金/股本金比率时还应考虑项目的经济强度和项目债务承受能力等因素。

4.2.4 工程项目的资金来源

项目发展到今天，其权益投资、债务投资和中间资金都是很广泛的，往往分别由不同的投资者提供，有时一个投资者也可以提供一种以上的资金。

1. 权益资金来源

项目最初的权益投资人是项目发起人或其他感兴趣的主动投资者，包括建筑商、设备供应商、产品购买商、政府、企业等。这些投资人如果对项目失去兴趣，可以退出。如果需要，权益投资人可以增加一些被动投资人，如机构投资者（如养老基金、保险公司和互助基金）和资金市场上的普通公众。投资机构和个人投资作为被动投资者，意味着他们将不参加项目的开发、管理和运营，他们的投资只用来增加项目所需要的权益资金。

最近在欧美和亚洲出现了几种专门投资于基础设施的专家权益基金，是根据这一地区经济高速增长需要大量资金建设基础设施的情况设立的。这种基金与其他基金和机构投资不同，它们精通基础设施，希望得到比被动投资者更高的回报，因此它们具备具有专业知识的管理队伍，在项目中发挥着积极的作用。

2. 作为债务资金和中间资金来源的商业银行

商业银行是传统的债务资金来源，有时也是中间资金来源。商业银行的行为在于赚取存贷利差，而不是获得资本收益，因此商业银行不进行股本投资，而强调贷款的回收。多数商业银行提供中短期浮动利率信贷，贷款期一般为 3~5 年，最长不超过 7 年。商业银行极少提供长期贷款，即使有，也要对借款者的负债进行严格限制。

工程项目一般需要长期借款，显然商业银行是不合适的。因此，项目发起人寻求其他资金作为项目的长期融资来源，而使用商业银行贷款作为流动资金和建设资金来源。

商业银行贷款的特点是比较灵活，设计满足需要的信贷结构比机构投资者容易，而且在项目出现故障时不是简单地强迫借款者破产，而是与借款者共同寻找解决问题的办法，重新安排还款计划。同时，商业银行也注重贷款的安全结构，并且在某种程度上对工程项目施加影响。商业银行在工程项目融资中发挥着重要作用，有时候商业银行贷款是项目优先债务的主要组成部分。

3. 提供债务融资的出口信贷机构

出口信贷机构是项目长期信贷的重要来源。出口信贷机构一般是国有的，其提供贷款的目的是促进本国出口。出口信贷量比较大，还可能有补贴，很适合为工程项目长期融资。但出口信贷一般要求购买出口国设备，并且要求政府提供担保，这使得采用无追索方式的工程项目融资使用这种资金受到限制。同时，有些出口信贷机构，如美国进出口银行和日本进出口银行，不需要发展中国家做主权担保。这些进出口信贷在工程项目融资中发挥了重要作用。

4. 提供权益资金、债务资金和中间资金的双边和多边国际金融机构

发展中国家经常从双边和多边机构融资，如美国国际开发署、加拿大国际开发署、英国国际开发署、世界银行、亚洲开发银行和欧洲复兴开发银行等。这些机构提供的资金是长期的，可达 20 年甚至更长，但只能提供给政府或由政府担保的机构。双边机构提供的资金还可能要求购买资金提供国的商品。政府或其被担保机构可以把双边和多边机构得到的资金作为权益资金投到项目中去。

为了促进私营经济的发展，有些双边和多边机构也为项目提供债务资金、权益资金和中间资金。这些机构包括国际金融公司（IFC）、亚洲开发银行私营部门、欧洲复兴开发银行商人银行部、英联邦开发公司（CDC）等。这些机构提供给私营机构的资金是无补贴的商业性贷款，因此不附加条件，期限比商业银行贷款的期限长。

5. 提供债务资金、权益资金和中间资金的机构投资者

机构投资者是指非银行金融机构，如保险公司、养老基金和投资基金。与商业银行不同，机构投资者的资金是长期合同存款。因此，机构投资者可以提供长期信贷、中间资金或纯权益资金。机构投资者注重项目的前景，而不是项目的短期还贷能力。但是，机构投资者与项目发起人不同，一般不参与项目开发，也不参与项目的管理和运营，因此，它们不承担项目的开发和建设风险。机构投入的资金一般要在项目施工结束运营开始时注入项目。

为了吸引机构或个人投资者参与发展中国家基础设施项目的权益投资，机构投资者成立了很多权益基金。这些基础设施权益基金通过对多个基础设施项目，进行组合投资降低风险，获得比工业化国家更高的回报。其中有些基金提供混合融资，如权益、附属债务和完工担保等。

除上述资金外，国际资本市场和当地货币资金也可能成为项目的资金来源。

4.3 传统工程项目融资模式

4.3.1 直接融资

直接融资是指由项目投资者直接安排项目的融资，并直接承担起融资安排中相应的责任和义务的一种模式。从理论上讲，这是结构最简单的一种工程项目融资模式。

1. 直接融资的种类

从结构安排角度，项目利用直接融资通常有集中化和分散化两种形式。

（1）集中化形式

集中化形式即由投资者面对同一贷款银行和市场直接安排融资。其操作程序如下：

1）投资者根据合资协议组成非公司型合资结构，并按照投资比例组成一个项目管理公司负责项目的生产和经营，项目管理公司同时也作为项目发起人的代理人负责项目产品的销售。项目管理公司的这两部分只能分别通过项目的管理协议和销售代理协议加以规定和实现。

2）根据合资协议的规定，发起人分别在工程项目投入相应比例的自有资金，并统一筹集项目的建设资金和流动资金，但是由每个发起人单独与贷款银行签署协议。在建设期间，项目管理公司代表发起人与公司签订建设合同，监督项目的建设，支付项目的建设费用；在生产经营期间，项目管理公司负责项目的生产管理，并作为发起人的代理人销售工程项目产品。

3）项目的销售收入将首先进入一个贷款银行监控的账户，用于支付项目的生产费用和资本再投入，偿还贷款银行的到期债务，最终按照融资协议的规定将盈余资金返还给项目发起人。

（2）分散化形式

分散化形式即由投资者各自独立地安排融资和承担市场销售责任。在融资过程中，两个投资者组成非公司型合资结构，投资于某一项目，并由投资者而不是项目管理公司组织工程产品的销售和偿还责任。其操作程序如下：

1）项目发起人根据合资协议投资合资项目，任命项目管理公司负责项目的建设生产管理。

2）发起人按投资比例，直接支付项目的建设费用和生产费用，根据自己的财务状况自行安排融资。项目管理公司代表发起人安排项目建设，安排项目生产，组织原料供应，并根据投资比例将工程项目产品分配给项目发起人。

3）发起人以"或付或取"合同的规定价格购买工程项目产品，其销售收入根据与贷款银行之间的现金管理协议进入贷款银行的监控账户，并按照资金使用优先序列的原则进行分配。

2. 直接融资的特点及适用条件

（1）优点

直接融资模式的优点体现在采取直接融资模式，投资者可以根据战略需要，灵活地安排融资结构。在如何选择合理的融资结构和融资方式，确定合适的债务比例，灵活运用投资者信誉等方面，给予投资者更充分的余地。

运用直接融资能在一定程度上降低融资成本。由于采用直接融资时，投资者可以直接拥有资产并控制项目现金流量，这就使投资者在直接安排工程项目融资时，可以比较充分地利用项目的税收减免等条件来降低融资成本。对于资信状况良好的投资者，采取直接融资可以获得成本较低的贷款，因为资信良好的公司名称对贷款银行来说就是一种担保。

（2）缺点

在投资者使用直接融资模式的过程中，需要注意的是如何限制贷款银行对投资者的追索权利问题。由投资者申请贷款并直接承担起债务责任，在法律结构上会使实现有限追索变得相对复杂，并使项目贷款很难安排成为非公司负债型的融资。

（3）适用条件

直接融资模式在投资者直接拥有项目资产并直接控制项目现金流量的非公司型合资结构中比较常用。并且，这种融资模式有时也是为一个项目筹集追加资本能够使用的唯一方法。因为大多数非公司型的合资结构不允许以合资结构或管理公司的名义举债。当投资者本身的财务公司财务结构良好并且合理时，这种模式比较适合。

4.3.2 项目公司融资

1. 项目公司融资的种类

项目公司融资作为众多融资模式的一种，通常包括单一项目子公司模式与合资项目公司模式两种类型。

（1）单一项目子公司模式

单一项目子公司模式，是指为了减少投资者在项目中的直接风险，在非公司型合资结构、合伙制结构甚至公司型合资结构中，项目的投资者经常通过建立一个单一的项目子公司的形式作为投资载体，以该项目子公司的名义与其他投资者组成合资结构安排融资的一种工程项目融资模式。

这种融资模式的特点是项目子公司将代表投资者承担项目中的全部或者主要的经济责任。采用单一项目子公司形式安排融资，对于其他投资者和合资项目本身而言，与投资者直接安排融资没有多大区别，但对投资者却有一定影响。这主要表现在：

1）该融资模式容易划清项目的债务责任，贷款银行的追索权也只能涉及项目子公司的资产和现金流量，其母公司除提供必要的担保以外，不承担任何直接责任，融资结构相较投资者直接安排融资更为简单、清晰。

2）如果有条件，该融资模式也可以安排成非公司负债型融资，有利于减少投资者的债务危机。

该融资模式的主要不足在于，各国税法对公司之间税务合并的规定有可能使税务结构安排上的灵活性相对较差，并有可能影响到公司经营成本的合理控制。

由于项目子公司是投资者作为一个具体项目而专门组建的，缺乏必要的信用和经营经历，有时也缺乏资金，所以有时需要投资者提供一定的信用支付和保证，如由投资者为项目子公司提供完工担保和产品购买担保等。

(2) 合资项目公司模式

合资项目公司模式，是指投资者共同投资组建一个项目公司，再以公司的名义拥有、经营项目和安排工程项目融资的一种工程项目融资模式。它是通过项目公司安排融资的形式，也是最主要的一种工程项目融资形式。具体而言，采用这种模式时，工程项目融资由项目公司安排，涉及债务主要的信用保证来自项目公司的现金流量、项目资产，以及项目投资者所提供的与融资有关的担保和商业协议。对于具有较好经济强度的项目，这种融资模式甚至可以安排成投资者无追索的形式。

具体操作流程如下：

首先，由项目投资者根据股东协议组建一个单一的项目公司，并注入一定的股本资金。

然后，以项目公司作为独立的法人实体，签署一切与项目建设、生产和市场有关的合同，安排项目融资、建设、经营并拥有项目。

最后，将项目融资安排在对投资者优先追索的基础上。

需要说明的是，由于该项目公司除了正在安排融资的项目外，无其他任何财产，并且该公司也无任何经营经历，原则上要求投资者必须提供一定的信用担保，承担一定的项目责任，这也是项目公司安排融资过程中极为关键的一个环节。如在项目建设期间，投资者可为贷款银行提供完工担保。在项目生产期间，如果项目的生产经营达到了预期的标准，现金流量可以满足债务覆盖比例的要求，工程项目融资就可以安排成为对投资者的无追索贷款。

2. 项目公司融资模式的优点

项目公司融资模式的优点主要体现在以下三个方面：

1）项目公司统一负责项目的建设生产和市场安排，并整体使用项目资产和现金流量为工程项目融资抵押和提供信用保证，在融资结构上容易被贷款银行接受，在法律结构上也比较简便。

2）项目公司融资模式使项目投资不直接安排融资，只是通过间接的信用保证形式来支持项目公司的融资，如提供完工担保、"无论提货与否均需付款"或"提货或付款"协议等，使投资者的债务责任相较直接融资更为清晰、明确，也比较容易实现优先追索的工程项目融资和非公司负债型融资的要求。

3）该模式通过项目公司安排融资，可以更充分地利用投资者中的大股东在管理、技术、市场和资信等方面的优势，为项目获得优惠的贷款条件。在获得融资和经营便利的同时，共同融资也避免了投资者之间为了安排融资而可能出现的无序竞争。

项目公司融资模式的主要缺点是在税务结构的安排和债务形式的选择上缺乏灵活性，难以满足不同投资者的各种要求，使对资金安排有特殊要求的投资者面临一定的选择困难等。

4.3.3 杠杆租赁融资

杠杆租赁融资，是指在项目投资者的安排下，由杠杆租赁结构中的资产出租人融资购买项目的资产，然后租赁给承租人的一种融资模式。杠杆租赁是融资租赁的一种特殊形式。如果一项租赁实质上转移了与财产所有权有关的全部风险和报酬，那么该项租赁归类于融资租赁。

资产出租人和融资贷款银行的收入以及信用保证主要来自该租赁项目的税收优惠、租赁费用、项目的资产以及对项目现金流量的控制。在杠杆租赁中，设备等出租标的购置成本的部分由出租人承担，大部分由银行提供贷款补足。出租人只需要投资购置出租标的所需款项的20%~40%，即可拥有设备所有权，享受如同设备100%投资的同等待遇。购置成本的借贷部分被称为杠杆，可以凭借杠杆效果利用他人的资本来提高自身资本利润，与一般租赁相比，可以使交易各方，特别是出租方、承租方和贷款方获得更多的经济效益。从一些国家的情况来看，租赁在资产抵押中使用得非常普遍，特别是在购买轮船和飞机的融资活动中。在英国和美国，很多大型工业项目也采用融资租赁，因为融资租赁，尤其是其中杠杆租赁的设备，技术水平先进，资金占用量大，所以能享受到诸如投资减免、加速折旧、低息贷款等多种优惠待遇，使出租人和承租人双方都得到好处，从而获得一般租赁所不能获得的更多的经济效益。

1. 杠杆租赁融资的特点

（1）杠杆租赁融资的优点

对项目发起人及项目公司来说，采用杠杆租赁融资方式解决项目所需资金具有以下好处：

1）项目公司仍拥有对项目的控制权。根据融资租赁协议，作为承租人的项目公司拥有租赁资产的使用权、经营权、维护权和维修权等。在多数情况下，融资租赁项下的资产甚至被看成由项目发起人完全所有、由银行融资的资产。

2）可实现百分之百的融资要求。一般来说，在工程项目融资中，项目发起人总是要提供一定比例的股本资金，以增强贷款人提供有限追索性贷款的信心。但在杠杆租赁融资模式中，由租赁公司的部分股本资金加上银行贷款就可以全部解决项目所需资金或设备，项目发起人不需要再进行任何股本投资。

3）较低的融资成本。在多数情况下，项目公司通过杠杆租赁融资的成本低于银行贷款的融资成本，尤其是在项目公司自身不能充分利用税务优惠的情况下。因为在许多国家中，融资租赁可以享受到政府的融资优惠和信用保险。一般来说，如果租赁的设备为新技术、新设备，政府将对租赁公司提供低息贷款。如果租赁公司的业务符合政府产业政策的要求，政府可以提供40%~60%的融资，等等。同时，当承租人无法交付租金时，由政府开办的保险公司向租赁公司赔偿50%的租金，以分担风险和损失。这样，租赁公司就可以将这些优惠以较低的租金分配一些给项目承租人——项目公司。

4）可享受税前偿租的好处。在租赁结构中，项目公司支付的租金可以被当作费用支出，这样就可以直接计入项目成本，不需缴纳税收。这对项目公司而言，就起到了减少应纳税额的作用。

5）债务偿还较为灵活。杠杆租赁充分利用了项目的税务好处，如税前偿租等作为股本参加者的投资收益，在一定程度上降低了投资者的融资成本和投资成本，同时也增加了融资结构中债务偿还的灵活性。据统计，杠杆租赁融资中利用税务扣减一般可偿还项目全部融资总额的30%~50%。

6）融资的应用范围比较广泛。杠杆租赁融资既可以为大型项目进行融资安排，也可以为项目的一部分建设工程安排融资。这种灵活性进一步增强了其应用范围的广泛性。

（2）杠杆租赁融资的缺点

1）融资模式比较复杂。由于杠杆租赁融资模式的参与者较多，资产抵押以及其他形式的信用保证在股本参加者与债务参加者之间的分配和优先顺序问题要比一般工程项目融资模式复杂，再加上税务、资产管理与转让等方面的问题，造成组织这种融资模式所花费的时间相对较长，法律结构及文件的确定也相对更为复杂，但其特别适合大型项目的融资安排。

2）杠杆租赁融资模式一经确定，重新安排融资的灵活性以及可供选择的重新融资的余地就变得很小，这也会给投资者带来一定的局限。投资者在选择采用杠杆租赁融资模式时，必须考虑这种局限性。

2. 杠杆租赁融资的运作

（1）项目公司的建立与合同签订

项目发起人设立一个单一目的项目公司，项目公司签订项目资产购置和建造合同，购买开发建设所需的厂房和设备，并在合同中说明这些资产的所有权都将转移给租赁公司，然后再从其手中将这些资产转租回来。当然，这些合同必须在租赁公司同意的前提下才可以签署。

（2）股本参与者的组成

由愿意参与到该项目融资中的两个或两个以上的专业租赁公司、银行及其他金融机构等，以合伙制形式组成一个特殊合伙制结构。因为对于一些大的工程项目来说，任何一个租赁机构都很难具有足够大的资产负债表来吸引和获得所有的税收好处。因此，项目资产往往由许多租赁公司分别购置和出租，大多数情况下是由这些租赁公司组成一个新的合伙制结构来共同完成租赁业务。这个合伙制结构就是租赁融资模式中的"股本参与者"，其职责是：

1）提供项目建设费用或项目收购价格的20%～40%作为股本资金投入。

2）安排债务资金用以购买项目及资产。

3）将项目及资产出租给项目公司。

在这项租赁业务中，只有合伙制结构能够真正享受到融资租赁中的税务好处。它在支付银行债务、税收和其他管理费后，就能取得相应的股本投资收益。

（3）项目债务参与者的落实

由合伙制结构筹集购买租赁资产所需的债务资金，也即寻找项目的"债务参与者"为合伙制结构提供贷款。这些债务参与者通常为普通的银行和金融机构，它们通常以无追索权的形式提供60%～80%的购置资金。一般来讲，合伙制结构必须将其与项目公司签订的租赁协议和转让过来的资产抵押给贷款银行，这样，贷款银行的债务在杠杆租赁中就享有优先取得租赁费的权利。

（4）资产购置

合伙制结构根据项目公司转让过来的资产购置合同，购买相应的厂房和设备，然后把它们出租给项目公司。

（5）租金支付

在项目开发建设阶段，根据租赁协议，项目公司从合伙制结构手中取得项目资产的使用权，并代表合伙制结构监督项目的开发建设。在这一阶段，项目公司开始向合伙制结构支付租金，租金在数额上应该等于合伙制结构购置项目资产的贷款部分所需支付的利息。同时，在大多数情况下，项目公司也需要为杠杆租赁提供项目完工担保、长期的市场销售保证及其他形式的信用担保等。

（6）项目产品出售

项目进入生产经营阶段时，项目公司生产出产品，并根据产品承购协议将产品出售给项目发起方或用户。这时，项目公司要向租赁公司补缴在建设期间内没有付清的租金。租赁公司以其收到的租金通过担保信托支付银行贷款的本息。

（7）项目公司履行租赁合同的监督

为了监督项目公司履行租赁合同，通常由租赁公司的经理人或经理公司监督或直接管理项目公司的现金流量，以保证项目现金流量在以下项目中按顺序进行分配和使用：生产费用、项目的资本性开支、租赁公司经理人的管理费、相当于贷款银行利息的租金支付、相当于租赁公司股本投入的投资收益的租金支付，作为项目发起人投资收益的盈余资金。

（8）租赁期满的资产处理

当租赁公司的成本全部收回，并且获得了相应的回报后，杠杆租赁便进入了第二阶段。在这一阶段，项目公司只需交纳很少的租金。在租赁期满时，项目发起人的一个相关公司可以将项目资产以事先商定的价格购买回去，或者由项目公司以代理人的身份代理租赁公司把资产以其可以接受的价格卖掉，售价大部分会当作代销手续费由租赁公司返还给项目公司。

4.3.4 设施使用协议融资

1. 设施使用协议融资的含义

设施使用协议融资，是指在某种基础设施或服务性设施的提供者（即项目的投资者）和这种设施的使用者之间达成的具有"无论提货与否均需付款"性质的协议。利用设施使用协议安排项目融资，关键是设施的使用者要提供一个强有力的具有"无论提货与否均需付款"性质的承诺。这个承诺要求项目设施的使用者在融资期间定期支付一定数量的预先确定的项目设备的使用费。这种承诺是无条件的，不管项目设施的使用者是否真正利用了项目设施所提供的服务。

2. 设施使用协议融资的操作程序

以设施使用协议为基础的工程项目融资模式非常适合资本密集、收益低但相对稳定的基础设施类项目和带有服务性质类项目的投融资，下面以公共设施建设项目为例加以介绍。

1）首先由设施提供者（即项目的投资者）和使用者谈判达成协议，由使用者提供一个具有"无论提货与否均需付款"性质的公共设施使用协议。并使这个公共设施使用协议能够被贷款银行接受。

2）由投资者以长期公共设施使用协议为基础，组建一个项目公司，由该公司负责拥有、建设、经营整个公共设施。因为该公共设施未来的使用有公共设施使用协议的保证，所以可以把这个项目公司推向资本市场，或发行债券或进行股票上市，来吸收当地政府、机构投资者和公众的资金作为项目的主要股本资金。

3）采用招标的形式来建设相应的公共设施。中标的公司要有一定的技术和资质以确保公共设施建设的质量。

4）项目公司利用公共设施使用协议以及与工程公司签订的承建合同作为融资的主要信用保证框架。这样，一个以公共设施使用协议为基础的公共设施项目融资构架就组织起来了。

3. 设施使用协议融资的特点

对于公共设施公司来说，与直接参与公共设施建设的扩容投资相比，设施使用协议融资可以节省大量的资金，只是承诺了使用该公共设施的义务，可以将项目风险分散给予项目有关的工程公司及其他投资者，从而保证长期提供公共设施服务的可靠性。在公共设施市场改革的初级阶段，可以设施使用协议为基础组成一个项目公司，并以这个公司的名义来进行融资，吸纳政府及其他投资者的资金，甚至上市发行股票。这个公司组成之后，可以负责其所建设区域间公共设施的维护、管理工作，并且可以在公共设施规划的范围内申请公共设施的扩容和扩建。由于公共设施的特殊性，这个新组成的项目公司要确保提供公共设施服务。公共设施的使用费用应该在设施使用协议中有明确的规定和相应的计算办法。在公共设施市场改革的发达阶段，就可以由公共设施公司或大用户直接与公共设施建设商签订相应的类似设施使用协议形式的合同，再由他们来组建一个公共设施建设经营公司，负责公共设施的建设和维护工作。以设施使用协议为基础的工程项目融资模式特别适合远距离、大规模公共设施的建设。这种公共设施往往投资额十分巨大，只靠一个省级公司无法满足其资金需要，而采用这种融资模式恰好可以解决此类问题。以设施使用协议为基础进行融资建设的公共设施其产权可能多元化，国有资本可能并不占主要比重，但这并不会影响公共设施运行的安全及可靠性。无论公共设施的产权性质怎样，其公共设施的运营归根到底要由公共设施的运行调度人员来控制，项目公司只是按照协议中规定的计算方法收取费用而已。

在这种模式的融资中，首先要有一个完善的协议来支撑，这个协议要对购售双方的权利义务做出明确的规定，不能由他们私自撕毁协议，必须依据协议的规定来使用该公共设施。同时，要建立一个强有力的市场监管部门以及相应的奖惩机制。应对项目公司的业绩进行考核，如果该项目公司故意损坏公共设施或者对公共设施维护不周，导致公共设施瘫痪等严重事故发生，要依照协议中的相关条文进行惩罚，必要时应对其进行法律制裁。

4.3.5 产品支付融资

1. 产品支付融资的含义

产品支付融资模式，是指以项目生产的产品及其销售收益的所有权作为担保品，而不是采用转让和抵押方式进行融资的模式。

产品支付融资模式是工程项目融资的早期形式之一，它最早起源于20世纪50年代美国石油天然气项目开发的融资安排。这种模式主要针对项目贷款的还款方式而言，借款方在项目投产后不以项目产品的销售收入来偿还债务，而是直接以项目产品还本付息。在贷款得到清偿前，贷款方拥有项目部分或全部产品的所有权。应该明确的是，产品支付只是产权的转移，而并不是产品本息的转移。因为贷款方储存这些产品是没有任何异议的，所以它们通常要求项目公司重新购回属于它们的产品，或充当它们的代理人来销售这些产品。销售方式可以是市场销售，也可以是项目公司签署购买合同一次性统购统销。但无论采取哪种方式，贷款方都不用接受实际的项目产品。

2. 产品支付融资的操作程序

（1）建立融资的中介机构

由贷款银行或项目投资者建立一个融资的中介机构，并从项目公司购买一定比例项目资源的生产量作为融资的基础。

(2) 资金注入项目公司

由贷款银行为融资中介机构安排用以购买这部分项目资源生产量的资金，融资中介机构再根据产品支付协议将资金注入项目公司，并以此作为项目的建设和资本投资资金。

(3) 项目公司安排产品支付

作为产品支付协议的一个组成部分，项目公司承诺按照一定的公式，如购买价格加利息来安排产品支付，同时以项目固定资产抵押和完工担保作为工程项目融资的信用保证。

(4) 销售收入偿还债务

在项目进入生产期后，根据销售代理协议，项目公司作为融资中介机构的代理销售其产品，销售收入将直接划入融资中介机构用来偿还债务。

需要说明的是，在产品支付融资中也可以不使用中介机构而直接安排融资，但如果那样的话，融资的信用保证结构将会变得较为复杂，增加项目的运作难度。另外，使用中介机构还可以帮助贷款银行将一些由于直接拥有资源或产品而引起的责任和义务限制在中介机构内。

作为一种自我摊销的融资方式，产品支付通过购买一定的项目资源安排融资，可较少地受到常规的债务比例或租赁比例的限制，增强了融资的灵活性。但进行产品支付融资时，会受到项目的资源储量和经济生命期等因素的限制。另外，项目投资者和经营者的素质、资信、技术水平和生产管理能力也是进行产品支付融资设计时不容忽视的重要方面。

3. 产品支付融资模式的特点

1）信用保证结构相较其他融资模式独特。产品支付融资模式是通过直接拥有项目的产品和销售收入，而不是通过抵押或权益转让的方式来实现工程项目融资的信用保证。

2）融资容易被安排成无追索或优先追索的形式。

3）融资期限短于项目的经济生命周期，即产品支付融资的贷款期大大短于项目的开采期限。

4）在产品支付融资中，贷款银行一般只为项目的建设和资本费用提供融资，而不承担项目生产费用的贷款，并且要求项目投资者提供最低生产量、最低产品质量标准等方面的担保。

5）融资中介机构在产品支付融资中发挥重要的作用。

某污泥厂 BOT 项目案例分析

1. 项目背景

城市污水处理会产生有毒有害的污泥，毒害污泥需要采用先进的技术工艺、专门的设施来进行处理。2002 年 10 月某市市政园林局（简称 B 部门）决定采用竞争性招标方式选择污泥处理 BOT 项目的实施人。经过招投标程序，2003 年 1 月，民营企业 A 公司凭借当时领先的技术实力中标项目，B 部门与 A 公司签署《污泥处理 BOT 项目服务合同》（简称《BOT 项目合同》），明确由 A 公司负责项目投资、建设和运营，项目总投资为 7059 万元，最晚投产日为 2004 年 2 月 28 日，运营期 20 年（不含建设期）。在 2005 年 9 月，市发改委核准 A 公司自筹资金改扩建污泥处理工程，项目总投资为 22540 万元，改扩建设计污泥处理能力为 1200t/日。之后，A 公司与政府部门因临时填埋场用地、建设永久性码头、服务费和违约金、污泥处理工艺等原因，出现纠纷并直接导致了较强烈的民众反对，A 公司和政府先后向仲裁机构申请仲裁，要求终止《BOT 项目合同》。

由于矛盾激化，2009 年 8 月，政府认为因 A 公司未办理污泥处理项目改扩建后环保设施的竣工验收手续，市环境保护局向 A 公司下达了行政处罚决定书，并责令停止扩产改建项目的生产。至此，A 公司全面停产。项目从签约至停产共历时不到 6 年。污泥处理 BOT 项目中的主要参与方关系如图 4-1 所示。

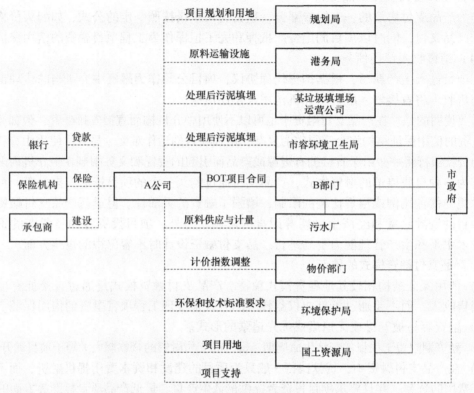

图 4-1　污泥处理 BOT 项目中的主要参与方关系

图例
———— 确定关系
------ 模糊关系

2. 资本结构相关讨论

从项目全过程来看，本项目与环境和百姓生活息息相关的污泥处理技术直接关系到了项目各方的利益诉求和成败。分析本项目资本结构相关的内容，不难看出：

1）污泥处理技术的进步使得项目主办人的综合能力面临更高的要求，主要体现在：发起阶段通过技术优势获得特许权经营权，同时在经营阶段，还应更具有技术更新改造、提升创新的能力。项目由唯一主办人某民营企业进行投资、融资、建设和运营，而 BOT 项目通常要求全面的综合能力，因此，对于自身规模和实力暂不较大的主办人而言，其自有资金及融资能力、项目统筹策划能力等非常有限。

2）对单一项目主办人而言，对项目的变更和后续设计能力的估计是 BOT 项目投资风险和收益平衡的基础。项目招标生产能力为 900t/日，并以此为基础确定了《BOT 项目合同》的关键要素，如投资、运营配套设施、运营成本和收费等。但由于待处理污泥数量增加或对污泥处理盈利能力估计过于乐观或原设计生产能力不能实现等原因，A 公司自筹资金改扩生产能力达到 1200t/日。

通过审查公司财务发现，项目初始计划总投资为7059万元，改扩建总投资为22540万元，A公司通过银行累计贷款28000万元，资本成本和现金流的压力很大。在项目特许期和收费水平没有调整的情况下，项目变更对A公司的财务状况产生了恶性影响。

3. 主要启示

此项目的失败，究其原因，不难发现，公共部门和私营部门都在项目的资本结构选择方面出现了较严重的失误，具体如下。

1）关于主办人和项目公司的股权结构。项目属于核心技术类型，对于污泥处理技术的要求更高。因此，在政府方面，在确定项目主办人时，未能够全面评估主办人的技术创新能力和新技术持续发展能力。而对于私营部门，只顾"拿项目"的成分更多，而未对自身获得项目、成功运作项目的能力做充分评估。此外，私营部门单独发起项目，100%持有运营项目，并没有挖掘BOT项目多方专业优势和"抱团发展"项目的作用，因此在项目实施过程中，各种专业、设备等全靠自身能力，在与公共部门存在纠纷时，也只能"孤军奋战"。

2）关于债务水平。项目开始总投资虽然相对较小，本身资本实力相对较弱的小型私营企业已经"难以承受"，加之后续的改造追加投资，使得私营部门"不堪重负"，最后的资产负债率超过90%。因此，对于政府而言，在特许权经营协议或运营监管中，未能够动态监控项目公司的资产负债率，导致企业超能力投资和融资；对于私营部门而言，未能够根据项目的盈利能力和偿债能力，进行投资和融资，由此导致了双方合作的失败。

（案例资料来源：《特许经营项目融资（PPP/BOT）：资本结构选择》，盛和太，王守清，清华大学出版社，2015年.）

本章思考题

1. 工程项目融资的方式有哪些？
2. 某工程项目融资公司2020年税后净收益100万元，支付优先股股利5万元。2020年年初流通股股数为300万股，2020年年末为400万股。计算该公司的每股收益。
3. 某公司拟于2021年发行面值为1000元的债券，其票面利率为6%，债券期限为10年，当时的市场利率为5%，计算债券的发行价格。
4. 项目直接融资的特点包括哪些？
5. 项目公司融资模式的特点有哪些？
6. 如何理解杠杆租赁融资模式的含义？
7. 产品支付融资模式的一般流程包括什么？
8. 设施使用协议融资模式的操作程序包括什么？

第 5 章

工程项目融资的现代模式

【关键词】

BOT；ABS；PFI；PPP

工程项目融资模式是工程项目融资整体结构组成中的核心部分。设计项目的融资模式，需要与项目投资结构的设计同步考虑，并在项目投资结构确定之后，进一步细化完成融资模式的设计工作。目前，国际上主要的工程项目融资模式有 BOT 及其衍生模式、ABS 融资模式、PFI 融资模式以及 PPP 融资模式。由于工程项目在行业领域性质、投资结构、收益分配与风险承担等方面的差异，以及投资者对项目的信用支持、融资战略等方面的不同，每种工程项目融资模式的运作程序及特点各不相同。

5.1 BOT 及其衍生模式

BOT 是英文 Build-Operate-Transfer（建造—运营—移交）的缩写，代表一种新的工程项目融资和管理模式，也是一种吸引社会资本参与资源开发、基础设施和公共设施建设的项目运作方式。2014 年 11 月国务院办公厅出台的《国务院关于创新重点领域投融资机制鼓励社会投资的指导意见》、2015 年 5 月出台的《关于在公共服务领域推广政府和社会资本合作模式的指导意见》等多项政策，鼓励社会资本参与政府项目投资。BOT 模式作为一种主要的项目运营方式，已经广泛应用于发电、公路、隧道、桥梁、港口、码头、铁路、机场、地铁、电信、供水、垃圾处理等多类项目中。

BOT 模式通常由东道国政府或地方政府提出拟建项目，通过公开招标的方式选出项目发起人，由项目发起人与政府进行谈判并签署项目特许权协议，并组建项目公司。政府将特许经营的基础设施和公用事业项目在一定期限内的特许经营权授予项目公司；在特定的期限内，项目公司需要进行项目投融资设计，并承担工程项目的建设、运营以及维护的责任；通过运营项目，在特许期内以整个项目的现金流量来偿还筹资本息并获取一定利润；当特许期结束时，项目公司不再具有特许经营此项目的权利，需要将项目无偿移交给相应的政府部门。

5.1.1 BOT 模式的起源与发展

第一次世界大战以前，各国基础设施建设主要依靠政府，虽然私人投资已经开始介入部分基础设施建设中，如铁路、公路、桥梁、电站、港口等，但是这些私人投资者为了获取利润，不得不承担所有风险。BOT 工程项目融资方式的雏形出现在法国巴黎。1782 年，银行家皮埃尔（Perier）兄弟获得巴黎市政府授权建造相关供水设备及供水网络，目的是提高塞纳河的水位，并向巴黎部分地区供应自来水。项目运营前期取得了良好的社会效益：城市供水网络迅速发展，巴黎市区自来水供应量增加了 3 倍。但由于法国大革命的影响，巴黎市政府取消了这一特许权。

另一个早期案例是苏伊士运河项目。1854 年，法国人勒塞普获得了修建和使用苏伊士运河的特许权，并同埃及政府签署了《关于修建和使用苏伊士运河的租让合同》，运河租期为 99 年。随后，埃及、英国、法国等国投资成立了国际苏伊士海运运河公司。1859 年运河破土动工，1869 年正式通航，直到 1956 年，埃及政府才收回了苏伊士运河的主权。

随后，两次世界大战期间及战后相当长的一段时间，仍然由各国政府承担基础设施建设。这种方式导致政府背负了沉重的经济负担，发展中国家的情况更为严峻。

20 世纪 70 年代末到 80 年代初，世界经济形势发生了日新月异的变化，人口增长带动的经济发展和城市化导致各国对能源、基础设施、公共设施的需求激增；经济危机和巨额赤字大大减弱了政府投资能力；债务危机导致许多国家借贷能力锐减。巨大的债务负担和赤字迫使这些国家实行紧缩政策，并转而寻求私营部门的投资。各国逐渐重视挖掘私营部门的能力和创造性，开始在基础设施建设中引入私营部门资金。

1984 年，土耳其总理图尔古特·厄扎尔（Turgut Ozal）首先提出了 BOT 的概念，试图采用 BOT 这种市场化运作方式进行基础设施的融资和建设，还将 BOT 融资模式纳入了土耳其公共项目私营化的框架。随后，土耳其火力发电厂、机场和博斯普鲁斯第二大桥都是以这种融资模式建设的。自此，BOT 作为一种基础设施项目建设的有效融资方式逐渐流行起来，并广泛发展。澳大利亚悉尼港隧道工程、中国香港海底隧道、马来西亚南北高速公路、法国世界杯足球决赛的体育场等均采用 BOT 模式兴建。现在，全世界已有近百个 BOT 项目在运作与实施中。

自 20 世纪 80 年代初开始，我国通过先从一些大型水利、电力项目中试点再有序放开的方式，逐步引入 BOT 模式。1984 年，由香港合和实业与中国发展投资公司共同作为承包商，投资兴建的深圳沙角 B 电厂 BOT 项目，是 BOT 引入我国内地后的第一次"试水"。1994 年，对外贸易经济合作部（现商务部）发布《关于以 BOT 方式吸收外商投资有关问题的通知》，为规范 BOT 项目运作提供了法定依据。1995 年，国家计划委员会（现国家发改委）、电力工业部（现已撤销）、交通部（现交通运输部）联合发布《关于试办外商投资特许权项目审批管理有关问题的通知》，不但阐明了我国推行 BOT 模式的工作方针和策略，还规定了政府部门和项目公司的权利义务，促进 BOT 项目的规范运作。当年 5 月，广西来宾 B 电厂成为第一个被正式批准的 BOT 试点项目。2001 年，成都自来水六厂 B 厂建成投产标志着我国城市供水第一个 BOT 试点项目正式竣工。广西来宾 B 电厂和成都自来水六厂 B 厂项目的成功推动了 BOT 模式在我国的发展。时至今日，BOT 工程项目融资模式如雨后春笋：2016 年 3 月，由河北建工集团省安装二分公司实施的 BOT 项目——唐山达丰焦化有限公司 3#焦炉余热回收工程已投入运营，开启了 BOT 项目助力绿色环保的新征程；4 月，清新环境公司（乙方）与江苏徐矿综合利用发电有限公司（甲方）正式签署了《江苏徐矿综合利用发电有限公司 2×300MW 级循环流化床机组烟气脱硫除尘改造项目（BOT 模式）合同》，拟投资 9489 万元。

5.1.2 BOT 的典型结构及操作程序

1. BOT 的典型结构

从融资和法律角度来看，BOT 项目是一种十分复杂的工程项目融资方式和项目管理模式，涉及政府、投资者、项目公司、贷款银行、承建商、供应商、保险公司、租赁公司、管理公司、用户或消费者以及律师、会计师、咨询顾问等。BOT 项目至少有几十个合同需要谈判、起草和签订，包括特许权协议、融资合同、承包合同、供应合同、技术合同、管理合同、供销合同等，众多合同纳入一个项目中，项目参与各方关系复杂。为了说明或表示 BOT 项目各参与方之间的关系，用 BOT 典型结构框架图（图 5-1）表示 BOT 的结构框架和参与各方之间的相互关系。

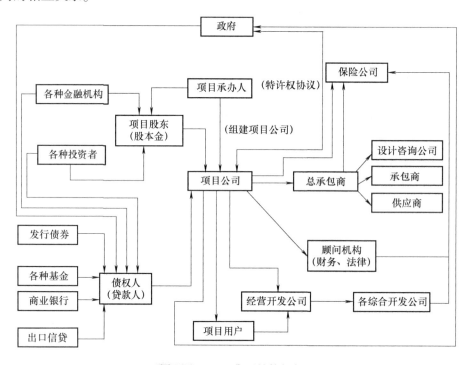

图 5-1　BOT 典型结构框架图

BOT 的参与人主要包括政府、项目承办人（即被授予特许权的私营部门）、投资者、贷款人、保险和保证人、总承包商（承担项目的设计和建造）、经营开发商（承担项目建成后的运营和管理）。此外，项目的用户也会因投资、贷款或保证而成为 BOT 项目的参与人。各方参与人之间的权利义务依各种合同、协议而确定。例如，政府与项目承办人之间订立特许权协议，各债权人与项目公司之间签有贷款协议等。

2. BOT 的典型操作程序

BOT 操作程序的全过程可以分为三个阶段，即项目准备阶段、项目实施阶段与项目移交阶段。BOT 项目操作程序如图 5-2 所示。

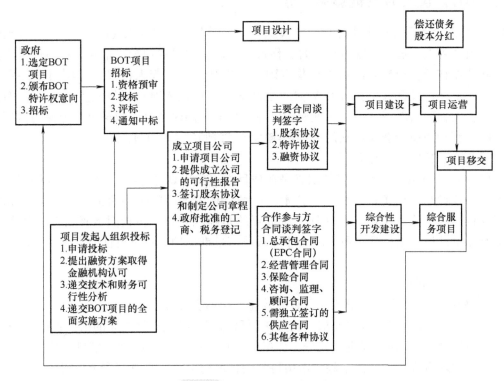

图 5-2　BOT 项目操作程序

(1) 项目准备阶段

项目准备阶段主要是选定 BOT 项目，通过资格预审与招标，选定项目承办人。项目承办人选择合作伙伴并取得他们的合作意向，提交工程项目融资与项目实施方案文件，项目参与各方草签合作合同，申请成立项目公司。政府依据项目发起人的申请，批准成立项目公司，并通过特许权协议，授予项目公司特许权。项目公司股东之间签订股东协议，项目公司与财团签订融资合同等主合同以后，项目公司另与 BOT 项目建设、运营等各参与方签订子合同，提出开工报告。

(2) 项目实施阶段

项目实施阶段包括 BOT 项目建设与运营阶段。在项目建设阶段中，项目公司通过顾问咨询机构，对项目组织设计与施工，安排进度计划与资金营运，控制工程质量与成本，监督工程承包商，并保证财团按计划投入资金，以确保工程按预算、按时完工。在项目运营阶段中，项目公司的主要任务是要求运营公司尽可能边建设边运营，争取早投入早收益，特别要注意外汇资产的风险管理及现金流量的安排，以保证按时还本付息，并最终使股东获得一定的利润。同时，在运营过程中注意项目的维修与保养，以期项目最后顺利移交。

(3) 项目移交阶段

项目移交阶段是指特许期终止时，项目公司无偿把工程项目移交政府。特许期结束后，政府组织验收。验收合格，可将项目移交政府；验收不合格，由项目公司组织维修养护，合格后移交政府。项目移交包括资产评估、利润分红、债务清偿、纠纷仲裁等。

5.1.3 BOT 模式的关键影响因素

BOT 项目作为工程项目融资的主要模式之一，其精髓在于有限追索权。所谓有限追索权，是指当债务人无法偿还银行贷款时，债权人只能就项目的现金流量和资产对债务人进行追索。其特点在于：债权人的追索权是有限的，也就是说发起人仅以投入项目中的资产为限，不能要求项目发起人承担项目举债的全部责任，债权人对项目发起人没有完全的追索权。这样，工程项目融资达到了合理配置风险的目的，同时还可以减轻政府担保的负担。

BOT 工程项目融资获得成功的关键影响因素可以归纳为以下七点。

1. 项目立项前的充分论证

采用 BOT 方式融资，最关键的因素是在项目立项前认真进行项目的可行性研究与评价，包括经济、建设和生产条件、法律、技术、市场、环境等。BOT 项目的可行性研究和评价与一般项目不同，除法律环境允许外，最重要的是经济评价，包括财务评价和国民经济评价，只有评价结论和指标都是可行的，才能被政府批准立项。在可行性研究中，一般包括以下内容：

(1) 经济可行性

1) 要根据大量数据，衡量该项目总的效益与全面合理性。

2) 根据该国经济发展战略要求，衡量该项目与国家各项计划之间的衔接程度。

3) 对该项目的潜在市场进行充分、详尽的分析。根据市场条件与信息，核算项目的成本与费用，并对世界市场的价格趋势做出科学的预测与分析。只有销售市场得以保证，才能确保项目的收入和贷款的偿还。这是经济可行性中最主要的一项。

(2) 财务效益可行性

首先应对投资成本、项目建设期内投资支出及其来源，销售收入，税金和产品成本（包括固定成本和可变成本），利润，贷款的还本付息（即按规定利润和折旧费等资金归还项目贷款本息）五个方面进行预测。然后以预测数据为依据，以静态法和现值法分析项目的财务效益，从而判断项目的盈利能力。

(3) 销售安排

由于 BOT 项目的产品销售有合同保证，降低了贷款到期不能归还的风险。这就保证了贷款人的资金安全，有利于项目公司的对外筹资。

(4) 原材料与基础设施的安排

签订长期供应合同，要保证原材料供应可靠，并且合同条件与该工程的经济要求相适应。如果项目属于能源开发，必须使贷款人确信项目资源储藏量是足够整个贷款期内开发的。

(5) 费用估计

对工程费用的估计要实事求是，尽可能精确，要考虑到建设期间的利息、投资后的流动资金需求以及偶然事件和超支问题，并充分考虑通货膨胀的发展趋势对费用的影响。同时，应安排一定数额的不可预见费用和应急资金。

(6) 环境规划

选定工程项目的建设地域，要适应项目本身的发展；项目对周围环境的影响要为该地区所容许。如果考虑不周，或违反《环境保护法》，常常会导致工程建设时间的推迟，甚至半途而废。

2. 政府的立法保障

如果一个国家的中央政府和地方政府准备采用 BOT 方式进行基础设施的建设，就必须使外国投资人和贷款人了解，东道国政府是否有利用外资实施 BOT 项目的比较完整的法律和规章制度。这种法律环境可以使项目公司和债权人消除一部分后顾之忧。

3. 政府的优惠政策

采用 BOT 方式的项目都是要对设施用户采取收费的方式，从而在特许期内收回资金成本和得到较高的股东利润，但是对公益事业设施的收费又不能太高，否则将遭到民众的反对。要解决这一矛盾，一方面，要合理地计算和确定特许期；另一方面，政府要采用其他优惠政策帮助项目公司增加收入。

4. 风险的合理分担

BOT 项目一般由项目公司承担大部分风险，政府承担政治风险和不可抗力风险。一般来说，BOT 项目承担风险的原则是哪一方容易控制风险就由哪一方承担风险，对于不属于任何一方或任何一方都无法控制的风险则由双方承担。

5. 本国金融机构参与融资

在 BOT 项目中，尽管国外财团十分重视项目的国家风险和政治风险，但是通常认为项目所在国银行和金融机构对本国政治风险的分析判断比外国银行要准确得多。因而在 BOT 工程项目融资中，如果能吸引本国金融机构的积极参加，则可起到事半功倍的作用。在马来西亚南北高速公路项目融资安排中，由英国摩根·格伦费尔（Morgan Grenfell）投资银行作为项目的融资顾问，为项目组织了为期 15 年总金额为 25.36 亿林吉特的有限追索项目贷款，占项目总建设费用的 44.5%，其中 16 亿林吉特来自马来西亚的银行和其他金融机构，是当时马来西亚国内银行提供的最大一笔金融贷款。另外，由十几家外国银行组成的国际银团提供了 9.35 亿林吉特的贷款。这种本国金融机构对项目融资的积极参与被国际金融界认为是十分成功的经验。

6. 高水平的咨询公司和顾问

BOT 项目周期长，开发过程和合同文件极其复杂，涉及金融、技术、法律、工程、保险、贸易、环保、管理等许多方面的专业知识，任何一个政府部门和发起人都不可能完全依靠自己的能力完成项目。因此，无论是政府还是项目发起人均需要聘请高水平的咨询顾问，包括法律顾问、技术顾问和财务顾问等。

对政府而言，咨询顾问能为政府做项目规划、可行性研究等工作，以帮助政府选定合适的项目。咨询顾问还能帮助政府制定合适的法律法规和政策，为项目的实施创造合适的法律环境。同时，咨询公司还可以参加评标过程，协助政府选定中标人。对项目发起人和项目公司而言，咨询顾问也会在整个项目周期中发挥积极的重要作用。

7. 创造性的技术方案

技术方案包括项目的规划、布局和设计。技术方案的创新能加快项目进度、减少施工干扰和降低工程造价，从而极大地增加项目的效益。

澳大利亚悉尼港海底隧道工程由澳大利亚最大的私人建设公司 Gransfield 和日本大型建设公司熊谷公司组成的悉尼速度公司经过充分调研，提出在悉尼大桥下建造海底隧道，并与大桥两端的公路连接起来。该方案不仅解决了交通堵塞，而且不需征用私人土地、不拆迁一幢房屋，大大节约了建设费用。

5.1.4 BOT模式的衍生模式

根据世界银行主编的《1994年世界发展报告》介绍，通常所说的BOT模式有三种具体模式，即BOT、BOOT以及BOO。实际上BOT模式的衍生模式并不仅仅局限于上述三种具体模式，每一种BOT形式及其变形，都体现了对于基础设施部分，政府所愿意提供的私有化程度。BOT意味着一种很低的私有化程度，因为项目设施的所有权并不转移给私人；BOOT代表了一种适中的私有化程度，因为设施的所有权在一定有限的时间内转给私人；最后，就项目设施没有任何时间限制地被私有化并转移给私人而言，BOO代表的是一种最高级别的私有化。换句话说，一国政府所采纳的建设基础设施的不同模式，反映出其所愿意接受的使某一行业私有化的不同程度。由于基础设施项目通常直接对社会产生影响，并且要使用到公共资源，如土地、公路、铁路、管道、广播电视网等，因此，基础设施的私有化是一个特别重要的问题。

1. BOO模式

BOO（Build-Own-Operate）即建设—拥有—经营，是指承包商根据政府赋予的特许权建设并经营某项产业项目，但是并不将此项基础产业项目移交给公共部门。

（1）BOO与BOT的相同点

BOO与BOT两种模式最重要的相同之处在于，它们都是利用私人投资承担公共基础设施项目。在这两种融资模式中，私人投资者根据东道国政府或政府机构授予的特许协议或许可证，以自己的名义从事授权项目的设计、融资、建设及经营。在特许期内，项目公司拥有项目的占有权、收益权，以及为特许项目进行投融资、工程设计、施工建设、设备采购、运营管理和合理收费等的权利，并承担对项目设施进行维修、保养的义务。在我国，为保证特许权项目的顺利实施，在特许期内，如因我国政府政策调整因素影响，使项目公司受到重大损失的，允许项目公司合理提高经营收费或延长项目公司特许期，对于项目公司偿还贷款本金、利息或红利所需要的外汇，国家保证兑换和外汇出境。但是，项目公司也要承担投融资以及建设、采购设备、维护等方面的风险，政府不提供固定投资回报率的保证，国内金融机构和非金融机构也不为其融资提供担保。

（2）BOO与BOT的区别

在BOT项目中，项目公司在特许期结束后必须将项目设施交还给原始权益人；而在BOO项目中，项目公司有权不受任何时间限制地拥有并经营项目设施。从BOT的字面意思来看，也可以推断出基础设施国家独有的含义，作为私人投资者在经济利益驱动下，本着高风险、高回报的原则，投资基础设施的开发建设。为收回投资并获得投资回报，私人投资者被授权在项目建成后的一定期限内对项目享有经营权，并获得经营收入；期限届满后，将项目设施经营权无偿移交给项目东道国政府。而对于BOO方式，项目的所有权不再交还给政府。

2. BOOT模式

BOOT（Build-Own-Operate-Transfer）即建设—拥有—经营—转让，是指私人合伙或某国际财团融资建设基础产业项目，项目建成后，在规定的期限内拥有所有权并进行经营，在规定的期限届满后移交给当地政府部门。

(1) BOOT 与 BOT 的区别

1) 所有权的区别。采用 BOT 方式，项目建成后，私人只拥有所建成项目的经营权；而采用 BOOT 方式，在项目建成后，在规定的期限内，私人既有经营权，也有所有权。

2) 时间上的差别。采取 BOT 方式，从项目建成到移交给政府的这一段时间一般比采取 BOOT 方式要短一些。

对比两种模式可以发现，在相同投入条件下，运用 BOOT 模式投资的项目，投资企业拥有的项目价值比 BOT 模式增加了产权价值。通常，如果某一公共项目预期收益稳定可观，通常采用 BOT 模式；如果预期收益较低，选择 BOOT 模式就较为合适，因为产权价值可以弥补项目收益低的缺点。

(2) BOOT 模式的操作要点

作为投资主体的企业最关注的是项目效益的最大化，所以在项目策划时会考虑通过改良建筑设计、改善施工管理、改进运营模式等手段来增加项目的利润点，提高项目附加值。政府对于项目通过 BOOT 模式招商引资建设的目标是既省钱省力，又促进项目的实施；而对于贷款银行来讲，其目的只有一个，就是确保贷款本息的回收。

政府机构、投资企业和金融机构所关注的 BOOT 工程项目融资的焦点问题在于如何实现 BOOT 项目产权价值的变现。通常预期效益低的公共项目产权很难在市场上公开交易成功，所以只有政府协议收购才能促进项目的合作成功。

1) 资源配置调整。整合"类资源"，即政府通过对所辖区域类资源信息的全面真实掌握，发挥政府宏观统筹职能，科学规划、综合开发区域内项目类资源，杜绝零散开发。有条件的项目还可以策划成区域内的唯一性项目，以确保项目收益基本稳定。

2) 项目产权收购。为了保证投资者的基本收益，政府在协议期间以项目总投资为基价，根据其预期收益进行分析，可以选择计息分期、免息分期、折价分期等支付方式完成对项目产权的收购，这样政府同样可以达到缓解财政压力的目标。

3) 协议执行的保障。为了规避政府的信用风险，在签订合同协议时可以要求政府对投资保障、回购资金保障等重要问题在法律和经济上予以双重保证。

3. BT 模式

BT (Build-Transfer) 即建设—转让，是指由业主通过公开招标的方式确定建设方，由建设方负责项目资金筹措和工程建设，项目建成竣工验收合格后由业主回购，并由业主向建设方支付回购价款的一种融资建设方式。

(1) 采用 BT 模式的意义

1) 发展 BT 模式使产业资本和金融资本全新对接，形成了一种新的融资格局，既为政府提供了一种解决基础设施建设项目资金周转困难的新融资模式，又为投资方提供了新的利润分配体系的追求目标，为剩余价值找到了新的投资途径。

2) BT 模式使银行或其他金融机构获得了稳定的融资贷款利息，分享了项目收益。

3) BT 模式倡导风险和收益在政府与投资方之间公平分担与共享，追求安全合理利润，强调各参与方发挥各自优势的主观能动性，提高了各方对项目抗政治风险、金融风险、债务风险的分析、识别、评价及转移能力。

4) BT 模式不仅获取了较大的投资效益，还提高了项目管理的效率，提高了投资方的经营管理水平以及参与市场竞争的能力，积累了 BT 模式融资的经验，增加了施工业绩，为以后打入融资建筑市场创造了条件。

(2) BT模式的优势

与传统的投资建设方式相比,采用BT模式具有以下优势:

1) 采用BT模式可为项目业主筹措建设资金,缓解建设期间的资金压力。同时,通过成立项目公司,项目建设方可采用工程项目融资的方式实现表外融资,可有效地提高资金使用效率,分散投资风险。

2) 采用BT模式可以降低工程实施难度,提高投资建设效率。BT项目由建设方负责工程全过程,包括工程前期准备、设计、施工及监理等建设环节,因而可以有效实现设计、施工的紧密衔接,减少建设管理和协调环节,实现工程建设的一体化优势和规模效益。

3) BT模式一般采用固定价格合同,通过锁定工程造价和工期,可有效地降低工程造价,转移业主的投资建设风险。

4) BT项目回购资金有保证,投资风险小。BT模式通过设置回购承诺和回购担保的方式,可降低投资回收风险,其投资回收期限较短。对大型建筑企业而言,BT项目是一种良好的投资渠道,通过BT模式参与工程项目的投资建设,既有利于避免与中小建筑企业的恶性竞争,又能发挥企业自身技术和资金的综合优势。

(3) BT模式的法律特征

目前我国尚无专门立法,对基础设施项目建设而言,BT模式具有独特的法律特征。

1) 参与主体的特殊性。参与BT项目的主体为业主和建设方,这两方主体均具有特殊性。在基础设施项目建设中,业主为特殊主体,即政府、政府组成部门,或者政府投资设立并承担基础设施建设职能的国有企业;建设方主要为具备一定投融资能力和建设资质的投资公司、建筑企业等。

2) 投资客体的特殊性。其特殊性在于:①BT项目的客体大部分为基础设施和公用事业,如城市轨道交通、桥梁、公路等,不同于其他投资项目,属于社会公益事业,政府对其享有建设权和所有权;②BT投资客体的所有权存在转移性,即业主通过合同方式把某一重大项目的投资、建设的权利和责任转让给建设方,建设方在合同规定时间内拥有该项目的所有权,项目竣工验收合格后,业主回购项目并获得项目所有权。

3) BT参与主体法律关系的复杂性。BT项目涉及融资、投资、建设、转让等一系列活动,参与人包括政府、项目业主、建设方、施工企业、原材料供应商、融资担保人、保险公司以及其他可能的参与人,从而形成了众多参与人纷繁复杂的法律关系。

4) BT方式所涉及当事人的权利义务关系是通过合同确立的,其中包括贷款合同、建设合同、回购协议、回购资金担保、完工履约担保以及联合体协议等,是一系列合同的有机组合。

(4) BT模式的实施

1) 采用BT模式的前提条件。基础设施项目采用BT模式,应具备以下五个基本条件:

① 前期工作深入,设计方案稳定,建设标准明确。

② 工程建设难度适度,建设风险较小。

③ 业主应具有充足的回购能力,能提供回购承诺函及相应担保。

④ 工程规模适当,投资额度应在潜在投标人可承受的范围内。

⑤ 项目成本应该能够被较为准确地估算,以便于投标人估算和控制投资成本。

2) BT 模式的实施方式。

① 完全 BT 方式。完全 BT 方式是指通过招标确定项目建设方，建设方组建项目公司，由项目公司负责项目的融资、投资和建设，项目建成后由业主回购的形式。

此种方式的特点为：对建设方无特殊资质要求，只要其具有较强的投融资能力即可；按照工程项目融资的方式进行融资。建设方采取成立项目公司的方式，以项目公司为主体筹措建设资金，由建设方为项目公司的银行贷款提供担保，为便于项目公司融资，一般需要业主出具回购承诺函及第三者回购担保。

在建设过程中，完全 BT 方式适用于工程技术成熟、技术标准明确、投资规模较大，且业主不具有工程建设管理经验或能力的工程项目。

此种方式的主要优点为：一是有利于扩大投资者的选择范围；二是由项目公司作为主体进行融资，可降低投资者的投资风险，拓宽融资渠道；三是项目结构清晰，建设协调、管理的各个环节衔接紧密，业主进行工程管理的难度较小；四是建设风险全部转移给项目建设方承担，业主的建设风险较小，同时，建设方具有较大的自主权和利润空间。

② BT 工程总承包方式。BT 工程总承包方式是指通过招标确定项目建设方，建设方按照合同约定对工程项目的勘察、设计、采购、施工、竣工验收等实行全过程的承包，并承担项目的全部投资，由业主委托指派工程监理，项目建成后由业主回购的形式。

此种方式的特点为：工程施工直接由建设方承担，无须进行二次招标，建设方必须为同时具有投融资能力和相应建设资质的工程总承包企业或联合体；业主直接与建设方签署投资建设合同及工程总承包合同，一般不组建项目公司；业主通过聘请工程监理公司或设立工程监管机构等方式对建设方进行履约管理。

BT 工程总承包方式适用于工程技术较为复杂、投资规模较大，且业主具有一定工程建设管理经验或能力的工程项目。

BT 工程总承包方式的优点与完全 BT 方式基本相同，主要区别在于建设方必须同时具有投融资能力和施工总承包资质，且一般不成立项目公司。

3) BT 模式实施中应注意的问题。BT 模式的实施过程和传统建设方式基本相同，但应该特别注意以下五个问题：

① 选择合适的项目实施结构，兼顾参与各方利益。在确定项目实施结构前，首先要对建设项目的工程特点、前期工作情况、业主的需求和管理能力以及潜在投资者进行深入分析，以选择合适的实施结构。同时，选择项目实施结构应把握"放而不乱，管而不死"的原则，做到既能保证建设方一定的建设自主权，又能最大限度地保证工程质量，维护项目业主的利益。

② 严格投标人的资质标准，对投标联合体各方的关系要有明确的约定。根据建设项目的投资规模和建设特点，在项目招标时应对投标人的投融资能力和建设能力提出明确资质标准，投标人应具备承担项目投资建设的能力和经验。

同时，由于城市基础设施项目投资大、项目实施难度大，在项目投标时，投标人常以组成联合体的方式参与项目投标。但在项目实施时，由于各投标联合体成员的利益不一致，经常会出现联合体内部纠纷，影响项目的顺利实施。

为避免此类情况的发生，在项目招标时，应在招标文件的联合体协议中明确约定各联合体成员的权利义务关系，特别是对各联合体成员的出资额、负责的工程内容等情况要明确约定，避免内部纠纷的发生。此外，各联合体成员的定位要明确，尽量引导优势互补的企业组成联合体。

③ 完善监管体系，杜绝分包和转包行为。在项目中，工程分包和转包情况比较普遍，是影响项目工程质量的重要风险因素。为避免此类问题的发生，可采取以下措施：在招标文件中对项目的分包和转包情况进行详细和明确的约定，禁止随意分包和转包；建立健全监管体系，业主应组建监管机构，对工程分包情况进行严格管理。

④ 扎实做好前期工作，明确建设标准和工程接口。要成功实施项目，必须在项目提出和规划、可行性研究、投资者的选择、设计方案规划、开工建设等各个环节保持一致性和前瞻性，扎实做好项目前期工作，明确项目建设标准以及项目与外部工程的接口。项目前期工作，特别是规划设计方案的稳定程度、设计深度，对项目能否成功实施影响极大。如果设计方案不稳定，就可能导致工程变更、洽商等一系列问题的出现，项目投资可能因此大幅度增加。此外，编制建设标准时要做到深度适当、可操作性强。

⑤ 重视专业中介机构的作用。在项目招标过程中，聘请中介咨询机构为工程项目融资结构设计、招标文件、合约起草谈判等方面提供专业化协助，可以更大限度地挖掘潜力、规避风险。

4）BT 模式的运作过程。

① 项目的确定阶段：政府对项目立项，完成项目建设书、可行性研究、筹划报批等工作。

② 项目的前期准备阶段：政府确定融资模式、贷款金额的时间及数量要求，完成偿还资金的计划安排以及合理确定招标标底等工作。

③ 项目的招标阶段：政府通过公开招标或邀请招标确定中标人（投资方），完成谈判商定双方的权利义务等工作。

④ 项目的建设阶段：参与各方按 BT 合同的要求行使权利、履行义务。

⑤ 项目的移交阶段：竣工验收合格、合同期满，投资方有偿移交给政府；政府按约定总价（或计量总价加上合理回报），按比例分期偿还投资方的融资和建设费用。

4. TOT 模式

TOT（Transfer-Operate-Transfer，TOT）即移交—经营—移交，是继 BOT 之后出现的一种全新的经营性政府工程投融资模式。该模式经过市场化运作，盘活存量资产，为政府建设资金不足的大型项目提供了解决途径，还为各类资本投资于基础设施开辟了新的渠道，同时也为大型施工企业提供了拓展经营新领域和经营新方式的机会。

（1）TOT 模式的含义

所谓 TOT，就是指通过出售现有已建成项目在一定期限内的现金流量，从而获得资金来建设新项目的一种融资方式。具体说来，就是项目所在国政府将已经投产运行的项目在一定期限内移交（T）给外商经营（O），以项目在该期限内的现金流量为标的，一次性地从外国投资者或者本国私有资本处筹得资金，用于建设新的项目；待外商经营期满后，再将原来项目移交（T）给项目所在国政府，如图 5-3 所示。TOT 模式是将已建成的项目，经过产权界定、资产评估后，将其经营权在一定期限内转让给国内外经济组织。这一方面可以达到提前收回投资、为新项目筹集资金的目的；另一方面也为政府与私人之间的投资合作提供了一种新的途径，可以借助私营企业的经营管理经验，提高基础设施项目的运行效率。

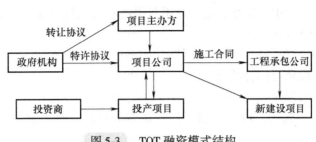

图 5-3　TOT 融资模式结构

TOT 融资方式引进了基础设施建设资金，使新的项目及时启动。从运转过程看，它是既不完全等同于传统方式也不同于融资租赁的一种新型工程项目融资方式，特别适合有稳定收益、长周期基础设施项目的建设融资，工程项目具有投资特别大、建设周期特别长、回收期长的特点。因此，这种融资方式在工程项目上具有很大的发展空间。

（2）TOT 模式的运作程序

TOT 模式的运作首先需要完成以下两方面工作：

首先，制定转让方案并报批。采用 TOT 模式转让国有资产时，转让方必须首先根据国家有关规定，编制项目建议书，在征求行业主管部门（或原投资部门）的意见后，按照现行的有关规定，上报有权审批部门批准。初步选定受让方后，还要编制可行性研究报告（或资产权益转让方案）并上报审批部门批准。

其次，确定受让方的选择方式。受让方的选择方式应该根据转让方的情况和项目特点综合确定。目前有三种方式：面对面协商谈判的方式、邀请招标方式和完全竞争性的公开招标方式。

根据各国已完成的 TOT 项目经验，完全竞争性的公开招标方式具有操作程序规范、项目条件成熟、转让价格合理、成功率高等优点，应该成为转让方选择 TOT 项目受让方的首选方式。

从政府实施方式进行基础设施建设项目融资的基本程序来看，一个完整的工程项目融资一般包括以下八个主要程序：

1）融资方发起人（投产项目的所有者或政府机构）设定 SPC（Special Purpose Company，特殊目的公司），发起人把移交项目的所有权和新建项目的所有权均转让给 SPC，以确保有专门机构对两个项目的管理、转让、建造等享有权力，并在项目实施中进行协调和管理。这一步骤也就是建立项目法人制，以保证融资资金的有效利用。

2）SPC 确定需要建设的拟建项目的规模、建设周期和财务预算。

3）以已有项目为基础，进行项目本身和财务收益宣传，向国内外相关投资商发出招标邀请，并确定转让内容和年限。

4）投资商通过 SPC 的资格审查后，购买招标书（主要确定经营内容、年限、相关权利与义务等），并制定投标书。

5）SPC 通过协商谈判（主要针对邀请招标）、公开招标评审或竞拍（主要针对一些竞争激烈的特定项目，如有稳定收入的桥梁或道路项目等）确定经营融资对象。这是整个工程项目融资的关键过程。

6）与外商或国内民营企业最终达成转让投资运行项目在未来一定期限内全部或部分经

营权的协议，项目移交，SPC 获得收益，并用获得的收益进行拟建工程的建设。

7）新项目建成并投入运行。

8）原转让经营项目期满后，SPC 收回转让的旧项目。

（3）TOT 模式的优点与招标特点

1）TOT 模式的优点有以下三个：

① 投资风险小、见效快，可直接购买现正运营的存量资产产权和经营权，既逾越了建设期，又避免了各种风险。

② 可有效缓解政府压力，包括财政、引资、时间、管理等方面的压力。具有高度的灵活性，所转让的产权和经营权，既可针对完整的基础设施，也可针对其中某一部分；投资者既可是一个企业或个人，也可是多个企业或个人的联合。

③ 市场化。可盘活现有国有资产存量，打破国家对基础设施的垄断经营，有利于市场化水平和技术管理水平的提高。

2）TOT 模式的招标特点。采用招标方式选择 TOT 项目的受让方，要注意 TOT 项目具有如下特点：

① 转让方必须首先取得合法的转让权。国有企业的法人对其占有的国有资产只拥有使用权、经营权等权益，没有所有权，一般无权出售。地方政府和其他相关部门也只能行使行政管理职能。只有在获得国有资产管理部门的授权后，国有企业才能具备出让国有资产的合法主体地位，与受让方签订的国有资产转让合同才具有合法性。

② 需要进行国有资产评估。采用 TOT 模式，受让方需要买断某项资产的全部或部分产权和经营权，会发生产权的转让行为，要求对现有资产进行合理的估价。一般来讲，转让资产是基础设施，属于国有资产，估价过低，会造成国有资产流失；估价过高，会影响受让方的积极性。这就需要处理好资产转让与国有资产正确估价的关系，聘请的评估机构应该具备相应资质，具有与转让资产相类似的项目的评估经验，而且在评估时最好与转让方和其聘请的融资顾问及时沟通，尽可能在形成正式评估报告之前就评估价格达成一致意见。评估的结果应该报请国有资产管理部门审核批准。

③ 潜在投标人要求进行尽职调查。投标人在编制标书期间，为了尽可能降低投资风险，同时保证建议的投标价格具有竞争力，一般会要求对转让资产进行全面调查，包括现有经营状况、转让资产涉及的法律情况、员工状况、技术装备水平等。转让方在组织投标人进行现场考察期间，应该向投标人提供转让资产的有关资料，并安排投标人对转让资产进行调查。

④ 转让必须符合转让方的战略目标。在采用 TOT 模式的情况下，投资人可能完全买断资产的经营权，也可能只是部分买断资产经营权；同时，转让方可能要求以现有资产的一部分与投资人进行合作或者合资，共同经营管理现有资产。这种情况下，转让方往往是在一个整体的战略构架基础上转让资产，要求受让方必须接受提出的主要合作条件。因此，"人和"因素就显得十分重要。只有建立在互惠互利、平等友好的基础上，转让方和受让方在合作项目上具有一致的战略目标和共同的经营理念，合作才能取得完全成功，项目在合作期间才能顺利进行。

⑤ 招标的主要标的可以是资产价格，也可以是产品价格。基础设施 BOT 项目招标的标的一般为产品或服务的价格，如净水厂 BOT 项目的标的为净水价格，污水处理厂 BOT 项目的标的为污水处理服务价格，垃圾处理厂 BOT 项目的标的为垃圾处理服务价格。TOT 项目

招标标的的选择则具有一定灵活性，可以是转让资产的价格，也可以是项目产品或者项目运营服务的价格。

(4) TOT 模式与 BOT 模式的对比分析

TOT 模式引进了外资，使新项目及时启动，但又将外商与新建项目割裂开来。从 T-O 过程来看，它更像一种贸易，其标的为一定期限内的现金流量；但从 T-O-T 整个过程来看，它是一种既不同于以资信为基础的传统融资方式，也不同于 BOT 模式的新融资方式。

BOT 与 TOT 两种融资方式都是解决我国基础设施和基础产业建设资金不足问题的途径。TOT 模式与 BOT 模式相比，具有一定的相同点，但也有不同的特点。

1) 投资方的项目结构不同。BOT 模式运作过程包括政府机构、项目发起人、项目公司、商业银行、担保受托人、出口信贷贷款方、项目承包商、分包商、项目所需设备的供货方等众多参与者。在项目立项建设过程中，这一复杂结构需要大量的协议和商业合同。这些协议和合同从准备、谈判直至签订生效，既需要一定的制度保证，也需要项目参与方的密切协作，基础设施和基础产业建设耗资巨大、建设周期长，要求众多参与方相互信任、相互协作、相互配合，这无疑增加了项目进展的复杂性和难度，相应地也会影响投资方的投资决心。可见，BOT 模式中的建设环节是一项复杂的系统工程，项目的立项、实施需要复杂的技术和良好的环境作为保障，仅项目前期准备工作就需要耗费大量的资源。相比之下，TOT 模式要简单一些，因为其运作过程省去了建设环节，项目的建设已完成，仅通过项目经营权移交来完成一次融资。同 BOT 模式相比较，TOT 模式具有结构简化、时间缩短、前期准备工作减少、费用节省等优点。

2) 外商面临的风险程度不同。由于 BOT 投资项目的生产经营周期长，从与东道国政府谈判和进行可行性研究到经营周期结束，时间跨度往往历经数年甚至数十年，因此不可避免地存在多种风险。根据一些国家的实践，影响 BOT 项目风险的主要因素有融资的高成本和长周期、金融行市的变动、东道国政府的稳定性和政策的连续性、债务风险以及与经营方式相关的风险等。由于上述原因，在 BOT 模式的实施过程中，投资方对各种风险的考虑是十分慎重的。而 TOT 模式没有建设这个环节，投资方直接经营已建成的项目。由于积累大量风险的建设阶段和试生产阶段已经完成，所以 TOT 模式明显降低了外商面临的风险。TOT 模式是购买东道国已有的存量基础设施和经营权，既避免了建设超支、工程停建，或者不能正常运营、现金流量不足以偿还债务等风险，又能尽可能地取得收益。

3) 涉及法律环节较少，对法律环境的要求不同。一些发达国家在外资法等范围内就能解决 TOT 模式所产生的大部分问题。目前，我国有关 BOT 和 TOT 的专门法律尚未出台。在我国投融资体制改革尚未到位的情况下，TOT 模式较 BOT 模式对法律环境的要求相对低一些，能更有效地吸引外方投资者。因为 TOT 模式有已建成的项目资产作为担保，即使在法律体系尚不健全的条件下，也能有效地吸引投资者。

4) 工程项目融资成本不同。BOT 模式的操作过程从项目建设开始便非常复杂，中间环节较多，其融资成本也随之增高。由于 BOT 模式包括项目建设期，因此不可避免要承担建设风险，主要包括项目不能完工、延期完工、成本超支等，而成本超支易使贷款人对项目的可行性产生疑问；如果项目不能按期竣工，则不仅会影响运营收入，而且会积累巨额利息，从而影响债务本息的偿还及投资的回收。采用 TOT 模式，由于只涉及项目运营阶段，投资者不承担建设阶段的风险，从而使投资风险大幅度下降。相应地，基于较低风险的 TOT 项目投资人的预期收益率会合理下调;加之项目实施过程简化,评估、谈判等方面的费用下降,也降低了项目的融资成本。

5)项目实施的复杂程度与可操作性不同。从项目的运作过程看,采用 BOT 模式必须经过项目确定、项目准备、招标、谈判、文件合同签署、建设、运营、维护、移交等阶段,涉及政府特许及外汇担保等诸多环节,牵扯范围广,操作过程复杂。而 TOT 模式是对已有项目转让经营权,仅涉及项目的生产运营阶段,不涉及所有权问题,运作过程大大简化。

6)有助于项目产品的合理定价。相比较 BOT 模式,在 TOT 模式下,由于积累大量风险的建设阶段和试生产阶段已经完成,因此对于外商来说,风险降低幅度相当大。因此,一方面,外商预期收益率会合理下调;另一方面,涉及环节较少,评估、谈判等方面的从属费用势必大大降低,而东道国在组建 SPV、谈判等过程中的费用也有较大幅度下降。引资成本的降低必将有助于项目产品的合理定价。

7)融资对象范围不同。在 BOT 模式下,融资对象多为外国大银行、大建筑公司或能源公司等。而 TOT 项目的融资对象更为广泛,其他金融机构、基金组织和私人资本等都有机会参与投资。

8)对公共利益的影响不同。经营性政府工程在采用灵活多样的方式融资的同时,也必须考虑对公共利益的影响这一因素。采用 BOT 模式,项目的所有权和运营权在特许期内属于项目公司。因此,通过 BOT 项目引入外资进行基础设施建设,可以引进国外先进的技术和管理,但会使外商掌握项目控制权,所以对某些关系国计民生要害的项目不能采用 BOT 模式。

TOT 模式只涉及基础设施项目经营权的转让,不存在产权、股权的让渡,也不存在外商对国内基础设施永久控制的问题。同时,由于 TOT 项目经营期较长,外商受到利益驱动,常常会将先进的技术、管理引入投产项目中,并进行必要的维修,从而有助于投产项目的高效运行,使基础设施的建设、经营逐步走向市场化、国际化。

5. TBT 模式

(1) TBT 模式的含义

TBT 模式就是将 TOT 与 BOT 两种工程项目融资模式结合起来,但以 BOT 为主的一种融资模式。在 TBT 模式中,TOT 的实施是辅助性的,采用它主要是为了促成 BOT。

(2) TBT 模式的两种具体形式

TBT 模式有两种具体形式:一是有偿转让(TBTA),即公营机构通过 TOT 方式有偿转让已建设施的经营权,一次性融得资金后再将这笔资金入股项目公司,参与新建项目的建设与经营,直至最后收回经营权;二是无偿转让(TBTB),即公营机构将已建项目的经营权以 TOT 方式无偿转让给投资者,但条件是与项目公司按一个递增的比例分享拟建项目建成后的经营收益。下面分别介绍这两种方式。

1)TBTA 工程项目融资方式。TBTA 融资过程如图 5-4 所示。

从图 5-4 中可知,投资者通过与公营机构签订 TOT 特许协议取得已建项目的特许经营权,同时公营机构从投资者手中一次性融得已建项目未来的收入,并可将部分资金入股项目公司,以 BOT 方式建设新的项目。政府与投资者在这个融资过程中扮演着双重角色,既是 TOT 的主体又是 BOT 的主体,要签署两份特许协议:一是在一定时期内转让已建项目的经营权;二是转让新建项目的建设与经营权。这两个看似独立的过程其实关系极为密切,它们相辅相成、互为补充,政府与投资者在这个过程中都是受益者,达到了"双赢"的效果。

政府在 TBTA 中的现金流量图如图 5-5 所示，其中，"O" 表示已建项目设施经营权转让时点，"n" 表示新建项目经营期结束时点。

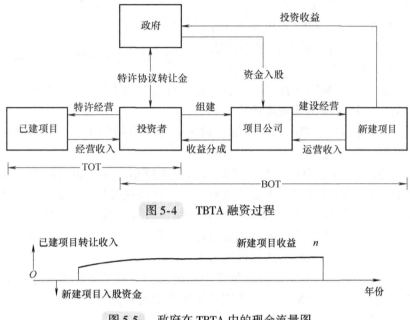

图 5-4　TBTA 融资过程

图 5-5　政府在 TBTA 中的现金流量图

2）TBTB 工程项目融资方式。融资过程如图 5-6 所示，若公营机构以 TOT 模式无偿将已建项目的经营权转让，则公营机构将与 BOT 项目公司共同分享新建项目建成后的运营收益。具体做法是将新建项目建成后的运营分成几个阶段，政府在这几个阶段中将建成项目的运营收入以逐渐递增的比例分成，直至最后收回经营权。公营机构在 TBTB 中的现金流量图如图 5-7 所示。

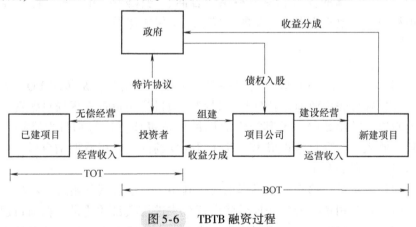

图 5-6　TBTB 融资过程

(3) TBT 工程项目融资方式的操作步骤

1）项目方案的确定。TBT 项目与单纯的 BOT 项目不同。首先，单纯的 BOT 只涉及一个项目，而 TBT 则需要同时考虑已建和拟建两个项目。此时政府可以鼓励私营机构在项目构思和设计方面提出新的观点，为此，公营机构在设计工作开始之前就可邀请投标，而且标书只是轮廓性地列出项目应达到的要求，至于如何去满足这些要求，可留给私营投标者自行解决。这种处理方法可以令每一个投标者发挥设计技巧和优势，创造性地提出方案。

2) TBT 项目的招标准备。在项目招标之前，必须做好准备工作，其中最重要的是：①项目技术参数研究，包括对所要解决问题的性质和规模做详细而清晰的说明；②招标文件的准备，需描述技术研究中提出的大量信息，对投标的类型以及投标人在标书中应包括的内容做具体规定，还应清楚地规定评标准则。

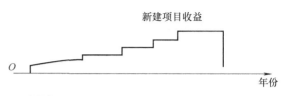

图 5-7 公营机构在 TBTB 中的现金流量图

3) TBT 招标投标过程。TBT 招标投标过程主要包括资格预审、投标、评标与决标及合同谈判四个阶段。

① 资格预审阶段。邀请对项目有兴趣的公司参加资格预审，根据这些公司提交的包括技术力量、工程经验、财务状况等方面的资料，拟定参加最终投标的备选公司名单。

② 投标阶段。邀请通过资格预审的投标者投标，投标者按招标文件的要求，提出详细的建议书。建议书应详细说明项目的类型及所提供产品或服务的性能和水平，建议项目融资结构、价格调整公式和外汇安排，进行风险分析。

③ 评标与决标阶段。为了在许多竞争者中做出选择，需要有一套标准来进行评标，以使项目相关指标达到最优。通常一开始就应让投标者明确知道评标方法会在招标文件中明文规定，从而使他们能据此来进行项目设计，并提出项目建议书。

④ 合同谈判阶段。决标后，应邀请中标者与公营机构进行合同谈判。因为牵涉两个项目的一系列相关合同，TBT 项目的合同谈判较单纯的 BOT 项目耗时更长且更为复杂。如果政府公营机构第一中标者未能达成协议，可转向第二中标者与之进行谈判，依此类推。除此之外，TBT 融资模式中还必须签署其他许多协议，如与项目贷款方的信贷协议、与建筑承包商的建设合同、与供应商的设备和原材料供应合同、与保险公司的保险合同等。为了保障 TBT 合同的顺利履行，政府应提供所需的一揽子基本保障体系。

6. BLT 模式

(1) BLT 模式的概念界定

BLT (Build-Lease-Transfer) 即"建设—租赁—移交"模式，是传统 BOT 融资建设模式的一种延伸。该模式首先由政府出让项目建设权，项目公司负责工程项目融资和建设，项目建成后租赁给政府，并由政府（或其指定的机构）负责项目运行和日常维护，项目公司用政府付给的租金收入回收项目建设成本，并获得合理的回报，租赁期结束后，项目所有权移交给政府（或其指定的机构）。

该模式由建设、租赁、移交三个过程组成。其中，建设过程是指政府将项目建设权出让给项目公司，由项目公司负责筹集和提供建设资金来进行项目的建设，在项目建成后，其所有权归项目公司所有。租赁过程中根据特许权协议，在租赁期内，项目公司拥有项目所有权成为出租人，政府承诺将承租这个项目并支付租金成为承租人。项目移交是指双方约定的租赁期结束后，项目公司将无偿或以约定的回购价格将项目的所有权从项目公司转移至政府。

BLT 模式内涵丰富，体现为以下三个方面。

1) BLT 模式是一种工程项目融资模式。BLT 模式能否成功实施的必要条件为能否顺利筹得项目建设所需资金。以项目为担保，通过融资租赁的方式进行融资，是该模式较传统

BOT 融资方式的重要突破。

2）BLT 模式是一种投资模式。项目公司以承担相应风险为前提，通过利用投资者提供相应的股本资金或提供多种担保向银行等金融机构进行贷款等方式，融得 BLT 项目公司成立及项目后续建设所需资金；项目建成后，项目公司暂时拥有项目所有权，在租赁期内，政府仅拥有项目的经营权和使用权，项目公司以收取政府租金的方式回收建设成本并获得合理利润。项目所有权与经营权相分离是 BLT 模式的一大特色。

3）BLT 模式是一种项目建设管理模式。这种模式综合了多种经济因素和社会因素，引入竞争机制，体现了项目建设的市场化进程，使得项目建设者对项目的建设管理范围更为广泛，管理手段更加灵活，管理效率也大大提高。

因此，BLT 模式不仅是一种融资模式，还是一种投资、建设管理模式，可称为 BLT 融资建设模式。近年来，BLT 模式主要在国际水利水电、校区开发等项目中应用。2008 年，山东省烟台汽车工程职业学院新建新校区一期工程以 BLT 运作模式进行招标，现今该校区已经顺利建成。2016 年 4 月，成都市中心城区首次尝试 BLT 模式修建的武侯新城和万兴路进出城通道主车道正式通车。

（2）BLT 模式与 BOT 模式的区别及优势

BLT 模式作为 BOT 模式的衍生模式，既有与其相似之处，又更具灵活性，存在许多优于传统 BOT 模式的优势。下面就两者在主要参与方、融资方式、项目所有权归属、项目运营负责人、主体合同类型、项目收入来源、政府与私营部门的关系、运作程序及周期等方面进行对比分析，见表 5-1。

表 5-1　BOT 模式与 BLT 模式的区别

融资建设模式		BOT 模式	BLT 模式
主要参与方		项目公司、政府、承包商、银行等金融机构	项目公司、政府、银行等金融机构
融资方式		传统 BOT 融资	融资租赁
项目所有权归属	施工阶段	项目公司拥有	项目公司拥有
	运营或租赁阶段	项目公司拥有	项目公司拥有
	移交阶段	政府拥有	政府拥有
项目运营负责人		项目公司	政府
主体合同类型		BOT 特许经营协议、EPC 承建合同、经营管理合同、项目移交合同、贷款合同	BLT 特许协议、融资租赁合同、EPC 总承包合同、项目移交合同、贷款合同
项目收入来源		项目运营现金流，一般为使用者支付	经营性项目一般为使用者支付，非经营性项目一般为政府财政支付
政府与私营部门的关系		委托代理关系	委托代理关系
运作程序及周期		确立项目→招标投标→成立项目公司→项目融资→项目建设→项目运营管理→项目移交	确立项目→招标投标→成立项目公司→项目融资→项目建设→项目租赁管理→项目移交

（资料来源：刘晶晶. 基础设施项目 BLT 模式运行机制设计优化研究.）

BLT 模式与 BOT 模式有着基本一致的内涵：以引入私营资本或民营资本的方式实现政府行为；与政府形成委托代理关系，利用企业的高效率进行项目建设管理，通过特许授权使项目产权关系明晰化，从而实现资源最优配置，提高项目建设效率。在操作方式方面，特许期内的运营方式是两者最大的区别。BLT 模式采用项目建设完工后直接交付政府进行运营的方式，项目公司在整个租赁期内按照合同约定收取租金，除提供一定年限的质保期外，租赁期内只担负一定的非承租方原因的质量瑕疵修复责任。权责关系明确、相互制约严格等特点使 BLT 这种灵活的操作方式更容易为政府所接受。

（3）BLT 模式与融资租赁的区别

1）合同当事人及合同结构不同。融资租赁一般是指由出租人根据承租人对设备购买条件和要求，与供应商签订购买合同，购入承租人所需设备，并与承租人签订租赁合同，在约定时间内将租赁物交由承租人使用，通过按期收取租金的形式回收设备贷款、利息等支出，并获得合理回报。通常情况下，融资租赁由出租人、承租人和供货商三方当事人和两个合同构成，即由出租人与供货商签订购买合同，出租人与承租人签订租赁合同。

而 BLT 模式中，由于租赁标的物具有特殊性，项目建设过程中参与方众多，主要涉及设计、勘察、施工、监理单位等，主要的三方当事人为政府部门、项目公司和总承包商。合同结构主要包括项目公司和总承包商分别以业主和总承包商身份签署的 EPC 总承包合同，以及项目公司和政府部门以出租方和承租方身份签署的融资租赁合同。

2）租赁物瑕疵担保责任规定不同。在融资租赁情况下，出租人往往不承担租赁物瑕疵的担保责任，而租赁物的瑕疵担保责任通常由购买合同中规定的供应商承担。但在 BLT 模式下，租赁标的物是新建不动产工程，存在一个工程质量保证期和非承租人责任租赁物瑕疵的担保责任问题。在项目实施过程中，应在合同中约定租赁期间出租人对工程项目的质量保证期，以及非承租人原因的项目瑕疵修复责任。

3）租赁标的物的提供过程不同。在融资租赁中，出租人和供应商签订购买合同，同时出租人与承租人签订租赁合同，因此，承租人和供应商双方并不是购买合同和租赁合同的当事人，但均应认可购买合同和租赁合同的有关条款，租赁标的物由供货商直接向承租人发货。

在 BLT 模式下，项目公司依据政府部门的要求选择 EPC 总承包商进行项目的建设，项目建成后作为租赁标的物，由项目公司以出租人的身份交付承租人。而政府以承租人的身份成为最终业主，负责检验和接收项目，项目验收合格后，开始进入租赁期。

5.2 ABS 模式

ABS（Asset Backed Securities）即资产证券化，20 世纪 70 年代产生于美国，最早起源于住房抵押贷款证券化，目前欧美国家的资产证券化市场仍然以住房按揭抵押贷款、企业应收账款等金融资产证券化为主。尽管 ABS 模式发展历史较短，但这一创新性极强的融资模式和高效的制度安排具有很大的发展潜力，是未来工程项目融资发展的一个主要趋势。

5.2.1 ABS 模式的含义及种类

1. ABS 模式的含义

ABS 模式是指以借款人所属的未来资产（收入）为支撑的证券化融资方法，即以借款人所拥有的未来资产（收入）作为基础，以这些资产将带来的预期收益为保证（交换），通过在资本市场发行债券来筹集资金的一种工程项目融资方式。

2. ABS 模式的种类

（1）根据基础资产不同划分

由于资产证券化以基础资产所产生的现金流为支持，资产证券化产品可以根据被选入证券化资产池的基础资产类别，分为住房抵押贷款证券（Mortgage-Backed Securities，MBS）和资产支持证券（Asset-Backed Securities，ABS）。前者以住房抵押贷款作为基础资产，后者则是以除住房抵押贷款以外的其他资产作为基础资产。

根据基础资产的不同，MBS 与 ABS 还可以进一步划分。MBS 作为最早、最主要的资产证券化品种，根据抵押贷款标的物为商用不动产或住宅不动产，可将其划分为商业地产抵押贷款支持证券（Commercial Mortgage-Backed Securities，CMBS）和住宅地产抵押贷款支持证券（Residential Mortgage-Backed Securities，RMBS）两类。而 ABS 也可以分为两类：一类是狭义的 ABS，主要包括以学生贷款、汽车贷款、信用卡贷款等为基础资产的证券化产品；另一类是担保债务凭证（Collateralized Debt Obligation，CDO），主要分为抵押贷款权益（Collateralized Loan Obligation，CLO）和抵押债券权益（Collateralized Bond Obligation，CBO）两类。

（2）根据结构性重组划分

目前，北美、欧洲和其他新兴市场上证券化的资产种类很多，如住房抵押贷款、商业地产抵押贷款、人寿保险单、公共事业收费收入、信用卡应收款等。虽然被证券化的资产种类繁多，但是其基本组织结构一般被分为以下三种。

1) 过手证券。过手证券即将基础资产产生的现金流直接转移给投资者，并通过证券的出售，将基础资产的所有权转移给投资者。证券出售后，资产池不再作为发行人的资产出现在资产负债表中，所发行的证券同样不列为发行人的负债。发起人凭借资产管理方面的专业优势，往往担任资产池的服务人，定期向原债务人收取本息，扣除服务费和其他费用后将现金流转移给投资者。在这种结构中，发行人只是简单地对投资者转付，而不对现金流做任何主动管理，因此，投资者完全承担基础资产的提前偿付风险，现金流不稳定。过手证券在法律上占有较大优势，能够有效隔离发起人的破产风险。过手证券的发行过程如图 5-8 所示。

2) 资产抵押证券。资产抵押证券是以整个资产池为抵押担保发行证券，发行人仍然对基础资产拥有所有权。资产抵押证券作为债务出现在发行人的资产负债表中，其实质是一种债权凭证。投资者按照合同约定的本息按时收取现金流，发行人要对从资产池中收取的现金流进行主动管理，承担一定的提前偿付风险。资产抵押证券的本息支付方式和基础资产不一致，为防止违约给投资者造成损失，一般要求提供超额抵押，通常为资产抵押证券面值的超额价值。该结构无法完全隔离风险。资产抵押证券的一般结构如图 5-9 所示。

3) 转付证券。转付证券在基础资产所有权上与资产抵押证券类似，即资产池是发行人的资产，转付证券是发行人的负债；但在现金流支付上与过手证券类似，将基础资产的现金流直接付给投资者，由投资者承担提前偿付风险。与过手证券相比，该结构有较大灵活性，虽然不对现金流进行主动管理，但可以分割现金流，发行多档证券。转付证券可以由发起人自己持有次级证券，从而提升高级证券的信用等级，降低投资者风险，而同时发起人保留资产的剩余权益。因此，这种结构受到了市场的普遍欢迎。

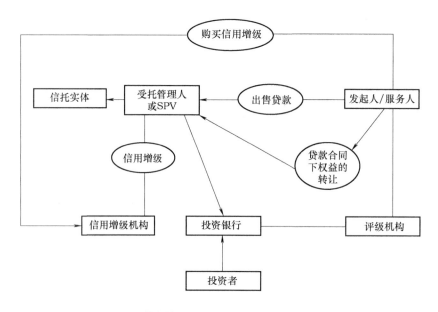

图 5-8　过手证券的发行过程

（资料来源：王虹，徐玖平．项目融资管理．2版．经济管理出版社．）

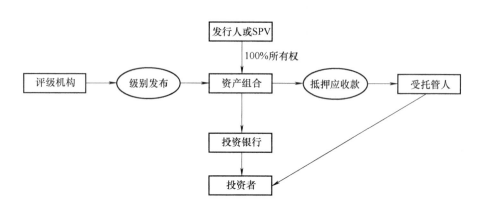

图 5-9　资产抵押证券的一般结构

（资料来源：王虹，徐玖平．项目融资管理．2版．经济管理出版社．）

（3）根据发行方分类

根据发行方的不同，资产证券化可以划分为机构发行的资产证券化产品和非机构发行的资产证券化产品。在美国等发达国家，资产证券化发展前期主要以机构发行居多，随即由非机构发行的资产证券化产品也开始在美国迅速增长，这主要是源于美国政府宽松的政策、追求自由灵活的证券化形式以及获取更高的经济效果。但是，在金融危机之后，非机构发行的资产证券化产品几乎消失，机构发行仍然占主力且规模变动不大。

5.2.2 ABS 模式的特点与优势

1. ABS 模式的特点

资产证券化是一种创新的融资方式,其适用范围较广,但并不是任何类型的资产都可以被证券化。资产证券化的特征主要有:

1) 与传统融资方式不同。资产证券化是资产支持融资,主要关注基础资产所产生的现金流,与原始权益人的信用和其他资产负债无关。

2) 资产证券化是结构性融资。设立的特殊目的公司(Special Purpose Vehicle,SPV)通过"真实出售"进行资产转移,实现了基础资产与发起人的破产隔离,分割了风险,最后对基础资产的现金流进行重组。

3) 资产证券化融资成本较低。资产证券化运用的交易架构和信用增级手段使得资产支持证券有较高的信用等级,一般都能以较高的价格发行,同时各项费用与交易总额的比率也很低。据统计,其各项费用的总费用率比其他融资方式的费用率至少低 50 个基点。

2. ABS 模式的优势

1) 筹资规模大、成本低,资金来源广。ABS 模式的最大优势是通过在国际高档证券市场上发行证券筹集资金,证券利率一般较低,从而降低了筹资成本。而且证券市场容量大,资金来源渠道多样化,因此,ABS 模式特别适合大规模筹集资金。

2) ABS 代表未来工程项目融资的发展方向。通过证券市场发行证券筹集资金是 ABS 模式不同于其他工程项目融资方式的一个显著特点。无论是产品支付项目融资,还是 BOT 模式,都不是通过证券化形式融资的。

3) 项目风险隔离,投资风险分散。ABS 模式隔断了项目原始权益人自身的风险,使其清偿债券本息的资金仅与项目资产的未来现金收入有关,加之在证券市场上发行的债券是由众多投资者购买,从而分散了投资风险。

4) 金融工具的创新。ABS 模式是通过 SPV 发行证券筹集资金,这种负债不反映在原始权益人自身的资产负债表上,从而避免了原始权益人资产质量的限制。同时,SPV 利用成熟的工程项目融资改组技巧,将项目资产的未来现金流量包装成证券投资对象,充分显示了金融创新的优势。

5) 发行环节少,简便易行,而且中间费用低。作为证券化项目融资方式的 ABS 模式,由于采取了利用 SPV 增加信用等级的措施,从而能够进入证券市场,发行那些易于销售、转让以及贴现能力强的优质债券。同 BOT 等融资方式相比,ABS 模式涉及的环节较少,在很大程度上减少了酬金、手续费等中间费用。

6) 由于 ABS 模式是在证券市场筹资,其接触的多为一流的证券机构,按规范的操作规程行事,这将有助于培养东道国在国际工程项目融资方面的专门人才,规范国内证券市场。

5.2.3 ABS 模式的参与者及运作程序

1. ABS 模式的参与者

(1) 资产证券化的发起人

资产证券化的发起人,通常也称原始权益人卖方,是被证券化资产的原所有者,也是资金的最终使用者。发起人的作用是确定资产组合,将其出售或者作为资产支持证券的抵押物。在资产证券化的发源地美国，发起人包括商业银行、财务公司、储蓄机构、保险公司、证券公司、其他金融公司、计算机公司、航空公司、制造企业等，这些发起人大多财力雄厚、信用卓著。

（2）资产证券化的特设机构

资产证券化的特设机构即发行人，通常也称特殊目的公司（SPV）。资产组合并不是由原始权益人直接转让给投资者，而是首先转让给一家独立中介机构，或者一个被称为"破产隔离"的金融子公司。这些特殊目的公司是专门为发行 ABS 而组建的，具有独立法律地位。SPV 必须是无破产风险的实体，因此要满足以下条件：①目标与权力应受到限制；②债务应受到限制；③设有独立董事，维护投资者利益；④分立性；⑤不得进行重组兼并。特殊目的公司是发起人与投资者之间的桥梁，是资产证券化结构设计中的点睛之笔。

（3）资产证券化的代发行机构

资产证券化的代发行机构是指投资银行，在我国主要是综合性证券公司。投资银行为证券的公募发行和私募发行进行有效促销，确保 ABS 发行成功。在公募发行方式下，投资银行从发行人处买断证券，然后进行再销售；在私募发行方式下，投资银行并不买断证券，只作为 SPV 的销售代理人，为其成功发行 ABS 提供服务。但无论采用哪种方式，投资银行都要和发行者一起策划、组织证券化交易的整个过程，以使其符合相关法律法规、会计和税收等方面的要求。

（4）资产证券化的信用担保机构

资产证券化除了以标的资产做担保外，还需要信用增级机构提供额外的信用支持。信用增级是减少 ABS 发行整体风险的有效途径，其目的是提高 ABS 的资信等级，提高定价和上市能力，降低发行成本。

（5）资产证券化的资信评级机构

资产证券化的资信评级机构需要给资产支持证券评定等级。信用评级是对信用风险的一种评估，其目的是对 ABS 的信用风险提供权威性意见，为投资者进行有效的投资决策提供合理、可靠的依据。实际操作中，由于 ABS 具有"有限追偿"的特殊性，资信评级机构只需对与 ABS 相联系的标的资产未来产生现金流量的能力进行评估，以判断可能给投资者带来的违约风险。正是因为这种评级的针对性，对那些由于自身资信不理想而难以涉足资本市场进行有效融资的企业意义非常重大。这种企业可以剥离出优质资产，采取相应的信用增级措施，从而获得远高于自身的资信等级，为通过资产证券化融资铺平道路。资信评级机构在完成初次评级后，还需要对该证券在整个存续期内的业绩进行"追踪"监督，及时发现新的风险因素，并做出是否需要升级、维持原状或降级的决定，以维护投资者的利益。

（6）资产证券化的投资者

投资者是购买 ABS 的市场交易者。由于投资者的风险偏好不同，因此不同风险程度的证券都有其市场。ABS 模式的风险—收益结构可以进行动态调节，能更好地满足投资者特定的风险—收益结构要求。投资者不仅包括大量机构投资者，也包括众多个人投资者。

（7）资产证券化的服务人

资产证券化的服务人通常由原始权益人兼任，负责定期向原始债务人收款，然后将源自证券化资产所产生的现金转交 SPV，使 SPV 能定期偿付投资者。同时，从 SPV 处定期获取服务费。

(8) 资产证券化的受托管理机构

在 ABS 发行中,受托管理机构是服务人和投资者的中介,也是信用提高机构和投资者的中介。ABS 发行,无论是通过发行人进行资产销售,还是通过发行人的已担保债务关系,受托管理机构都不可缺少。受托管理机构一般由 SPV 指定,服务人从原始债务人收来的款项将全额存入受托管理机构的收款专户。受托管理机构按约定建立积累金,并对积累金进行资产管理,最后交给 SPV,对投资者还本付息。

2. 资产证券化的运作程序

(1) 发起人选定基础资产,构建资产池

资产证券化的发起人根据自身融资需求,首先确定融资规模,然后对自己现有的未来能产生现金流的资产进行清理和估算,选定用于证券化的基础资产。从发起人的资产负债表中剥离这些资产,汇集起来构建资产池。发起人必须对资产池的每项资产拥有完整所有权,一般来说,资产池的未来预期现金流要略大于证券化产品的还本付息额。

(2) 组建特殊目的公司

实现真实出售特殊目的公司(SPV)是为资产证券化交易专门设立的,是证券化产品的发行人。SPV 作为一个有信托性质的实体,向投资者发行受益凭证(资产支持证券)募集资金,用这些资金从发起人手中购买基础资产。未来基础资产产生的现金流用于向投资者偿还利息和本金。设立 SPV 的目的就是实现与发起人的破产隔离。SPV 拥有一个特殊而严格的资产负债结构,其资产方只有从发起人处购买的基础资产,其负债方也只有发行证券化产品带来的债务。SPV 对基础资产拥有完整权益,当发起人破产时,基础资产不在清算范围之列。这样,发起人的经营风险不会影响到投资者。

SPV 的设立是资产证券化过程中的重要环节,要本着利润最大化的原则。SPV 不一定要在发起人所在地注册,主要看注册地有哪些法律监管方面的限制,是否有税收优惠等。为了保护投资者利益,确保真正的风险隔离,一般对 SPV 有如下限制:经营范围严格限制在资产证券化业务;不承担除发行资产支持证券所带来的债务以外的其他债务,不对其他机构提供担保;运作过程中要做到财务独立,不与其他机构发生关联关系;对投资者还本付息之前,不进行任何形式的利益分配。

(3) 完善交易结构,进行内部评级

设立 SPV 之后,SPV 需要与服务人签订服务协议。服务人的职能是对基础资产的现金流进行收集并按时转付给投资者,在实际操作中,很多时候发起人会承担服务人的角色。SPV 还要与投资银行达成承销协议,与托管银行签订托管合同,与银行达成资金周转协议,在必要时给 SPV 提供流动性支持。在完善了交易结构之后,需要请信用评级机构先进行一次内部评级。评级机构对基础资产的信用状况进行评估,对交易结构的安排进行分析,给出评级结果。如果得出的评级结果未达到预期,评级机构会提供信用增级的相关建议。

(4) 信用增级

为了获得理想的信用级别,吸引更多的投资者,发行人要通过一定的措施实现信用增级。信用增级措施可分为自我保险和外部担保两类,每类又分为几种,在实践中要具体情况具体分析,根据每个项目的结构和交易特点决定采用哪种增级方式。信用增级改善了证券的发行条件,提高了其市场认可度,相应地降低了融资成本。

（5）进行发行评级，发行证券

信用增级之后，发行人聘请评级机构正式对资产支持证券进行发行评级，并将评级结果向资本市场公告。在金融市场上产品种类繁多，由于信息不对称，投资者无法完全准确地了解各产品的真实状况，所以债券的信用等级是投资者非常关注的一个因素。客观、公正的信用评级可以帮助投资者做出正确的抉择。获得正式的信用评级之后，由投资银行负责向投资者发行证券。证券的发行方式包括公募和私募两种。在公募方式下，证券面向不特定的投资群体公开发行，资本市场上的所有投资者都可以申购。公募发行对证券的资质要求较高，如果达不到这些要求，就可以采用私募发行的方式。采用私募方式时，证券并不公开向所有投资者发行，而是由投资银行联系特定的、符合相关条件的投资者。私募发行的证券流动性较差，所以一般要提供较高的收益率作为补偿。证券发行结束后，发行人从承销商处获得发行收入，然后按约定的购买价格向发起人支付基础资产的购买款项。到此为止，发起人成功地实现了融资的目的。

（6）资产池管理，到期还本付息

服务人负责资产池的日常管理，主要是对基础资产产生的现金收入进行收取和记录，当债务人没有按时偿还时要通告催收。收取的现金全部存在托管银行的专用账户中，每到约定的时间，托管银行将资金划拨到投资者账户，偿付本息。证券本息全部偿还完毕后，若还有资金剩余，则按协议规定在发起人和发行人之间分配。

以上就是资产证券化的一般运作流程，整个过程涉及很多参与主体，需要各参与方的协同合作（图5-10）。

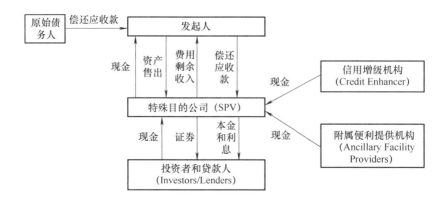

图5-10 资产证券化运作流程图

5.2.4 利用 ABS 模式融资时应该注意的问题

1. SPV 的组建

利用 ABS 方式融资的前提条件是组建 SPV，但组建的 SPV 若要获得国际权威资信评估机构授予的较高资信等级，除了要具备雄厚的经济实力外，还要在发达国家登记注册。因此，我国目前应选择一些实力雄厚、资信良好的金融机构，通过合资、合作等形式，与发达国家资信卓著的金融机构共同组建 SPV 或成为现在 SPV 的股东，为我国在国际证券市场上大规模开展项目证券融资奠定良好的基础。

2. 基础设施项目的会计、税收和外汇管理

由于 ABS 工程项目融资本身的复杂性，涉及会计、税收和外汇管理等多方面问题会存在诸多不完善的地方，有时甚至还存在一定的冲突。因此，在推行 ABS 基础设施项目融资时，建立和完善上述有关准则是一个亟待解决的问题。

3. 规模化的市场投资者

为了实现降低成本的目的，证券化融资往往以较大规模的基础资产为支撑，这也就决定了证券化业务的成功运作离不开规模化的投资者参与。在我国目前的机构投资者中，社保基金、保险基金、证券投资基金和商业银行都因自身的经营管理水平、资金规模和法律规定以及出于对资金安全性方面的考虑，在短时间内不可能成为资产支持证券的有力承受者；而国外机构投资者可能碍于中资企业的信用风险和政策风险，在我国的证券化业务中也仅限于提供中介性质的代理、咨询服务，即便有实质性投资行为，也局限于有政府背景、能产生稳定现金流、拥有经营收费权的大型基础设施建设项目。

4. 风险管理

信用风险、完工风险、生产风险、市场风险和管理风险是基础设施项目的可控制风险。可以通过项目参与方的信用、业绩和管理技术、一系列的融资文件、信用担保协议以及获得其他项目参与者的信用支持，形成金融、法律、行政等各专业组成的顾问小组来分散这些风险。政治风险、法律风险、金融风险和环境保护风险等是基础设施项目不可控制风险。应对这些风险，可以利用国内外保险公司提供保险，运用远期合同、掉期交易、交叉货币互换等各种金融衍生工具，或东道国政府之间签署一系列相互担保协议，双方在自己的权利范围内做出某种担保或让步，以达到互惠互利、降低风险的目的。另外，可以通过风险分散化策略，加强基础设施项目的评估，协调担保关系。

5.3 PFI 模式

5.3.1 PFI 模式的含义及特点

1. PFI 模式的含义

在公共基础设施的建设中，非政府投融资公共工程比较典型的管理模式是 PFI（Private Finance Initiative），即"私营部门主动融资"，是指由私营企业进行项目的建设与运营，从政府方或接受服务方收取费用以回收成本。政府以不同于传统的由政府负责提供公共产品产出的方式，采取促进私人资本有机会参与基础设施和公共物品的生产和提供公共服务，是一种全新的公共产品产出方式。该方式是政府与私营部门合作，由私营部门承担部分政府公共物品的生产或提供公共服务，政府购买私营部门提供的产品和服务，或给予私营部门收费特许权，或政府与私营部门以合作方式共同运营等方式，来实现政府公共物品产出中的资源配置最优化、效率和产出的最大化。

PFI 模式由英国政府于 1992 年提出，是继 BOT 模式之后的又一个优化和创新的公共项目融资方式。目前，它已经被发达国家广泛应用于公共项目的管理实践中。英国应用 PFI 的项目涉及领域非常宽广，在交通运输、教育文化、行政设施、情报信息、国防等领域均有涉及。

2. PFI 模式的特点

虽然 PFI 模式来源于 BOT 模式，也涉及项目的"建设—经营—转让"问题，但是作为一种独立的融资模式，与 BOT 相比，它具有以下特点：

1) 项目主体单一。PFI 项目的主体通常是本国民营企业的组合，体现出民营资金的力量。

2) 项目管理方式开放。①对于项目建设方案，政府部分仅根据社会需求提出若干备选方案，最终方案通过在谈判过程中与私营部门协商确定；②对于项目所在地的土地提供方式以及以后的运营收益分配和政府补贴额度等，都要综合当时政府与私营企业的财力、预计的经营效益以及合同期限等综合因素而定，具有较强的灵活性。

3) 实行全面代理制。PFI 公司通常自身不具有开发能力，在项目开发过程中，广泛运用各种代理关系，并且这种代理关系通常在招标书和合同中就予以明确，以确保项目开发安全。

4) 合同期满后项目运营权的处理方式灵活。PFI 模式在合同期满后，如果私营企业通过正常的经营未达到合同规定的收益，则可以继续拥有或通过续租的方式继续运营，这是在前期合同谈判中需要明确的。

5.3.2 PFI 模式的典型类型

根据资金回收方式的不同，PFI 模式通常有以下三种类型。

1. 在经济上自立的项目

以这种方式实施的 PFI 项目，私营部门在提供公共服务时，政府不向其提供财政的支持，但是在政府的政策的支持下，私营部门是通过项目的服务向最终使用者收费来回收成本和实现利润的。其中，公共部门不承担项目建设费用和项目运营费用，但是私营部门可以在政府特许下，通过适当地调整对使用者的收费来补偿成本的增加。在这种模式下，公共部门对项目的作用是有限的，也许仅仅是承担项目最初的计划或按照法定程序，帮助项目公司开展前期工作和按照法律进行管理。

2. 向公共部门出售服务的项目

这种项目与方式的不同点在于，私营部门提供项目服务所产生的成本，完全或主要是通过私营部门公共服务提供者向公共部门收费来补偿的。这样的项目主要包括私人融资兴建的监狱、医院和交通线路等。

3. 合资经营

这种形式的项目中，公共部门和私营部门共同出资，分担成本和共享收益。但是，为了使项目成为一个真正的 PFI 项目，项目的建设由私营部门进行，项目的控制权必须由私营部门来掌握，公共部门只是一个合伙人的角色。

5.3.3 PFI 模式的运作程序及要点

1. PFI 模式的运作程序

1) 事前分析。由政府部门确定可资经营的公共设施项目，通过成本费用、外部效果、国民经济等分析与评价进行民营化可行性研究，并确定政府的支援条件，如信用担保等。

2) 谈判签约阶段。由政府部门通过招标、投标、竞标，确定开发主体，进行谈判，并审查主体的开发能力,然后签订协议。PFI 公司进行可行性分析,制订开发计划,办理公司成立事宜。

3) 开发运营阶段。由 PFI 公司履行协议,负责设计、施工、运营,进行开发建设,而政府起指导、支援作用。

4) 转移、终止阶段。PFI 公司办理转移、清算等事宜,公司解散,然后由政府接管和运营。

2. PFI 模式的运作要点

(1) 相关的法律法规以及体制环境

英国政府明确规定,英国政府和地方政府的公共项目,在建设计划阶段必须首先考虑 PFI 模式,除非政府的评估部门认可该项目不宜或不能以及在没有私营部门参与的情况下,才能采用传统的政府财政投资兴建的办法。日本在《PFI 推进法》中明确规定了 10 项支援措施,修改了 12 部法律,可见其对 PFI 模式的重视程度。

随着我国市场经济体系的不断完善,我国私人投资领域的范围限制得到了很大程度的放宽,近期颁布的若干吸引、刺激外资和私人投资的法规都明确了非财政性投资在大量基础设施项目中的作用,但在私人资本参与公共项目的领域、模式理论和方法上,尚缺乏细化的研究。

(2) PFI 项目的前期准备

PFI 项目一般涉及时间长、资金投入巨大、涉及社会效应显著,其成功与否关系到整个社会的效率与安定。因此,在前期做好详细的研究与周密的权利义务安排是十分必要的。在国外,PFI 项目的法律费用十分高昂,但是,在项目前期有专业律师和顾问公司的参与,能避免许多潜在的纠纷和麻烦,保证项目的顺利开展,实际上可以大大节约各方面可能发生的为解决潜在争议的开支。

PFI 模式下的政府目标是引导私营部门参与公共项目,从而实现扩大公共项目融资渠道、提高公共产品和服务的效率,这显然与私营部门参与的目标存在差异。因此,必须通过对基础设施项目 PFI 立项问题的研究,在代表整个社会的政府和公司之间寻求利益平衡点,建立项目评估体系。

(3) PFI 项目各参与方的风险分配

风险分配研究的目标在于科学地评价项目的各类风险,均衡项目各参与方的风险分担。其核心内容包括风险分担原则的确立,以及确保该原则获得执行的机制设计。基础设施建设项目的风险涉及社会风俗、政策、经济环境、管理水平、自然环境等方面因素,一个基本原则是以 PFI 公司作为市场主体来确定其风险和收益的分配,因此经营性风险应该主要由 PFI 公司承担;而对于政策及政府支付等风险,则不应该由 PFI 公司承担。此外,对于社会风俗、自然环境、不可抗力等方面因素造成的风险,应该根据具体基础设施项目特征确立分担模式。

(4) PFI 项目的合同与协议安排

PFI 项目需要一系列的合同安排,而且各个合同环环相扣,合同之间的相关性使得整个项目合同群成为一个系统工程。

1) 项目协议(特许协议)。这是最关键的一份合同文件,通常通过该协议授予项目公司权利来进行整个项目的操作,包括设计、建设、融资和经营。项目公司会尽可能地将所有的风险转移给各种分包商。例如,将设计和建设风险转移给承包商;将运营维护风险转移给运营商。这种转移的理论基础就是让能最有效管理风险的组织来管理风险。

2）建筑合同。PFI 项目中的建筑合同往往都是"交钥匙"合同，由承包商承担设计、建筑、供应、安装、调试与试运行等全部工作。

3）运营与维护分包协议。该协议是从服务开始时开始执行的。通常运营商都是具有卓著业绩的运营者，因为运营是产生现金流的来源，只有良好的运营才能保证对投资者（贷款人）贷款的偿还。

4）其他专业分包合同，如培训合同、物流合同等。

5）附带保证（Collateral Warranty）/承包商直接协议（Direct Agreement）。这些文件并非在任何时候都是必需的。但是，当某个分包商的工作至关重要的时候，就需要这些文件来保证分包商工作的顺利完成。总的来说，这些文件能对合同顺利履行提供一定程度的额外保护。有的时候，政府与项目公司都需要类似的保证。

直接协议是 PFI 项目的一个特色。它是指资金提供方（出贷方）与借款方（承/分包商）在 PFI 项目合同下的合同相对方签订直接协议，规定在借款方（承/分包商）违反 PFI 项目合同时，相对方不能直接终止与借款方的 PFI 项目合同，而必须给出贷款方一个机会"介入"，以纠正违约。

5.4 PPP 模式

随着城镇化建设和"一带一路"倡议的实施，政府部门提供公共物品的负担将更重，政府与社会资本合作在我国基础设施建设中的作用凸显。为促进经济转型升级、支持新型城镇化建设，党的十八届三中全会提出"允许社会资本通过特许经营等方式参与城市基础设施投资和运营"。自 2014 年 9 月财政部发布《财政部关于推广运用政府和社会资本合作模式有关问题的通知》（财金〔2014〕76 号）起，国家各部委及地方政府纷纷出台各项政策为 PPP 模式发展保驾护航。

5.4.1 PPP 模式的含义及优势

1. PPP 模式的含义

PPP（Public Private Partnership）模式也称 3P 模式，即政府与社会资本合作模式，是公共基础设施的一种工程项目融资模式。在该模式下，鼓励私人企业与政府进行合作，参与公共基础设施建设。通过这种合作形式，合作各方可以达到与预期单独行动相比更为有利的结果。合作各方参与某个项目时，政府并不是把项目的责任全部转移给私人企业，而是由参与合作的各方共同承担责任和融资风险。双方首先通过协议的方式明确共同承担的责任和风险，其次明确各方在项目各个流程环节的权利和义务，最大限度地发挥各方优势，使项目建设既能摆脱政府行政的诸多干预和限制，又能充分发挥民营资本在资源整合与经营方面的优势，从而达到比预期单独行动更有利的结果。PPP 模式代表的是一个完整的工程项目融资的概念，如图 5-11 所示。

PPP 作为一种新兴的融资模式，于 20 世纪 90 年代被引入中国，与中国政府当时对外商投资的急切需求不谋而合。截至目前，广义 PPP 模式的具体实施模式包括 BOT、TOT、BOO、BOOT、PFI、ABS 等多种模式。

第 5 章　工程项目融资的现代模式

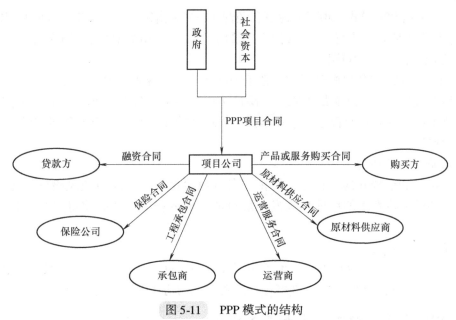

图 5-11　PPP 模式的结构

PPP 模式的主要特点介绍如下。

(1) 伙伴关系

伙伴关系是 PPP 模式的核心。政府与民营组织形成伙伴关系，并有着共同的目标。具体地说，就是合作双方努力以最合理的资源分配和最快的速度提供最优质的产品或服务。政府以此目标实现公共福利供给，而民营组织以此目标实现其自身利益追求。

(2) 利益共享

在 PPP 模式下，政府获得社会成果，而民营组织获得长期、稳定、合理的投资回报。应注意的是，PPP 模式中政府与民营组织并不是简单的利润分享，政府还需要控制民营组织在项目执行过程中不至于形成超额利润。

(3) 风险共担

PPP 模式中，政府与民营组织的风险分担原则为各种风险由较善于应对该风险的一方承担，从而使得整个项目的风险最小化，并使资源达到最合理的分配。

2. PPP 模式的优势

(1) 减轻政府财政负担

如今，仅仅依靠国家投入已经无法满足对基础设施建设的要求。采用 PPP 模式引入民间资本，能使很大一部分政府性债务转由民营组织承担，从而降低政府的资产负债率，减轻政府财政负担。

(2) 为民间资本提供投资机会

随着我国经济的高速发展，人民逐步富裕，民营企业日益壮大，民间巨额资本开始寻找投资机会。PPP 模式为民间资本提供了具有长期回报的投资机会。与此同时，只要配合适当的政策调整，PPP 模式也可成为政府在宏观上引导巨额民间资本流向的工具。

(3) 转变政府职能

过去，政府是基础设施和公共服务的直接提供者和经营者，要花大量的资源在项目的建设和经营上。采用 PPP 模式，项目的建设和经营任务变为由民营组织承担，政府则只需对项目进行规划、协调和监管，从而大大提高了政府的工作效率，为政府精简机构提供了可能性。

（4）降低项目全生命周期成本

采用 PPP 模式能充分发挥政府和民营组织的优势，使资源在项目的规划、建设和运营阶段都达到最合理的分配，从而最大限度地降低了项目的全生命周期成本。在竞争中脱颖而出的优秀民营组织，其先进的管理技术和丰富的管理经验在降低项目全生命周期成本中必然能起到积极的作用。

（5）降低项目的风险

风险共担是 PPP 模式的特征之一。由于各种风险由较善于应对该风险的一方承担，有效地减小了各种风险发生的可能性和发生后可能造成的损失，从而使得整个项目的风险最小化。

（6）应用范围广泛

PPP 模式不仅适用于盈利项目，也适用于非盈利项目；不仅适用于工程建设领域，也适用于服务领域。因此，PPP 模式比许多传统融资模式的适用范围更为广泛。

5.4.2 PPP 模式的组织形式和基本框架

PPP 模式工程项目融资由四个基本模块构成，即投资结构、融资结构、资金结构和信用担保结构。

1. PPP 模式的投资结构

投资结构即项目的资产所有权结构，是项目的投资者对项目资产权益的法律拥有形式和项目所有者之间的法律合作关系。采用不同的投资结构，投资者对项目资产的拥有形式、对项目现金流量的控制以及投资者对项目所拥有的权益和承担的义务都有很大差异。

目前，国际上应用较为普遍的项目投资结构有单一项目子公司、非限制性子公司、代理公司、公司型合作结构和合伙制结构。本质上说，项目投资结构就是项目公司即 SPV 的组建形式。根据基础设施项目的特点，适合 PPP 工程项目融资的 SPV 的组建形式主要有股份公司制结构、合伙制结构和契约型结构。

（1）股份公司制结构

股份公司制结构是指 SPV 按照有限公司的形式组建，股东以出资额为限对 SPV 承担有限责任，SPV 以其注册资本为限对其债务承担责任。SPV 作为独立法人，其行为受到现行《公司法》以及相关法律的约束。同时，由于基础设施项目的特殊性，SPV 还应该遵守国家的政策、方针，以及与政府部门签订专门的公私合作协议（即 PPP 协议）。

在 SPV 里，股东（即投资者）包括政府和私营企业（包括私人和私人实体），它们共同对项目开发的重大活动进行决策，并按出资比例和 PPP 协议的约定享受权益、承担义务。采用股份公司制结构具有股东关系清晰、融资安排较容易、投资转让较容易、有利于风险隔离等优点，适用于工业项目。其缺点在于：①对项目现金流量缺乏直接的控制，投资者不能通过利用项目现金流量自行安排融资；②税务结构灵活性差，无法利用项目前期亏损冲抵其他利润；③存在"双重征税"现象。

（2）合伙制结构

合伙制结构是指由两个或两个以上的合伙人以获取利润为目的，共同从事某项投资活动而组建起来的一种法律关系。合伙制不是一个独立的法律实体，合伙人可以是自然人，也可以是法人。该投资结构通过合伙人之间的合约建立起来，没有固定的形式，一般也不需要在政府部门注册。合伙制结构具有运作灵活、决策迅速等优点。但由于责任无限，一旦出现问题，合伙人就面临着承担超出其在合伙制结构中所占投资比例的风险，这一风险的存在严重制约了合伙制结构的应用范围。因此，合伙制适用于风险较小、运作时间较短或投资不大的基础设施服务项目、维护项目等。这类项目对 SPV 的形式要求较低，若运用公司型合资结构，不仅会增加运作成本，还将增加决策手续，影响开发效率。

(3) 契约型结构

契约型结构是指项目发起人为实现共同目的，根据合作经营协议所建立的一种契约合作关系。其特点是：项目发起人之间是合作关系而不是合伙关系；项目发起人直接拥有并有权处理项目的最终产品，并往往需要按比例负责项目生产产品的销售。这种投资结构主要应用于采矿、能源开发、矿产加工等领域。其优点是：①投资者承担有限责任；②投资经营活动直接反映在投资者的财务报表中，相较合伙制结构，税务安排更加灵活；③投资、融资结构设计灵活。其缺点是投资转让程序比较复杂，交易成本高。

2. PPP 模式的融资结构

融资结构是工程项目融资的核心部分。当项目投资者在项目投资结构上达成一致意见之后，接下来的工作就是设计和选择合适的融资结构，以实现投资者在融资方面的目标和要求。工程项目融资通常采用的融资模式包括投资者直接融资、通过项目公司融资、生产贷款、杠杆租赁等。PPP 工程项目融资也是其中的一种。作为一种独立的工程项目融资模式，PPP 工程项目融资也具有自身的融资结构，即以私人投资为主体，同时辅以政府资助、银行贷款、杠杆租赁，以及向机构投资者或者社会公众发行债券等。

3. PPP 模式的资金结构

工程项目融资的资金结构是指在工程项目融资过程中所确定的项目的股本金（或称权益资本）与债务资金的形式、相互间的比例关系及相应的来源。项目的资金结构是由项目的投资结构和融资结构决定的，同时资金结构又会影响到整个工程项目融资结构的设计。

项目股本金的资金来源主要包括投资者投入的自有资金、通过发行股票筹集公募股本金以及与项目有关的政府机构和公司为项目提供的资本金。另外，还可以通过无担保贷款、可转换债券和零息债券的形式筹集准股本金等。项目的债务资金主要来源于银行贷款、资本市场、政府出口信贷和融资租赁等。

银行贷款是 PPP 工程项目融资中最基本和最简单的债务资金形式。为 PPP 项目提供贷款的包括商业银行和类似世界银行、亚洲开发银行的国际金融机构。贷款可以由一家银行提供，但更多的是由多家银行组成的银团甚至是国际银团联合提供的。此外，SPV 还可以以项目的名义直接在国外资本市场上发行债券或商业票据筹集债务资金。当项目涉及进口设备时，SPV 也可能从设备的出口国政府的专设金融机构获得出口信贷。来自设备租赁公司的融资租赁也是 PPP 项目债务资金的来源之一。

对出资形式的选择因具体项目的不同而有所差异。例如，基础设施的服务性项目对流动资金的要求较大，股东出资应尽可能采用直接投资的形式；而对于铁路、公路等建设项目，股东出资在符合相关法律要求的前提下，既可以采用直接投资的形式，也可以采用实物投资的形式。

4. PPP 模式的信用担保结构

基础设施 PPP 项目大多投资大、建设期长，项目参与各方均存在风险，为了减少各方风险，尽量使融资风险共担，在确定的融资方案中，一个非常重要的内容就是信用保证结构的设计。对于银行和其他债权人而言，工程项目融资的安全性来自两个方面：一方面来自项目本身的经济强度；另一方面来自项目之外的各种直接或间接的担保。这些担保可以是由项目的投资者提供的，也可以是由与项目有直接或间接利益关系的其他方面提供的。项目担保主要包括两方面的内容：①直接的财务担保，如完工担保、成本超支担保、不可预见费用担保；②间接的或非财务性的担保，如长期购买服务的协议、以某种定价公式为基础的远期供货协议等。这些担保形式的组合构成了信用保证结构。项目本身的经济强度与信用保证结构相辅相成，项目的经济强度高，信用保证结构就相对简单，条件就相对宽松，反之则相对复杂和严格。

根据担保主体不同，在 PPP 项目中所采用的担保形式通常有两种，即私营企业作为项目担保人和政府作为项目担保人。

（1）私营企业作为项目担保人

私营企业（包括私人或私人实体）作为项目担保人是指私营企业作为股东，以其自有财产作为抵押向银行提供担保，以获得贷款资金的担保形式。私营企业提供担保的范围通常限于在项目开发过程中发生的且 SPV 能够控制的风险，如设计风险、施工风险（预算超支、工程质量问题）等，在风险分配时，这类风险通常由私营企业或相关机构来承担。

（2）政府作为项目担保人

政府作为项目担保人主要是间接的或非财务性的担保，如政府与 SPV 签订长期购买服务的协议，或是以某种定价公式为基础的远期供货协议等。政府担保的范围通常是非商业性风险部分，如法律风险、政策风险和金融风险等。在风险分配时，这类风险由政府承担。例如，在污水处理项目中，经水处理生产出的净化水必须输到政府统一的水网中，才能提供给公众，政府是公共产品的唯一购买者。因此，政府必须与 SPV 签订长期购买协议，以保证项目投资的回收以及资金运作。

5.4.3 PPP 模式的评价方法

物有所值评价（Value for Money，VFM）是判断能否采用 PPP 模式代替政府传统投资运营方式提供公共服务项目的一种评价方法，遵循真实、客观、公开的原则。物有所值评价的工作流程如图 5-12 所示。

物有所值评价包括定性评价和定量评价。定性评价是专家组根据项目情况进行打分，项目本级财政部门（或 PPP 中心）会同行业主管部门，根据专家组意见，做出定性评价结论的评价方法。定量评价可作为项目全生命周期内风险分配、成本测算和数据收集的重要手段，以及项目决策和绩效评价的参考依据。

物有所值评价结论应统筹定性评价和定量评价结论。物有所值评价结论分为"通过"和"未通过"。对于"通过"的项目，可进行财政承受能力论证；对于"未通过"的项目，可在调整实施方案后重新评价，仍未通过的则不宜采用 PPP 模式。

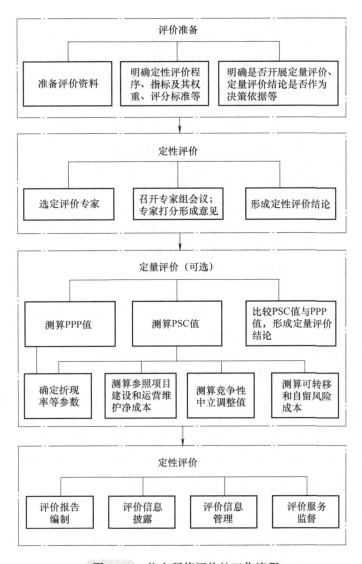

图 5-12 物有所值评价的工作流程

(资料来源：财政部．关于印发《PPP物有所值评价指引（试行)》的通知．)

1. 物有所值定性评价

物有所值定性评价的指标包括全生命周期整合程度、风险识别与分配、绩效导向与鼓励创新、潜在竞争程度、政府机构能力和可融资性六项基本评价指标。

全生命周期整合程度指标主要考核在项目全生命周期内，项目设计、投融资、建造、运营和维护等环节能否实现长期、充分整合。风险识别与分配指标主要考核在项目全生命周期内，各风险因素是否得到充分识别，并在政府和社会资本之间进行合理分配。绩效导向与鼓励创新指标主要考核是否建立以基础设施及公共服务供给数量、质量和效率为导向的绩效标准和监管机制，是否落实节能环保、支持本国产业等政府采购政策，能否鼓励社会资本创新。潜在竞争程度指标主要考核项目内容对社会资本参与竞争的吸引力。政府机构能力指标主要考核政府转变职能、优化服务、依法履约、行政监管和项目执行管理等能力。可融资性指标主要考核项目的市场融资能力。

项目本级财政部门（或 PPP 中心）会同行业主管部门，可根据具体情况设置补充评价指标。补充评价指标主要是六项基本评价指标未涵盖的其他影响因素，包括项目规模大小、预期使用寿命长短、主要固定资产种类、全生命周期成本测算准确性、运营收入增长潜力、行业示范性等。

在各项评价指标中，六项基本评价指标的权重为80%，其中任何一项指标一般不超过20%；补充评价指标权重为20%，其中任何一项指标权重一般不超过10%。每项指标评分分为五个等级，即有利、较有利、一般、较不利和不利，对应分值分别为81～100分、61～80分、41～60分、21～40分、0～20分。项目本级财政部门（或 PPP 中心）会同行业主管部门，按照评分等级对每项指标制定清晰、准确的评分标准。

项目本级财政部门（或 PPP 中心）会同行业主管部门组织召开专家组会议。定性评价所需资料应于专家组会议召开前送达专家，以确保专家掌握必要信息。定性评价专家组包括财政、资产评估、会计、金融等方面的专家，以及行业、工程技术、项目管理和法律方面的专家等。

项目本级财政部门（或 PPP 中心）会同行业主管部门根据专家组意见，做出定性评价结论。原则上，评分结果在60分（含）以上的，通过定性评价；否则，未通过定性评价。

2. 物有所值定量评价

定量评价是在假定采用 PPP 模式与政府传统投资方式产出绩效相同的前提下，通过对 PPP 项目全生命周期内政府方净成本的现值（PPP 值）与公共部门比较值（PSC 值）进行比较，判断 PPP 模式能否降低项目全生命周期成本。

PPP 值可等同于 PPP 项目全生命周期内股权投资、运营补贴、风险承担和配套投入等各项财政支出责任的现值。PSC 值是以下三项成本的全生命周期现值之和：参照项目的建设和运营维护净成本、竞争性中立调整值以及项目全部风险成本。

（1）参照项目的建设和运营维护净成本

参照项目可根据具体情况确定：假设政府采用现实可行的、最有效的传统投资方式实施的、与 PPP 项目产出相同的虚拟项目；最近五年内，相同或相似地区采用政府传统投资方式实施的、与 PPP 项目产出相同或非常相似的项目。

建设净成本主要包括参照项目设计、建造、升级、改造、大修等方面投入的现金，以及固定资产、土地使用权等实物和无形资产的价值，并扣除参照项目全生命周期内产生的转让、租赁或处置资产所获的收益。

运营维护净成本主要包括参照项目全生命周期内运营维护所需的原材料、设备、人工等成本，以及管理费用、销售费用和运营期财务费用等，并扣除假设参照项目与 PPP 项目付费机制在相同情况下能够获得的使用者付费收入等。

（2）竞争性中立调整值

竞争性中立调整值主要是采用政府传统投资方式比采用 PPP 模式实施项目少支出的费用，通常包括少支出的土地费用、行政审批费用、有关税费等。

（3）项目全部风险成本

项目全部风险成本包括可转移给社会资本的风险承担成本和政府自留风险的承担成本。如果 PPP 合同约定保险赔款的第一受益人为政府，则风险承担支出应为扣除该风险赔款金额的净额。政府自留风险承担成本等同于 PPP 值中的全生命周期风险承担支出责任，两者在 PSC 值与 PPP 值比较时可对等扣除。风险承担成本应充分考虑各类风险出现的概率和带来的支出责任，可采用比例法、情景分析法及概率法进行测算。

1）比例法。在各类风险支出数额和概率难以进行准确测算的情况下，可以按照项目的全部建设成本和一定时期内运营成本的一定比例确定风险承担支出。

2）情景分析法。在各类风险支出数额可以进行测算但出现概率难以确定的情况下，可针对影响风险的各类事件和变量进行"基本""不利"和"最坏"等情景假设，测算各类风险发生带来的风险承担支出。计算公式为

风险承担支出数额 = 基本情景下财政支出数额 × 基本情景出现的概率 + 不利情景下财政支出数额 × 不利情景出现的概率 + 最坏情景下财政支出数额 × 最坏情景出现的概率

3）概率法。在各类风险支出数额和发生概率均可进行测算的情况下，可将所有可变风险参数作为变量，根据概率分布函数，测算各类风险发生带来的风险承担支出。

用于测算 PSC 值的折现率应与用于测算 PPP 值的折现率相同，计算结果 PPP 值小于或等于 PSC 值的，认定为通过定量评价；PPP 值大于 PSC 值的，认定为未通过定量评价。

PPP 模式助力长沙中低速磁浮工程建设

本章案例 1

1. 案例背景

长沙中低速磁浮工程项目是我国第一条自主设计、自主制造、自主管理的中低速磁浮轨道线路，是湖南省重大创新示范项目、产业化项目。它首次实现了国内高铁与航空两大现代交通运输体系的实质性无缝对接，有效构建了"空铁联运"一体化网络，不仅能推动长沙率先建成为国内集高铁、航空、城际铁路、中低速磁浮交通、地铁、高速公路等综合交通于一体的现代化枢纽城市；而且促进了湖南省"两型"社会的建设步伐，实现了磁浮轨道交通科技创新快速产业化，为我国立足国际磁浮技术前沿带来重大战略机遇。

长沙中低速磁浮工程位于湖南省长沙市雨花区和长沙县境内，线路全长约 18.55km。项目核准的概算总额为 46.04 亿元，技术经济指标为 2.48 亿元/km，约为地铁造价的 1/3～1/2，总投资约为 42.9 亿元；项目前期设三个车站，分别是磁浮高铁站、磁浮梨站和磁浮机场站；项目车辆采用中低速磁浮列车，前期 5 列车，3 辆编组。该项目已于 2015 年 12 月 26 日建成试运行，预计 2016 年进入商业试运营，2017 年形成对外提供技术咨询和管理服务的能力。

2. 案例运作过程

长沙中低速磁浮工程采用 PPP 工程项目融资模式，是国内首个采用 PPP 模式的中低速磁浮工程项目，纳入了湖南省首批 PPP 试点项目范围。

（1）创新社会资本发起方式

长沙市地处我国的中部，连南接北，承东启西，具有比较明显的区位优势。自 2010 年起，长沙市致力于打造国家级综合交通枢纽城市。中车株洲电力机车有限公司（简称中车株机）凭借先进技术抓住这一机遇，主动向政府提出中低速磁浮项目建设方案。该建设

方案一方面可以在市政项目中引入先进科技，提高政府公共服务供给效率；另一方面可以帮助中车株机实现业务转型，增强品牌影响，从而达到政府与企业"双赢"的局面。

（2）项目结构

2014年6月20日，由长沙市轨道交通集团有限公司、湖南省铁路投资集团有限公司、湖南机场股份有限公司、中国铁建股份有限公司、中车株洲电力机车有限公司共同出资的长沙磁浮工程项目公司注册成立，注册资本12.8亿元。其中，省、市政府由长沙市轨道交通集团有限公司出资4.2亿元（占比32.81%），湖南省铁路投资集团有限公司出资3.8亿元（占比29.69%），湖南机场股份有限公司出资1亿元（占比7.81%）；社会资本方由中国铁建股份有限公司（简称中铁建）出资2.8亿元（占比21.88%），中车株洲电力机车有限公司（简称中车株机）出资1亿元（占比7.81%）。其中，社会资本方中铁建以投资入股的形式，运用施工设计总承包的模式参与工程建设。

1）整合PPP全要素。本项目运用国际上相对成熟的PPP项目运作经验，项目公司由项目核心要素的提供方共同出资组建。中车株机和中铁建两家企业强强联手，中车株机自主研发了我国首台可商业化运营的中低速磁浮列车，中铁建具有磁浮线路设计、建造、运营经验，资金和技术实力雄厚。通过PPP模式，两者整合为项目公司股东，实现了核心技术和运营管理经验的内部化，保障了项目产出绩效的长期稳定。

2）合理的回报机制。磁浮项目社会效益显著、投资大、运营成本高，该项目使用可行性缺口补贴与收益共享并存的回报机制，项目以使用者付费为基础，不足部分由政府进行基于客流量的票价补贴。这种回报机制既保障了项目合理的投资收益水平，同时也设置了客流超预期情况下的收益分享机制，充分体现了PPP模式下政府与社会资本风险共担、利益共享的特点。

3）有限追索的工程项目融资模式。有限追索是工程项目融资的一大特色，即仅由项目公司的未来现金流作为信用担保进行融资。区别于传统信用和担保贷款，本项目采用有限追索工程项目融资方式，建设期由项目公司股东单位提供信用担保，运营期转为以项目资产抵押和收益权质押担保，风险锁定于项目本身。同时，金融机构较早地参与工程项目融资过程，促进了PPP机制安排的进一步完善。

4）灵活的竞争性谈判采购方式。磁浮技术性质和建设要求特殊，不能确定详细的技术规格和具体要求，并且时间紧迫，具备建设经验和能力的企业有限，故采用竞争性谈判采购方式引入社会资本。采购人可同社会资本面对面对产品技术方案、商务条件等实质性问题进行探讨磋商，鼓励意向单位优化方案与商务条件，有利于双方更好地达成一致，提高采购效率。

3. 案例启示

（1）优化服务质量，实现持续发展

长沙中低速磁浮工程PPP模式的运作尝试，使项目运作体系由政府主导经营向市场化经营转变。磁浮工程项目公司自主经营，能够充分发挥企业的积极性，从而提供更为高效的公共产品服务。在政府的支持和监管下，磁浮交通投资、建设和运营将步入市场化、规范化、法制化的轨道。

(2) 引入市场竞争，优化管理体系

长沙中低速磁浮工程PPP模式的提出和运作尝试，一方面，在项目的早期论证阶段，政府与社会资本方双方共同参与项目的确认、技术方案设计和可行性研究工作，对采用融资的可能性进行评估，并采取有效的风险分配方案，让各参与方合理地分担风险；另一方面，通过引入社会资本方磁浮工程运营线路的先进设计、施工经验，从而形成了"多家单位、一家建设、充分协调、共谋最优"的良好局面。

(3) 缓解筹资压力，拓宽融资渠道

在长沙中低速磁浮工程的建设期内，社会投资方分担了建设投资。大幅减少了政府投资额，合理改善了该项目的负债结构，有效分担了政府对该项目的财力投入压力，拓宽了城市轨道交通建设资金来源，加快了城市轨道交通建设速度。这是城市轨道交通产业投资体系由单一的政府财力投资向社会资本多元投资的创新之举，也是基础项目建设融资渠道由单一借助政府信用支持下的银行贷款向利用项目自身的未来收益、通过资本运作进行的内源融资的重大转变。

(4) 建立合理的风险分担机制

该项目按照风险分配优化、风险收益对等和风险可控等原则，综合考虑政府的风险管理能力、项目回报机制和市场风险管理能力等要素，在政府、社会资本成立的项目公司之间建立合理风险分配机制，即承担风险的一方应该对该风险具有控制力，如果风险最终发生，承担风险的一方不应将由此产生的费用和损失转移给合同相对方。

4. 案例思考

1) 试分析该工程项目的各方参与者都有哪些。
2) 在该工程项目中，采用PPP模式的创新点有哪些？
3) 长沙中低速磁浮工程中政府与社会资本风险共担、利益共享是如何实现的？

（案例资料来源：政府和社会资本合作中心（PPP）研究中心网。）

安徽省芜湖市城南过江隧道项目

1. 项目概况

芜湖城南过江隧道作为长江干线过江通道规划的重点项目，纳入《长江经济带综合立体交通走廊规划（2014—2020）》，连通芜湖市主城区与江北新城产业集中区，对解决城市交通问题、整合城市资源起着关键作用，对贯彻国家长江经济带发展战略和安徽省委、省政府"皖江城市跨江发展"战略具有重要意义。

该隧道项目位于芜湖市长江皖江段"大拐弯"处，西起江北新城（芜湖市鸠江区二坝镇）纬一路（滨江大道南），东至江南主城的大工山路，距离下游的长江大桥约9km。项目全长5.81km，隧道长度5km（直径14.5m，盾构段长3.89km），接线道路长0.81km，双向六车道城市快速路，设计车速为80km/h。总工期约54个月。总投资估算45.64亿元，项目资本金占总投资25%，由项目投资人出资，其余资金采取银行贷款等外部融资方式筹集。

2. 项目建设背景与进展

（1）项目建设背景

芜湖作为安徽省第二大地级市，辖区面积近 $6000km^2$，其中市区建成面积 $165km^2$，辖区人口约 400 万。近三十年来芜湖交通运输投资不足，尤其公路、铁路、轨道交通等现代基础设施，成为制约芜湖经济发展的瓶颈。

随着合肥、南京的辐射力逐渐增强，涟漪效应使得处于中间的芜湖终于"左右逢源"。2010 年，国务院正式批复《皖江城市带承接产业转移示范区规划》，规划面积 $200km^2$。省市共建、以市为主。芜湖将跨越长江向江左发展，在长江臂弯里再造一个先进制造业和现代服务业主导的新芜湖。至 2015 年年底，完成固定资产投资 373 亿元。区内北部 $20km^2$ 已初具规模，通过长江一桥和长江三桥与江东主城区联通，人口 34 万。2015 年年底，芜湖开通高铁。

（2）项目进展

1）项目前期工作进展：截至 2017 年 6 月，安徽省发展和改革委员会《关于芜湖城南过江隧道项目核准的批复》（皖发改投资〔2017〕121 号）已经公告，隧道项目环境评估、隧道初步设计和施工场地前期准备工作已经展开，过江隧道规划图、效果图等均已公告。

2）PPP 相关工作进展：2015 年 5 月完成社会资本的公开招标，2016 年 3 月完成 PPP 相关协议的签署，目前处于项目执行阶段（施工建设期），预计在 2022 年正式通车。

该项目从委托咨询到签署特许经营合同等实施过程比较顺利，大致可分为两个阶段：第一阶段 2014 年 11 月至 2015 年 4 月为 PPP 项目实施方案编制和咨询阶段；第二阶段 2015 年 5 月至 2016 年 3 月为社会方投资人公开招标、协议谈判和合同签署阶段。

PPP 项目实施方案编制和咨询阶段：2014 年 11 月，报经芜湖市政府同意，芜湖市发展改革委正式委托中国国际工程咨询公司承担芜湖城南过江隧道项目相关咨询工作。芜湖市发展改革委会同中咨公司依据相关法律法规与政策等文件精神，完成了《芜湖城南过江隧道政府与投资人合作方案》，结合项目自身特点起草了《投资协议》和《项目特许经营协议》，并作为招标文件的附件，详细约定政府与项目法人在项目投融资、前期准备、建设期、竣工验收、运营管理、移交等各阶段的权利和义务，以及各阶段双方违约责任的认定及处理措施、争议解决机制等内容。

社会投资人公开招标、协议谈判和合同签署阶段：2015 年 5 月，芜湖市政府通过公开招标确定了中国铁建股份有限公司（联合体）作为社会资本的投资人；2015 年 9 月 3 日，芜湖市政府与中国铁建股份有限公司（联合体）正式签署《芜湖城南过江隧道工程政府和社会资本合作项目投资协议》；2015 年 9 月 30 日，成立 PPP 项目芜湖长江隧道有限责任公司（简称隧道公司，为项目公司）；2016 年 3 月，受芜湖市政府授权，芜湖市发展改革委与隧道公司签署《芜湖城南过江隧道工程政府和社会资本合作项目合同》。

（3）社会资本方概况

该项目社会资本方：中国铁建股份有限公司联合体（中国铁建股份有限公司及其全资子公司中国铁建投资有限公司、中铁十四局集团有限公司）（简称中国铁建联合体）。

社会资本遴选方式：公开招标。

项目施工建设和运营主体：中铁十四局集团有限公司（简称中铁十四局）。

3. 运作模式

（1）运作模式与交易结构

该项目采用 BOT 模式，即芜湖市政府授权项目公司（芜湖长江隧道有限责任公司）获得该项目特许经营权，具体负责该项目的投融资、建设、运营、维护及移交，在特许经营期（4 年建设期＋25 年运营期）内通过车辆通行费、非通行收入（包括沿线广告、加油加气等配套设施的经营收入）和政府补贴等三种方式回收投资并获得合理投资收益。特许经营期结束后，隧道公司将该项目资产（设施、权益、文档等）无偿移交给芜湖市政府指定部门。该项目交易结构如图 5-13 所示。

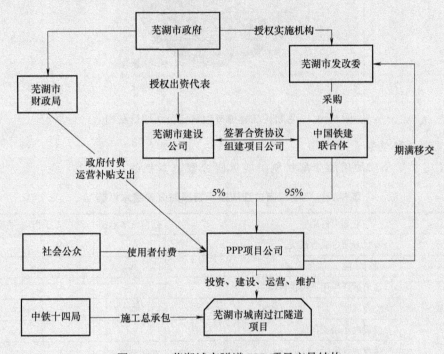

图 5-13　芜湖城南隧道 PPP 项目交易结构

（2）投融资模式

芜湖城南过江隧道工程项目总投资 45.64 亿元，项目公司资本金 11.41 亿元（占总投资的 25%）。项目公司（隧道公司）是由中国铁建股份有限公司、中国铁建投资有限公司、芜湖市建设投资有限公司（芜湖市政府方的授权出资代表）按 60∶35∶5 的比例以现金方式出资组建（图 5-14）。资本金以外的部分由隧道公司通过贷款等融资渠道筹集，融资责任由社会资本方承担。

（3）回报机制

该项目回报机制为"使用者付费＋可行性缺口补贴"。政府方分担一部分经营收入风险，保证项目公司获得基本的收入，依据《交通流量预测》专题测算的车流量作为测算基准。在运营期内，当车辆通行费单价低于中标价时，政府承担本部分的收入风险，向项目公司支付票价差额补贴。但政府并不承担运营成本风险，同时当车辆通行费单价高于中标价后，政府方可以获得 80% 的超额收益分成。

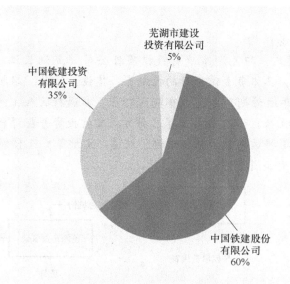

图 5-14　芜湖长江隧道有限责任公司股权结构

(4) 风险分配框架

该项目建立了合理的风险分配机制，其风险分配基本框架见表 5-2。

表 5-2　芜湖城南过江隧道项目风险分配基本框架

风险种类		社会资本承担	政府方承担	共同承担
审批风险	审批未通过或者延缓		√	
建设风险	设计风险	√		
	征地拆迁与用地提供风险		√	
	安全风险	√		
	建设成本超支风险	√		
	建设质量风险	√		
融资风险	融资过程中的风险	√		
运营风险	通行费审批（定价及年限）风险		√	
	运营、管理不善	√		
	运营安全风险	√		
	项目维护风险	√		
宏观经济风险	规划变动			√
	利率风险			√
	通货膨胀	√		
政策法律风险	国家层面			√
	地方层面		√	
移交风险	移交质量风险	√		
不可抗力风险	发生自然灾害等不可抗力事件，致使项目不能或者暂时不能正常运转			√

(5) 项目合同体系

芜湖城南过江隧道项目由投资协议和特许经营合同以及后续的补充协议共同构成，涵盖了投资、建设、试运营、运营、移交各个阶段，形成了一个完整的合同体系（图5-15）。

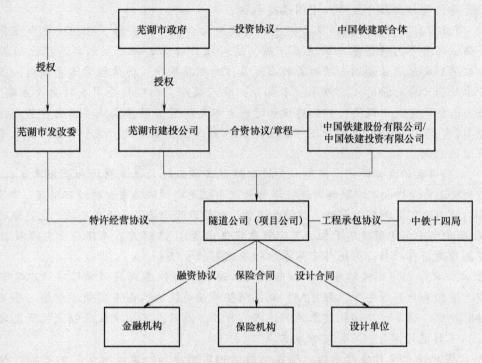

图5-15　芜湖长江隧道有限责任公司合同体系

特许经营合同主要内容涵盖了项目概况、风险分配基本框架、特许经营项目运作方式、投融资结构、回报机制和相关配套资金安排、合同结构、监管框架等方面的特许经营项目实施方案的内容。根据特许经营合同授权，项目公司开展项目核准、勘察设计、征地拆迁、融资安排、工程建设等项目投资建设工作。

(6) 主要权利义务的约定

1) 项目范围。PPP项目范围包括所有工程内容的投资、建设、运营，其中建设用地征地、拆迁补偿、临时用地占用以及接线道路建设的相关费用由市政府承担。

2) 特许经营期限。合同中分别约定特许经营期中的建设期和运营期。建设期以初步设计批复为准。运营期期限为25年。

特许经营合同涉及行政管理，充分考虑到公共管理体制机制各个环节的衔接安排十分重要。

3) 投资规模控制及资金筹措。城南隧道项目总投资45.64亿元，如果由芜湖市政府投资建设，一次性投资额巨大，资金难以筹措。采取PPP模式，虽然有财政补贴，但时间跨度长，年度分摊额度并不大。采用公开招标方式，市场竞争较为充分，中国铁建（联合体）中标价低于基准价。

① 项目总投资及其控制。PPP项目合同约定以未来上级政府批复的项目初步设计概算投资为依据锁定项目总投资。

②项目资本金与股权结构。芜湖市有限度地以现金方式参股该项目，参股比例为项目全部资本金的5%，由芜湖市建投公司作为地方政府代表。中国铁建（联合体）以现金方式入股项目公司，参股比例为项目全部资本金的95%，项目建设期内项目公司资金筹措的融资责任全部由社会投资人中国铁建承担。

4）项目可行性补贴。该项目合同中约定政府方会在一定条件下分担一部分经营收入风险，保证项目公司获得基本的收益保障，这对项目公司的融资成本具有很大的积极意义。依据项目交通流量预测专题测算的车流量作为测算基准，特许经营运营期内，当车辆通行费单价低于中标价时，政府承担本部分的收入风险，向项目公司支付票价差额补贴。政府并不承担运营成本风险，控制建设和运营成本是隧道公司等实施单位的责任。当车辆通行费单价高于中标价后，政府还可以获得80%的超额收益分成，这个安排可避免项目公司获得过高利润。

5）风险分担的具体约定。芜湖城南过江隧道工程经过长江深槽段和长距离复杂地层，隧道盾构段还要设横向江中联络通道，堪称长江主航道建设风险最大的过江隧道。《投资协议》和《项目合同》对项目融资、建设和运营过程的风险均已做出适当安排。主要体现在：

①融资风险由中国铁建承担。芜湖市政府仅出资0.57亿元，有限地参与项目公司管理。芜湖市政府在项目公司运作中不承担相应比例融资任务。

②施工风险由中国铁建承担。如隧道施工过程中可能遇到的塌方冒顶、盾尾密封渗漏、刀具磨损和更换等导致工程延期、概算调整等相关风险均由中国铁建承担。如果工程未能按时完工、通车，中国铁建承担相应赔偿责任。同时，芜湖市政府锁定投资总额（概算批复）不再进行调整，不会追加成本。

③经营风险由项目公司承担。项目采用"约定额度和一次性确认"的安排，约定了项目可行性补贴额度。此约定值一经确定，运营期内不再进行更改，运营维护费用全部由项目公司承担。

④用地征拆和项目收费审批风险由政府承担。该项目建设用地征收、拆迁补偿、临时用地占用以及接线道路建设的相关费用由芜湖市政府负责和承担。项目的收费标准和收费期限在建设期无法确定，为了给社会资本合理的项目预期，芜湖市政府承诺按25年收费期申请，如安徽省政府批准的收费年限小于25年，则在收费期结束后芜湖市政府提前收回；或由项目公司继续运营，芜湖市政府继续支付项目公司补贴。

6）提前终止与结算。由于国家政策原因（如市政道路不允许收费）或市政府出于公共利益和各区发展情况考虑（如市内过江通道统一不收费），市政府有权通过购买未来收益（正常通行收入的资本化价值）方式提前收回该项目。

4. 借鉴价值

该项目从前期策划到后续实质签约，遵循政府和社会资本方"风险分担、利益共享"的原则，本着"合规、合意、合理"的精神，构建了交易结构和付费机制。

（1）通过优化方案设计和市场竞争有效降低项目总成本

芜湖城南过江隧道PPP项目委托中国国际工程咨询公司作为PPP全过程咨询和招标代理。通过公开招投标，中国铁建（联合体）、上海隧道工程股份有限公司、中国交通建设股份有限公司和中铁隧道集团有限公司等四家单位参与投标竞争，最终选定中国铁建（联合体）为社会资本方中标单位，联合体骨干企业为中铁十四局。

该项目投资估算约 45.64 亿元，前期依据《交通流量预测》专题测算的车流量作为基准。为使得该项目投资收益率达到同类项目市场一般水平（全投资内部收益率接近 8%），对应车辆通行费单价需要维持在 30 元以上。由于该项目实行政府定价，初始阶段的车辆通行费单价很可能定价 20 元，政府需要通过财政预算支付一定的可行性缺口补贴。通过竞争，中国铁建中标价格大大降低了政府的预期补贴数额。

(2) 合理分担收入风险，确保社会资本获得合理回报

根据该项目可研报告测算，项目前期由于交通量较低、收费标准较低等客观原因，运营初期社会资本将难以获得合理回报，项目公司甚至可能出现经营亏损的情况。在该项目回报机制框架设计下，政府方分担一部分经营收入风险，保证项目公司获得基本的收入，即当车辆通行费单价低于中标价时，政府弥补相应的收入缺口，向项目公司支付票价差额补贴。但政府并不承担运营成本风险，同时当车辆通行费单价高于中标价后，政府还可以获得 80% 的超额收益分成。

随着芜湖市经济发展以及江北区域的开发，未来该项目的车流量将超过《可研报告》的预测水平，车辆通行费单价的定价也会随着物价水平的上涨而提高。未来一旦该项目实际车流量超过《可研报告》预测水平的 5%，或者车辆通行费单价定价超过中标价时，政府将不再进行补贴并获得一定分成。根据芜湖市经济发展水平和该项目实际情况，预计在项目投入运营 5～10 年后将可以满足上述情况从而不需要政府支付补贴，同时根据合同约定，政府还可以获得超额收益分成，将来社会效益和财政收入均有收获。

(3) 政府方不承担融资风险，不增加地方政府债务

《投资协议》和《项目合同》中明确约定，该项目融资以项目公司为主体进行，相关风险全部由社会资本股东方承担，政府不承担任何比例任何种类的融资义务和责任。总而言之，地方政府不仅要善于把握自己的优势和机遇，更要善于路社会资本合作，创新思路，实现共赢。

5. 案例思考

1) 试分析该工程项目的各方参与者都有哪些。
2) 在该工程项目中，采用 PPP 模式的创新点有哪些？
3) 安徽省芜湖市城南过江隧道项目的 BOT 融资模式是如何实现的？

（案例资料来源：国家发展和改革委员会 PPP 项目典型案例，http：//tzs.ndrc.gov.cn/zttp/pppxmk/pppxmal/。）

本章思考题

1. 试分析如何选择工程项目融资模式。
2. 试说明 BOT 模式与 PPP 模式的联系和区别。
3. BOT 包括哪些衍生模式？
4. 试述 ABS 模式的运作程序。
5. 资产支持证券存续期间需披露的年度资产管理报告一般包括哪些内容？
6. PFI 模式的运作程序包括什么内容？
7. PPP 模式的特点和优势有哪些？
8. 简述 PPP 模式评价方法。

第6章

工程项目融资的风险分担与风险管理

【关键词】

  风险；风险因素；风险识别；风险分担；风险管理

  由于工程项目融资涉及的资金规模大、期限长、参与方众多且结构复杂，因此，任何外部经济环境和内部项目操作中的意外变动都会给工程项目融资带来极大的风险。除此之外，工程项目融资还具有"有限追索"的特点，这进一步加大了工程项目融资的风险。因此，如何识别工程项目融资中的风险，参与方之间如何合理分担风险并做好风险管理，对确保工程项目融资的合理、顺利完成具有重要意义。

  一般观点认为，风险是一种不确定性，是人们因对未来行为的决策及客观条件不确定而可能引起的后果与预定目标发生多种正负偏离的综合。由此理解，风险具有两面性，即风险可能给投资人带来超出预期的损失，也可能带来超出预期的收益。一般人们对意外损失的关切比对意外收益的关切强烈得多，因此，人们研究风险时侧重结果的负偏离，即把风险看成是不利事件发生的可能性。实际上，正偏离也是人们的渴求，属于风险收益的范畴，在风险管理中也应予以重视，以激励人们勇于承担风险，获得风险收益。风险具有客观性、潜在性、可测性、相对性和随机性等基本特征。

  工程项目融资风险是指工程项目融资活动中由于融资规划的不确定性因素而引起的未来收益的不确定性。工程项目融资风险是由项目实现过程的复杂性、一次性和创新性等不确定性因素决定的。这种不确定性既包括主观对项目运行规律认识的不完全确定，也包括项目本身的客观不确定。如果不能对项目实现过程中各种各样的风险进行很好的管理，将会给项目带来巨大的损失，甚至导致项目失败。

  工程项目融资风险管理是指通过对工程项目融资的风险识别及评估，采用合理的经济及技术手段，对项目所涉及的风险加以分担和处理，以最大限度地避免或减少风险事件导致的项目实际效益与预期效益的偏差，从而保证项目投资者的预期收益及项目贷款人的追索权得以顺利实现的一种管理活动。风险管理的宗旨是以最小的成本获得最大的安全保障。在工程项目融资风险管理中,风险的准确识别、量化评估、公平分担和合理规避防范是项目成功的关键,也是项目各参与方谈判阶段的核心问题。

6.1 工程项目的风险因素

风险因素是指促使某一特定风险事故发生或增加其发生的可能性或扩大其损失程度的原因或条件。构成风险的因素越多,事物发生损失的可能性就越大,损失也就会越严重。由于工程项目的风险因素极为广泛,所以可以从不同角度对工程项目的风险因素进行分类。例如,从项目实施阶段划分,可分为投标阶段风险因素、合同谈判阶段风险因素和合同实施阶段风险因素;从技术角度划分,可分为技术风险因素与非技术风险因素;按风险的性质划分,可分为政治风险因素、经济风险因素、技术风险因素、公共关系风险因素、管理风险因素和不可抗力因素等。下面对工程项目按性质分类的风险因素加以说明。

6.1.1 政治风险因素

政治风险因素是指项目所处的政治环境可能给项目带来风险。例如,项目建在政治不稳定的国家或地区,可能使其无法按预期计划进行,并使承包商和运营商遭受严重损失。政治风险因素具体表现在以下五个方面。

1. 战争和内乱

项目所在国发生战争或内乱,迫使政权更迭,造成经济形势恶化,从而使建设项目面临被终止或毁约;建设现场直接或间接遭到战争的破坏,不得不中止施工;在动乱期间,承包商为保护其生命财产,可能会撤资回国或转移他处等。战争和内乱常给投资方和承包商带来工期拖延、额外增加成本甚至项目终止等损失。项目所在国可能只给承包商极少的赔偿,甚至没有任何赔偿。例如,两伊战争期间,外国建筑师、咨询公司和承包商的总损失高达数十亿美元。

2. 国有化、没收与征用

项目所在国政府根据本国政治和经济的需要,颁布国有化政策,强行将承包工程收归国有,且不代替项目公司履行义务,导致承包商无处申诉。有时也可能给予被没收资产的外国公司少量补偿,但仍难以弥补巨大损失。除直接宣布国有化外,项目所在国政府有时还可能采取变相手段,如对外国公司强收差别税、在办理物资清关时无理刁难、禁止汇出利润等。

3. 拒付债务

某些项目所在国政府在财力枯竭的情况下,简单地废弃项目合同,拒付债务,承包商也很难采取有效措施挽回损失;有些政府使用主权豁免权,使自己免受任何诉讼;有些项目所在国发生极左性革命,没收外资,对外资企业或参与投资的外国企业采取歧视政策;有些项目所在国发生政变,新政府宣布不承认前政府的一切债务;有些没有付款保证的政府项目,特别是那些与承包商国家没有外交关系的国家的项目,拒付债务的风险会更大一些。

4. 对外关系

对外关系主要表现在:业主国家与邻国关系好坏,其边境安全稳定与否,是否潜藏战争风险;业主国家与我国关系好坏,与我国是否建立外交关系,我国政府与工程所在地政府是否有某些涉及工程承包的协议;业主国家对项目资金来源,诸如国际金融组织或外国金融机构等的各项有关规定是否熟悉、了解，项目所在国家的信誉如何等。这些都将影响项目的顺利进行。

5. 业主国家的社会管理、社会风气等

项目所在国政府办事效率高低，政府官员是否廉洁，当地劳动力素质高低，当地劳务的工会组织对外国公司的态度，是否常用罢工手段向雇主提出各种要求等，都将直接或间接地影响项目能否正常进行。

除此以外，某些国际组织或国家对项目所在国实行制裁与禁运，也可能对项目造成很大的影响。

6.1.2 经济风险因素

经济风险因素主要是指建筑承包市场所处的经济形势以及项目所在国的经济实力和解决经济问题的能力。如项目所在国的经济增速放缓、基础设施不足、能源短缺、货币疲软、通货膨胀等问题。经济因素主要有以下两个方面。

1. 一般经济风险因素

（1）通货膨胀

通货膨胀是一个全球性的问题，在某些发展中国家更为严重。通货膨胀可能使项目所在国的工资和物价大幅度上涨，往往超过承包商预见。如果合同中没有调值条款或调值条款写得太笼统，必然会给承包商带来较大风险。作为承包商，能够预见短期内一般规律的通货膨胀，但是很难预料到特殊情况下无规律的通货膨胀。虽然FIDIC条款及多数国家的合同法都规定了针对通货膨胀的补偿措施，但毕竟还有不少国家不予补偿，尤其是工期短于1年的工程承包合同。避免通货膨胀带来的损失，不仅要考虑项目所在地的物价水平，而且要全面考虑国际市场上材料、设备、价格的上涨情况及当地货币的贬值幅度，掌握国际市场物价浮动趋势。

（2）外汇问题

项目承包中常遇到的外汇问题有：项目所在国外汇管制严格，限制承包商外汇汇出；外汇浮动，当地货币贬值，由于在订立合同时没有写入固定的汇率而不能换到相应的硬通货；有的业主采取外币延期付款的方式，且利率很低，但向银行贷款则利率较高，因而倒贴利率差；签订合同时所确定的外汇比例太低，不够使用；签订合同时所选的外汇贬值等。忽视外汇浮动因素，会给承包商带来难以弥补的损失。例如，我国某公司在北非某国承建一项大型项目，在合同实施期间，当地官方多次调整汇率，由开工时的1:4.81（1美元兑换4.81当地货币）到完工时的1:25，平均每年下调70%，而我方在合同中又没有任何保值条款，最终造成了巨大损失。相反，如果签约时全面考虑国际外汇市场的行情和动态，选择合适的币种，也会给承包商带来效益。例如，某公司与日本某会社签订了K国某电站锅炉安装合同，合同总额为85亿日元，全部用日元结算，当时汇率为1美元兑换225日元。到工程竣工时，日元汇率大幅度上涨，1美元兑换160日元，仅由于汇率变化该公司就盈利100多万美元。

（3）保护主义

随着经济区域化的逐渐形成，贸易保护主义抬头。可能影响项目承包的保护主义（包括一些法律和规定）概括起来主要有：规定合资公司中对外资股份的限制，以保证大部分利益归本国；对本国和外国公司的招标条件未能一视同仁，有些国家规定外国公司的投标价格必须比当地公司低若干百分点才能被授标，或者必须与当地公司联合才能参加投标，对外国公司的劳务、材料和设备的进入也附加种种限制；有些国家对本国公司和外国公司实行差别税率，以保护本国利益；对外国公司强制保险，为了中标，有时承包商不得不屈从其规定，这就潜伏着经济风险。

(4) 税收歧视

国际承包商到项目所在国承包项目，必然被列为该国的义务纳税人，因此必须遵守所在国的税收法律法规。另外，还要熟悉和遵守本国对海外收入实行的税收政策和条例。对于承包商而言，经常要面对项目所在国对外国承包商所实行的种种歧视政策，常常被索要税法规定以外的费用或种种摊派，或者受到该国公务人员在执法过程中排外情绪的影响，构成承包商潜在的风险因素。

2. 与建设项目各方相关的经济风险因素

上述四类经济因素并不针对某一具体项目，而是对所有项目都产生影响，一般难以把握，需要对国际工程市场做全面、系统的分析研究。以下一些经济因素则与建设项目各方工作有直接关系，这些风险因素对承包商而言，是风险与机遇并存的。

(1) 物价上涨与价格调整

物价上涨与价格调整的风险表现在：如采用固定总价合同时，虽然投标时考虑了各种物价上涨因素，但对这些因素可能估计不足；有时合同中没有价格调整公式，或仅有外币价格调整公式而无当地币值调整公式；有时虽有价格调整公式，但是包含的因素不全，或有关价格指数不能如实反映价格变动情况，有的调价方法有限制性规定等。

(2) 项目公司支付能力差、拖延付款

这类风险因素表现在：①项目公司资金不足，支付能力差，以各种手段拖延支付，而合同中未制定关于拖延支付如何处理的规定；②虽然有项目公司拖延支付时应付利息的规定，但利率很低；③项目公司找借口拖延签发变更命令而使新增项目得不到支付；④项目公司在工程末期拖延支付最终结算工程款和发还保留金等。有些东道国利用政策保护项目公司的拖欠行为。例如，某公司在 B 国承包工程，该国不遵守国际上通用的 FIDIC 条款，而是实施自己的一套合同法规。该合同规定，如项目公司批准结算账单三个月后仍未付款，则承包人有权获得延付利息，利息计算以超过三个月后的天数和 B 国银行公布的贴现率为准。而在 B 国，当地货币存贷款无利息，外币贴现率又较低，可收取的利息很少，拖付工程款对项目公司极为有利，故造成项目公司实施拖欠的行为。

(3) 海关清关手续繁杂

有时承包商在合同执行过程中，大量物资需要从国外进口，一方面，有的承包商不了解当地法规、政策；另一方面，有些国家的清关手续繁杂，海关办事效率低，工作人员作风不廉洁，以致物资供应不及时，造成工程拖期。

(4) 分包商违约

总包商在选择分包商时，可能会遇到分包商违约、不能按时完成分包工程而使整个项目进展受到影响的风险，或者由于对分包商的协调、组织工作做得不好而影响全局。特别是我国承包商常把项目的某部分分包给国内有关施工单位，合同协议存在职责不清、风险界定不清的现象，容易相互推诿。如果一个项目的分包商比较多，则容易引起许多干扰和连锁反应。例如，分包商工序搭接与配合不合理，个别分包商违约或破产，因此从局部工程影响到整个项目。相反，如果作为分包商承揽分包合同，常遇到总包商盲目压价、转嫁合同风险，或提出各类不合理的苛刻条件要求分包商接受，使分包商处于被动地位。

(5) 出具保函要求

承包商的担保银行一旦向项目公司开出保函，就意味着将一笔相当于担保金额的巨款压在项目公司手中，项目公司随时有可能没收这笔巨款。虽然 FIDIC 条款不主张采用无条件担保，即"见索即赔"保函，要求项目公司在进行保函索偿之前应先告知承包商，但仍有不少国家实行"见索即赔"保函。根据这种保函的性质，项目公司可以随时向承包商的担保银行索要不超过保函总额的任意款额，而无须事先告知承包商。保函风险除了表现在项目公司拥有随意索偿权之外，还表现在保函的生效和撤回日期以及预付款保函中忽略要求担保金额随预付款的分批归还而相应减少等措辞方面。

不少合同都规定，项目公司在认为承包商的担保银行开出预付款偿还保函和履约保函后若干天内，给承包商支付预付款或开始履行契约义务。这种合同条款错开了保函生效日期与项目公司开始履约日期，即项目公司尚未开始履约，而保函业已生效。这无疑使承包商在合同尚未生效或项目公司尚未履约时即已开始承担风险，很可能出现承包商尚一无所得，而保函却已被项目公司没收的局面。

预付款归还保函本是为承包商领取预付款而开具的一种书面担保，其金额应始终与承包商手持的预付款数相等。当项目进展到一定阶段，项目公司开始逐步扣回预付款，预付款保函数额本应随承包商归还预付款数额相应减少。但许多承包商却常常忽视了这一要求，结果是预付款已基本归还完毕，而保函仍然全额压在项目公司手中，既要冒着被没收的风险，还要承担多余的保函手续费。

(6) 带资承包条款

在有些合同中，项目公司明确要求承包商带资承包，即采用先垫款、再支付的办法。但工程开工后，项目公司无力支付，使承包商无法及时收回资金。还有一些变相的带资承包。例如，项目公司以资金紧张为由，不给承包商提供项目预付款，让承包商自己出资解决施工前期遇到的各种问题；又如，项目公司在合同实行期间长期拖欠项目工程款或仅付少量利息，使承包商垫付的大量资金无法及时收回等。

6.1.3 技术风险因素

1. 地基地质条件

对于一个项目，特别是大型工程和地下工程项目，地基地质条件非常重要。通常项目公司提供一定数量的地质和地基条件资料，但不负责解释和分析，因而这方面的风险很大。例如，在施工过程中发现现场地质条件与施工图设计出入很大，承包商在施工中可能会遇到大量岩崩坍方等引起的超挖超值工作量和工期延误等。

2. 水文气候条件

水文气候条件包括两方面：一是对项目所在地的水文气候条件估计不足所产生的问题，如多雨、严寒、酷暑等对施工的影响；二是当地出现的异常气候，如特大暴雨、洪水及洪水导致的泥石流、坍方等。虽然按照一般的合同条件，后一类异常气候造成的工期拖延可以得到补偿，但财产损失很难全部得到补偿。

3. 材料、设备供应

如果材料的质量不合格或没有质量检验证明，工程师不验收，则会引起返工或由于更换材料而拖延工期；如果材料供应不及时，会引起停工、窝工，有时可能引起连锁反应。设备供应同样有质量不合格和供应不及时的问题，也可能有设备不配套的问题，或是未能按照安装顺序按期供货或机械设备运行状况不良等问题。

4. 技术规范

如果技术规范要求不合理或过于苛刻，在工程量表中对项目的说明不明确而投标时未发现，也能引起工程项目的风险。例如，某公司在中东某国承包工程时，技术规范要求混凝土入仓温度为23℃，而投标时未发现此问题。实际上，该国每年5~10月天气异常炎热，一般室外温度可达45℃以上。承包商经多方努力，如大量采购人造冰、用冰水拌和以及晚间预冷辅料等，结果是增加了不少成本，也只能达到28℃，后经工程师做工作，将入仓温度改为不超过30℃。

5. 提供设计图不及时

一般合同文件对此类问题已有明示。例如，由于工程师的工作原因不能及时提供设计图，导致施工进度延误，以致窝工，应在合同文件中订立相应的补偿规定；否则，承包商应承担由此产生的风险。

6. 工程变更

工程变更包括设计变更和工程量变更两方面。变更常会影响承包商原有的施工计划和安排，带来一系列新的问题。如果处理得好，在执行变更命令过程中，可以向业主提出索赔，把风险转化为利润。

7. 运输问题

对于陆上运输，要选择可靠的运输公司，订好运输合同，以防止因材料或设备未按时运抵工地而影响施工进度。对于海上运输，要防止因港口压船、卸货、海关验关等原因导致时间延误，影响施工。

8. 外文翻译引起的问题

这类风险因素一般是由于翻译不够专业、不懂合同的招标文件，产生各种翻译错误而又未被发现。例如，某公司在中东某国承包一工程，在投标时翻译人员将灌柱桩打孔时在水中添加的黏土误译成膨胀土。开工后，虽已经向工程师反复说明，但工程师坚持按投标书办事，该公司只好往返千里去邻国购买膨胀土，造成了不少损失。

技术风险的基本特征是风险量可以计量。例如，工期延误的风险可以依据施工组织设计（用网络图或横道图表示）用直方图仿真方法加以计算，绘成工期延误风险曲线，以供决策参考；还可以用数理统计方法、信息论方法对工程技术风险进行量化处理。

6.1.4 公共关系风险因素

1. 与项目公司的关系

例如，项目公司以各种理由为借口，或其工作效率低下，延误办理支付、签发各种证书等。

2. 与工程师的关系

由于工程师效率低，拖延签发支付；或者工程师过于苛刻，以各种理由减扣应支付的工程款；特别是对"包干"项目，在项目未完成前拒绝支付或支付的比例都很少；如果承包商碰上职业道德不好的工程师，必然会加大工程风险，因为技术标准的解释权属于工程师。

3. 联营体内部各方的关系

联营体内的各家公司是临时性伙伴，很容易产生公司之间或人员之间的矛盾，影响配合和施工。如果联营体协议定得不好，职责、权利、义务等不明确，会影响合作；联营体负责公司的工作作风和水平也会影响工作。

4. 与项目所在国地方部门的关系

这里主要是指项目所在地区的有关职能部门，如税务局等，如果关系处理不好会招致麻烦和风险。

6.1.5 管理风险因素

1. 投标报价失策

投标报价失策是指标价太低，或接受的合同条件过于苛刻。这无疑会造成工程项目承包条件先天不足。承包商纵有丰富的经营管理经验，也难以改变被动的局面。

2. 合同条款不合理

由于项目施工合同通常是由项目公司或委托的咨询公司编制的，项目公司与承包商在合同中的风险分担往往不公平。工程承包合同中一般都包含一些明显的或隐含的对承包商不利的条款，它们会造成承包商的损失。这主要体现在：标书或合同条款不合理，把属于项目公司的责任转嫁给承包商；合同工期很紧张，留有余地较少，并且附有较严苛的误期违约罚款条件；项目建设周期较长，但合同中又没有调值条款；技术规范要求不合理，过于苛刻。

3. 管理常识和经验缺乏

具有丰富的管理经验和较高的管理水平能使承包商变被动为主动，多挽回一些损失。例如，可以通过工程索赔将风险转化为利润；通过价格调值扩大收益；通过加强管理，尤其是工期控制和成本控制以节省开支。反之，管理水平低的承包商会因管理不善而加大亏损。

4. 其他管理方面的原因

其他管理方面的原因主要体现在：施工现场领导班子不胜任，项目经理不称职，不能及时解决所遇到的各类问题，不善于同项目公司和工程师沟通；工人效率低，如果所雇用的当地工人技术水平低、劳动效率低，无疑会增加工程风险，因此，到一个生疏的地区，应调查了解当地工人的技术水平、工效以及当地的劳动法等；关于开工时的准备工作方面，由于订购的施工机械或材料未能及时运到施工现场，以及施工现场内通水、通电、交通等准备工作未做好所引起的问题；施工机械维修条件等。

6.1.6 不可抗力因素

所谓不可抗力，是指合同订立时不能预见、不能避免并且不能克服的客观情况，包括自然灾害，如台风、地震、洪水、冰雹；社会异常事件，如罢工、骚乱；公共卫生事件，如疫情等。虽然承包合同中规定了不可抗力事件发生时的解决办法，这些办法也的确能为承包商减轻损失，但不同的合同中对不可抗力事件所下的定义差别很大。有些国家的《宪法》允许工人罢工，因而罢工事件不能视为不可抗力；有些国家的《宪法》不允许罢工，但政府却默许罢工，因而罢工事件经常发生。特别是在一些法制不健全的国家，关于不可抗力事件以何为凭很难下定论。有些国家关于不可抗力的定义仅限于自然灾害，一旦发生人力不可抗拒的政治事件就很难处理。如果承包商在缔约时没有强调不可抗力事件的确切定义，事件发生后又找不到强有力的依据，则只能自己承担后果。无论人力不可抗力事件还是自然不可抗力事件，从风险的角度都属于小概率、高风险事件，一旦发生，势必对建设项目造成严重危害，因此，有人将它们称为致命风险，应引起高度重视。

除了上面提到的各种风险因素之外，项目建设还可能碰上多种不可预见的意外情况，如业主破产、分包商无力支付其雇员工资或偿还债务、不利的自然条件等，都会影响工程的顺利进行。

上述种种风险因素很难全面概括项目建设中可能遇到的全部风险因素。值得强调的是，作为项目的管理者，要想驾驭工程项目融资风险，必须对可能遇到的风险因素有一个比较全面、深刻的了解，从研究招标文件（或合同文件）开始到合同实施的全过程，都必须有强烈的风险意识，以敏锐的眼光找到项目的各种风险因素，通过对工程项目融资风险的全面分析，及时发现风险苗头，从而合理规避风险，防患于未然，以使项目获得成功。

6.2 工程项目融资的风险识别

工程项目融资风险识别是指通过对大量来源可靠的信息资料进行系统的了解和分析，认清项目存在的各种融资风险因素，进而确定项目所面临的融资风险及其性质，并把握其发展趋势的行为。工程项目融资风险识别是工程项目融资风险管理的基础，其后续环节的融资风险分担、评估与防范等，均取决于融资风险识别的准确程度。工程项目融资风险识别主要解决两个问题：一是项目面临哪些风险，这些风险是由哪些因素引起的；二是这些风险对项目的影响程度有多大。

6.2.1 工程项目融资风险的分类

认识工程项目融资风险是工程项目融资活动最重要的内容之一，可从不同角度对工程项目融资风险加以分类。

1. 根据项目建设阶段划分融资风险

根据项目建设阶段划分，工程项目融资风险可分为项目开发建设阶段的融资风险、项目试生产阶段的融资风险和项目正常生产经营阶段的融资风险。项目所处阶段不同，相应的融资风险也不同，如图6-1所示。

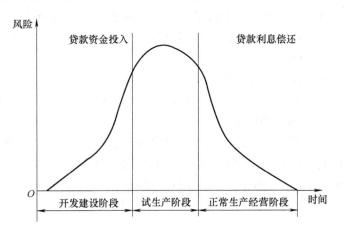

图6-1 根据项目建设阶段划分工程项目融资风险

（1）项目开发建设阶段的融资风险

项目开发建设阶段的融资风险是从项目正式开始动工建设到项目竣工时止所发生的风险。在此阶段，由于项目建设的需要，要用大量的资金购买项目用地、各种机器设备和支付工程价款，同时贷款利息也开始计入资金成本。随着项目建设的进展，投入的资金额不断增加，项目的风险也随之增加，直到项目建设接近完工时，项目风险达到或接近最高点。此阶段涉及信用风险、完工风险、市场风险、金融风险等，但对项目承包商影响最大的风险是完工风险，从风险承担的角度看，投资方和贷款银行所承担的风险也最大。

从贷款银行的角度，在这一阶段必须考虑以下因素的可能性和影响：①由于工程、设计或技术方面的缺陷，或不可预见的因素，造成生产能力不足或产量和效率低于计划指标；②能源、机器设备、原材料及承包商劳务支出超支等，造成项目建设成本超支，不能按照预定时间完工，甚至项目无法完成；③由于各种因素造成竣工延期而导致的附加利息支出；④土地、建筑材料、燃料、原材料、运输、劳动和管理人员以及可靠的承包商的可获得性；⑤其他不可抗力因素引发的风险等。

（2）项目试生产阶段的融资风险

项目试生产阶段的融资风险是从项目竣工到项目达到设计生产能力时止所发生的风险。项目建成投产后，如果不能生产出合格的产品或达不到设计生产能力，就意味着先前对项目现金流量所做的分析和预测是不准确的，项目就存在没有足够的能力支付日常生产费用和偿还融资债务的可能性。因此，工程项目融资这一阶段的风险仍然是很高的。

贷款银行一般不把项目的建设结束作为项目完工的标志。这里引入一个"商业完工"的概念，即在指定的时间内，按一定技术指标生产出了合格产量、质量和消耗定额的产品。根据这一概念，在融资文件中具体规定项目产品的产量和质量、原材料、能源消耗定额以及其他一些技术经济指标作为完工指标，并且将项目达到这些指标的下限也作为一项指标。项目只有在规定的时间范围内满足这些指标，才会被贷款银行认定为正式完工。

（3）项目正常生产经营阶段的融资风险

项目正常生产经营阶段的融资风险是从项目满足"商业完工"标准后进入正常生产经营为止所发生的风险。从这一阶段起，项目进入正常运转，正常情况下应该能够创造出足够的现金流量来满足支付生产经营费用以及偿还债务的需求，并为投资者提供理想的收益。这时带给贷款银行的融资风险开始逐渐降低。这一阶段的工程项目融资风险主要表现在项目的生产经营风险、原料及燃料供应风险、市场风险、政策变更风险、金融风险、环境保护风险以及其他一些不可预见的风险等。

2. 根据项目风险的可控性划分融资风险

根据投资者对风险的可控性，工程项目融资风险可以分为可控风险和不可控风险。

（1）工程项目融资的可控风险

工程项目融资的可控风险是指与项目的建设和运营管理直接有关的风险。这类风险是项目公司在项目建设或生产运营过程中无法避免的，同时也是项目公司应该知道如何去管理和控制的，具体包括完工风险、生产风险、市场风险和环保风险等。

1）完工风险。完工风险是指因项目无法完工、延期完工或者完工后无法达到预期运行标准而带来的风险。

项目的完工风险存在于项目建设阶段和试生产阶段，它是工程项目融资的核心风险之一。完工风险对项目公司来说，意味着利息支出的增加、贷款偿还期限的延长和市场机会的错过，极端的情况下还可能造成项目的被迫停工或放弃；对贷款方而言，则意味着贷款不能在规定期限内安全收回。

完工风险的形成主要有如下原因：项目的设计未达到要求；承包商的建设能力不足和资金匮乏；承包商所做承诺的法律效力及其履行承诺的能力不足；政府干预等。很显然，项目建设过程中，预计的工程量未完成、预计的费用超支和预计的工程质量不合格三大要素成为延长工期的主要成因。因此，完工风险包括以下三种情况：

① 不能按时完工。这种风险指的是虽然工程项目达到了规定的质量标准，但由于技术力量不足等原因在时间上延迟，将对贷款的还本付息产生影响。因此，贷款人都要求得到工程项目完工具体日期的保证。

② 中途停建。即使具备了完成工程建造的足够资金，也可能由于技术、政治或其他经济原因致使工程建造中途停顿，从而导致偿还贷款的资金来源中断。为防止这类偶然事件的发生，贷款人常要求工程项目主建单位或项目产品的购买人或设施用户或其他信誉良好的机构给予担保，即工程若中途停建，由担保人承担对贷款的归还责任。

③ 成本超支。成本超支是指工程的实际费用超出原先估计的数字，其原因可能是建造方面的问题，或者是通货膨胀、环境和技术方面的问题，也可能是政府干预或货币贬值的波动。有些项目的成本超支高达300%～400%，以致整个项目被迫停建。因此，在工程项目融资方案中，对超支部分的资金来源必须做出妥善安排，以保证工程项目不因资金缺乏而半途而废。例如，20世纪70年代建成的横跨美国阿拉斯加的输油管道工程，其成本超支就高达400%。

项目建设期出现完工风险的概率一般是比较高的。根据已有统计资料，无论是在发展中国家还是发达国家，均有大量项目不能按照规定的时间或者预算建成投产，导致工程项目融资成本大幅度上升乃至失败。在一些发展中国家，工业技术水平、管理水平相对落后是造成项目完工风险的一个重要因素，但这并不是说在发达国家进行投资就不需要考虑这个问题了。根据实践经验，在美国、加拿大和澳大利亚等发达国家进行工程项目融资，也应该把项目的完工风险作为一个重要的因素加以考虑。在这些国家，造成完工风险的一个重要原因是工业关系和劳资纠纷问题。

从贷款银行角度来说，对于完工风险越大的项目，会要求项目投资者承担更大的"商业完工"责任。一些典型的"商业完工"标准包括：

① 完工和运行标准。项目需要在规定的时间内达到商业完工的标准，并且在一定时期内（通常为3～6个月）保持在这个水平上运行。

② 技术完工标准。这一标准比完工和运行标准的约束性要差一点，因为在条件中没有规定对项目运行时间的检验。采用这一标准，贷款银行实际上承担了一部分项目生产的技术风险。

③ 现金流量完工标准。这是另一种类型的完工标准，贷款银行不考虑项目的技术完工和实际运行情况，只要求项目在一定时期内（一般为3～6个月）达到预期的最低现金流量水平，即认为项目通过了完工检验。

④ 其他形式的完工标准。有些项目由于时间关系，工程项目融资还没有完全安排好就需要进行提款。在这种情况下，贷款银行为了减少项目风险，往往会要求确定一些特殊的完

工标准。例如，如果产品销售合同在提款前还未能最后确定下来，贷款银行就有可能规定以某种价格条件销售最低数量的产品作为项目完工标准的一部分。

为了限制及转移项目的完工风险，贷款银行通常要求投资者或项目公司等其他项目参与者提供相应的"完工担保"作为保证。

2）生产风险。生产风险是指在项目试生产阶段和生产运营阶段中存在的技术、资源储量、能源和原材料供应、生产经营、劳动力状况等风险因素的总称。它是工程项目融资的另一个主要核心风险。生产风险一般由项目公司和贷款银行共同承担，生产风险主要表现在技术风险、资源风险、能源和原材料供应风险以及经营管理风险。

① 技术风险。银行贷款的原则是只对采用经市场分析、证实的能占领市场份额的成熟技术的项目进行贷款。项目公司在防范和控制此类风险时，应特别注意下列因素：成熟的技术、合格的承包商和有经验的运营者。如果技术故障是由承包商造成的，可用承包商的履约保证来限制和转移此类风险。承包商的履约保证一般要延续到完工后的几个月或几年。技术维修和更新风险一般由负责项目运营的公司通过运营应急费、备用贷款和支持贷款来承担。项目公司还可制订一项综合的、定期的、严密的监测检查计划。

② 资源风险。对于依赖某种自然资源的生产项目，一个先决条件是要求项目的可供开采的已证实资源总储量与项目融资期间内所计划采取或消耗的资源量之比要保持在风险警戒线之下。

③ 能源和原材料供应风险。对于依赖于某种能源和原料的项目，特别是 BOT 项目，在项目的生产和运营阶段，如果没有足够的能源和原料供应保证，则可能形成很大的风险。能源和原材料供应主要由两个要素组成：价格和供应的可靠性。当前经济社会，通货膨胀的现象是很普遍的，所以能源和原材料的价格也会不断波动，这种波动会引起项目产品的成本也随着变化，从而影响整个项目的正常运转。例如，在煤电厂项目中，如果煤价提高，那么发电的成本就会增加，电价就应该上调。但是，如果煤电厂在与购买商的销售协议当中没有调价指标这一项，项目公司就会承受巨大的经济损失。

解决这一风险的途径就是与供应商签订一份长期的能源和原料供应协议。这种安排可以保证项目按照一定的价格，稳定地得到重要能源和原材料供应。在一些特殊情况下，如原材料市场不景气，甚至有可能进一步将供应协议设计成"供货或付款"类型的合同，这样，项目的经济强度就能够得到更强有力的支持。十几年来，面对变化莫测的国际原材料和能源市场，投资者们把如何降低能源和原材料风险作为一个重要的课题加以研究。其中一种值得重视的发展趋势是能源和原材料价格指数化，将能源和原材料的供应价格与项目产出品的国际市场价格直接挂钩，并随着项目产出品价格的变化浮动。这种做法特别适用于项目产出品是具有国际统一定价标准的大宗资源性商品的项目。

④ 经营管理风险。经营管理风险是指在项目经营和维护过程中，由于运营商的疏忽，发生重大经营问题，如设备安装、使用不合理，产品质量低劣等。经营管理风险主要是评价项目投资者对于所开发项目的经营管理能力，而这种能力是决定项目的质量控制、成本控制和生产效率的一个重要因素。其中包括三个方面：项目经理是否具有在同一领域的工作经验和资信；项目经理是否为项目投资者之一；除项目经理的直接投资外，项目经理是否具有利润成本或成本控制奖励等鼓励机制。

3）市场风险。项目投产后的效益主要取决于其产品在市场中的销售情况和其他表现，除非运营商在项目建成之前就能以一个合适的价位将产品全部销售出去,如 BOT 项目的售水协议、售电协议,否则必须直接面对市场风险。市场风险主要有价格风险、竞争风险和需求风险。这三种风险很难截然分开,它们之间是相互关联、相互影响的。市场风险不仅同产品销售有关,而且还存在于项目原材料及燃料的供应方面。如果项目投产后原材料及燃料价格的涨幅超过了项目产品价格的增幅,那么项目的效益势必下降。

4) 环保风险。近年来,工业对自然环境及人们生活和工作环境的破坏已经逐步引发社会公众的关注,许多国家的政府都制定了严格的环境保护法律来限制工业污染对环境的破坏,并强制肇事者对自己造成的污染进行清理,并要求缴纳巨额罚款。对运营商来说,要满足环保法的各项要求,就意味着成本支出的增加,尤其是对那些利用自然资源或生产过程中污染较为严重的项目来说更是如此。但从长远来看,项目必须自行消化增加的成本,这就意味着运营商必须提高生产效益,努力开发符合环保标准的新技术和新产品。

5) 信用风险。工程项目融资中,项目各参与方都存在信用风险问题,且此类风险贯穿于项目的各个阶段。信用风险表现在工程项目融资各参与方对合同规定的职责是否有履行能力,能否根据法律规定在必要时履行其应承担的对工程项目融资的信用保证责任。信用风险评价指标包括项目参与者(政府、项目投资者、承建商、运营商、供应商等)的资信状况、技术和资金能力、以往项目的表现和技术管理水平等。

(2) 工程项目融资的不可控风险

不可控风险是指项目的建设运营由于受到超出项目参与方可以控制范围的经济环境的影响而遭受损失的风险。此类风险一般无法被准确预测,只能采取一定的措施来降低或转移。工程项目融资的不可控风险主要包括金融风险、政治风险和不可抗力风险。

1) 金融风险。金融风险主要表现在利率变化及汇率变化的风险、货币风险以及通货膨胀风险四个方面。

① 利率变化的风险。这是指由于利率波动而直接或间接地造成项目收益受到损失的风险。如果项目公司采用浮动利率融资,一旦利率上升,会造成生产成本的上升;如果采用固定利率融资,市场利率的下降就会造成机会成本的提高。

当对一个项目进行现金流量敏感性分析时,容易发现项目的损益平衡点对利率的变化十分敏感,特别是在项目的经营初期债务负担比较重的阶段。在这一阶段,利率的一个小幅增加,就要求项目的收入有一个大幅增长进行弥补。

② 汇率变化的风险。这是指在不同货币的相互兑换或折算中,因汇率在一定时间内发生始料未及的变动,致使有关国家金融主体的实际收益与预期收益或实际成本与预期成本发生背离,从而蒙受经济损失的可能性。

汇率的波动会影响项目的生产成本,尤其是对出口企业或在国外进口原材料的企业来说,是一个不小的风险因素。例如,项目所在国货币疲软,也就是所谓的软通货,那么该国的货币购买能力就会下降,进而出现物价上涨的现象,即意味着进口原材料的价格就会上升,生产成本也随之上升。汇率的变化对项目公司的债务结构也会产生影响。如果项目的收入是单一币种(如 BOT 项目),而银行的贷款可能是几种货币,这样,汇率的任何变化都会影响项目的实际收入和偿债能力。

③ 货币风险。货币风险主要包括项目所在国货币的自由汇兑和利润的自由汇出两部分,这也属于外汇风险问题。汇兑限制风险也称转移风险,是指东道国由于国际收支困难而实行

外汇管制，禁止或限制外商、外国投资者将本金、利润和其他合法收入转移到东道国境外；外汇的汇出风险只有在项目进入运营期才会发生，表现为经兑换为外汇的项目收入不能汇出境外以支付股本金回报、债务及其他外汇支出。

项目公司是由投资者共同组成的，在工程项目融资中，涉及各个方面的股东。境外股东希望将项目产生的利润以其本国货币的形式汇出去，而贷款银行也希望用与贷款相同的货币来偿还贷款。

④ 通货膨胀风险。通货膨胀存在于各国的经济生活中，是一个全球性的问题。相比而言，发达国家和地区比发展中国家通胀率要低。通货膨胀可能使项目所在国的工资和物价大幅度上涨，导致整个项目运营成本的增加。因此，对于债权人和投资者而言，不管在哪个国家开发工程项目都希望避免通货膨胀的风险。

通货膨胀风险一般由运营商和贷款人来承担。如果在合同中没有调价条款或调价条款写得太笼统，那么通货膨胀将是一个很大的风险因素。避免通货膨胀带来的损失，不仅要考虑项目所在国的物价水平，而且要全面考虑国际上材料、设备、价格的上涨情况和当地货币的贬值幅度，并且掌握国际市场的物价浮动趋势。

2）政治风险。投资者与所投项目不在同一个国家，或贷款银行与贷款项目不在同一国家，都有可能面临着由于项目所在国家的政治条件发生变化而导致项目失败、项目信用结构改变、项目债务偿还能力改变等风险，这类风险统称为项目的政治风险。政治风险表现为两个方面：国家风险和国家政治制度、经济制度、法律制度等的稳定性风险。

国家风险，即项目所在国政府由于某种政治原因或外交政策上的原因，对项目实行征用、没收，或者对项目产品实行禁运、联合抵制和终止债务偿还的潜在可能性；国家政治制度、经济制度、法律制度等的稳定性风险是指项目所在国在外汇管理、法律制度、税收制度、劳资制度、劳资关系、环境保护、资源主权等与项目有关的敏感性问题方面的立法是否健全，是否经常变动，管理是否完善。

项目的政治风险可以涉及项目的各个方面和阶段，从项目的选址、建设、生产运营一直到市场营销的全过程，都可能受政治风险的影响。例如，在两伊战争开始后的几年里，两国的许多项目不得不被取消或废弃，贷款银行为这些项目支付的几百万美元的开发费用被白白浪费。

3）不可抗力风险。不可抗力风险是指由于项目的参与方不能预见且无法克服和避免的事件给项目所造成的损坏或毁灭的风险，如自然风险、瘟疫、战争行为、工厂和设备遭受意外损坏等风险。一旦出现不可抗力，整个项目可能延期或项目建成后不能正常运行，甚至整个项目完全失败。一般情况下，项目建设方无法控制这些不可抗力风险，只能靠投保将此类风险转移给保险公司。许多国家的出口信贷机构提供此类保险来担保部分或全部不可抗力风险，保险费计入项目成本中。在保险市场不能投保的，则采用双方共同承担不可抗力风险的原则。

6.2.2 工程项目融资的风险识别技术

工程项目融资风险具有风险周期长、类型复杂多样的特点。因此，风险识别人员要充分认识工程项目的融资风险，应根据项目的具体情况，预测其中哪些风险可能在项目中出现，采取科学、有效的风险识别方法进行识别。

1. 工程项目融资风险识别的步骤

工程项目融资风险识别可以通过以下三个步骤进行：

第一步，收集资料。资料和数据能否到手、是否完整，都会影响工程项目融资风险损失的大小。

第二步，估计项目风险形式。风险形式估计是要明确工程项目融资的目标、战略、战术，以及实现工程项目融资目标的手段和资源，以确定工程项目融资及其环境的变数。

第三步，根据直接或间接的症状将潜在风险识别出来。

原则上，风险识别可以从原因查结果，也可以从结果反过来找原因。从原因查结果，就是先找出本项目可能有哪些事件发生，发生后会产生什么样的结果。例如，在项目进行过程中，关税税率会不会变化，关税税率提高或降低会引起怎样的后果。从结果找原因，例如，建筑材料涨价将引起项目超支，哪些因素会引起建筑材料涨价？项目进度拖延会造成诸多不利后果，造成进度拖延的常见因素有哪些？是项目执行组织最高管理层犹豫不决，政府有关部门审批程序烦琐复杂，设计单位没有经验？还是手头的工作太多，施工阶段进入雨季？等等。

2. 工程项目融资风险识别工具与技术

在具体识别风险时，可以利用以下工具和技术。

（1）核对表

人们考虑问题时有联想的习惯。在过去经验的启示下，思想常常变得很活跃，浮想联翩。风险识别实际上是对将来风险事件的设想，是一种预测。如果把人们经历过的风险事件及其来源罗列出来，制作成一张核对表，那么项目管理人员看了就容易开阔思路，容易想到项目会有哪些潜在风险。核对表可以包含多种内容，例如以前项目成功或失败的原因、项目其他方面规划的结果（如范围、成本、质量、进度、采购与合同、人力资源与沟通等计划成果）、项目产品或服务的说明书、项目班子成员的技能、项目可用的资源等。管理人员还可以到保险公司索取资料，认真研究其中的保险条例。这些资料能够提醒人们还有哪些风险尚未考虑到。工程项目融资风险核对表的形式见表6-1。

表6-1　工程项目融资风险核对表

工程项目融资成功的条件	工程项目融资风险
（1）融资只涉及信用风险，不涉及资本金 （2）原材料、能源的成本和供应要有保障 （3）项目产品或服务要有市场 （4）承包商、管理人员富有经验、诚实可靠 （5）合营各方签有各方都满意的协议书 （6）主权风险、国家风险令人满意，无没收风险 （7）货币、利率、外汇风险事先已有考虑 （8）主要的项目发起者已投入足够的资本金 （9）对通货膨胀率已进行了预测 （10）项目本身的价值足以充当担保物 （11）对资源和资产已进行了满意的评估 （12）成本超支已考虑，已交纳足够的保险费 （13）对不可抗力环境保护问题已采取措施 （14）投资者可以获得足够高的资金收益、投资收益率和资产收益率	（1）工期延误，因而利息增加、收益推迟 （2）成本费用超支 （3）技术失败 （4）承包商破产 （5）政府过多干涉 （6）未向保险公司投保人身伤害险 （7）原材料涨价或供应短缺、不及时 （8）项目技术陈旧 （9）项目产品或服务在市场上没有竞争力 （10）项目产品或服务生命周期比预期缩短 （11）项目管理不完善 （12）对担保物的估计过于乐观 （13）项目所在国政府无财务清偿力

(2) 项目工作分解结构

风险识别要减少项目结构的不确定性，就要弄清项目的组成、各个组成部分的性质、它们之间的关系以及项目同环境之间的关系等。项目工作分解结构是完成这项任务的有力工具。在项目管理的其他方面，如范围、进度和成本管理，也要使用项目工作分解结构。因此，在风险识别中，利用这个已有的现成工具并不会给项目班子增加额外的工作量。

(3) 常识、经验和判断

以前做过的工程项目积累起来的资料、数据和教训，以及项目班子成员个人的常识、经验和判断，在进行风险识别时非常有用。尤其对于那些采用新技术、无先例可循的工程项目，更是如此。另外，会同项目各方就风险识别进行面对面的讨论，也有可能触及一般规划活动中未发现或发现不了的风险。

(4) 实验或试验结果

利用实验或试验结果识别风险，实际上就是花钱买信息。例如，在地震区建设高耸的电视塔，预先做出模型进行抗震试验。实验或试验还包括数字模型、计算机模拟或市场调查等方法。

(5) 敏感性分析

敏感性分析就是分析并测定各个因素的变化对指标的影响程度，判断指标（相对于某一项目）对外部条件发生不利变化时的承受能力。一般情况下，在工程项目融资中需要测度敏感性的变量要素主要有价格、利率、汇率、投资、生产量、工程期限、税收政策、项目生命周期等。这样，项目管理人员就能识别出风险隐藏在哪些项目的变量或假设之下。

敏感性分析的基本步骤如下：

1) 确定分析指标。在工程项目融资风险分析中，通常采用净现值（NPV）指标。
2) 选择需要分析测度的变量要素。
3) 计算各变量要素的变动对指标的影响程度。
4) 确定敏感性因素，对项目的风险情况做出判断。

(6) 事故树分析

在可靠性工程中，常常利用事故树进行系统的风险分析。此方法不仅能识别出导致事故发生的风险因素，还能计算出风险事故发生的概率。

事故树由节点和连接节点的线组成，节点表示事件，而连线则表示事件之间的关系。事故树分析是从结果出发，通过演绎推理查找原因的一种分析过程。在风险识别中，事故树分析不但能够查明项目的风险因素，求出风险事故发生的概率，还能提出各种控制风险因素的方案。事故树分析既可做定性分析，也可做定量分析。事故树分析一般用于技术性强且较为复杂的项目。

6.2.3　PPP模式的风险特征及识别[一]

PPP模式涉及行政、建设、运营、融资等多个方面，具有明显的系统性和复杂性特征。对于PPP模式的风险性，加拿大国家PPP委员会曾经给出过一个极为清醒的基本判断，即

[一] 引自潘萍、江帆在"人和人律师事所处"微信公众号发布的《PPP模式风险的实证考察与分析：PPP模式风险的基本特征》。

PPP 就是"一个建立在每一方都具备专业技能，并通过合理分配资源、风险和回报，而满足明确、具体定义的公共需求基础上的，介于公共部门和私人部门之间的合作风险体"。世界银行 2015 年的统计报告显示：1990 年—2014 年，包括中国在内的 194 个低收入以及中等收入国家采用 PPP 模式进行交通基础设施建设运营的投资总额达 2564.5 亿美元，其中被取消或已陷入困境的 PPP 项目 118 个，总投资额 324.64 亿美元。因此，无论是源于理性的抽象判断，还是基于现实的客观总结，PPP 模式都极具风险性。

PPP 模式难免会受到政府部门、社会资本、金融机构等融资主体及融资经济环境等众多不确定性因素的影响。在众多不确定因素中，任何因素的发生和变动都会不断累积或叠加，对项目产生直接而显著的影响，因此，对这些不确定性因素有所把握和防范是 PPP 项目顺利进展的必要条件，也是整个 PPP 项目开展的重要保障。PPP 模式的风险识别是 PPP 项目融资风险管理的基础，是贯穿于项目全生命周期的连续的、动态的过程。因此，对 PPP 模式的风险进行有效识别是项目成功的关键环节。

1. PPP 模式风险的基本特征

PPP 模式风险除具有一般项目共有的不确定性、客观性、规律性、可测性等风险特征外，还独具长期性、复杂性与传导性的基本特征。

（1）PPP 模式风险的长期性

PPP 项目融资风险的长期性是指该风险由于长时的合作周期而具有时间跨度较长的特征。例如，在采取杠杆融资运作的 PPP 项目中，利率风险的存在往往持续数年以上，并直至债务本金偿还完毕才能得以消除。至于通货膨胀、市场需求等更具长期性的风险，则将伴随合作周期的始终，需要时刻予以关注和警惕。而从 PPP 运作阶段来看，这种长期性是指 PPP 融资风险将贯穿于项目全生命周期的各个阶段，长达数十年的合作过程中始终潜伏着可能导致项目失败的各种风险。

根据目前的经验数据来看，大量的 PPP 失败案例集中高发于项目的执行阶段。但是，同时也不乏因为前期准备阶段的风险失控而导致项目延迟推进、意外中止，乃至最终被撤销的现实教训。

在项目执行阶段，多方利益诉求的交锋冲突与各种机会主义的现实干扰更加决定了公私部门的长期合作必然矛盾重重。

在项目的移交阶段，虽然一些具有特定阶段专属的风险因素已经基本消失，而使项目风险态势总体减弱，但某些贯穿于项目全生命周期的风险，如合同风险、界定风险、不可抗力风险等仍然存在，并共同形成了项目的残值风险。例如，深圳沙角 B 电厂项目中，因为合作协议根本忽略了项目移交阶段的范围界定与标准要求，最终导致移交至政府的电厂已经基本不能运营生产。对于政府而言，项目残值风险不会因为移交形式的完成而彻底终结，政府仍然需要考虑项目移交后在性能、功能、可维护性、可运营性、可持续性、可营利性与可再融资性方面所存在的各种风险。

（2）PPP 模式风险的复杂性

PPP 模式风险的复杂性是指长期公私合作过程中具体风险类型的多样性带来的复杂特征。多样性风险因素在项目识别阶段集中表现为可行性研究的论证失误、物有所值评价的测算失准、可承受能力的判断失真等；在项目准备阶段集中表现为实施机构工作的能力欠缺与进展不力、实施方案编制的设计欠精与水平欠优、部门沟通协调的效率低下与接续不畅等；在项目采购阶段集中表现为采购程序的非法违规、采购标准的考虑欠周、采购成本的支出失控、合作伙伴的选择失当等；在项目执行阶段集中表现为客观情势的动态变化、监管履责的角色错位、机会主义的随机干扰、合作冲突的频繁聚显等；在项目移交阶段集中表现为移交标的边界不清与标准模糊、移交工作的道德风险与执行无序、移交补偿的定量困难与争议不断等。

PPP模式风险的复杂性是由PPP参与主体关系的复杂性与PPP风险分配契约的不完备性造成的。首先，在PPP参与主体关系层面，最为基础的核心关系是政府与社会资本方之间通过PPP项目协议建立起来的伙伴合作关系。以这一法律关系为纽带，随着项目运作的程序推进与各方主体的陆续进入，PPP的交易结构将呈现出极其复杂的网络关系。从政府的角度看，需要直接面对的复杂关系包括但不限于：与实施机构之间、政府各职能部门之间、与项目公司之间、与社会资本方之间，以及与其他项目参与人、与第三方专业机构、与社会大众之间的关系等。而基于公共服务的供给职责并承担项目运作兜底责任的政府还同时需要面对以项目公司为主体、围绕项目运作具体需要而建立起来的各种间接关系：与社会资本方之间，与工程承包商、运营服务商、原料供应商、产品或服务销售商之间，与监理单位之间，与专业中介机构之间的关系等。面对着PPP参与主体之间如此众多，且相互交织关联的各类关系，PPP模式的风险必然是极其复杂的。

此外，PPP模式风险的复杂性还源自于PPP风险分配契约的不完备性。PPP模式风险总是不确定的，所以旨在对这些不确定风险进行确定分配的风险分配契约也就不可能是充分完备的——当下的契约签订主体无法完全预估到未来可能出现的所有风险，容量有限的成文契约也无法借助文字的表达而实现有关风险分担的精准安排。对于项目所承载的公共服务目标来说，这一风险分配的契约安排是极其必要的，但可能也是"虚弱无力"的。从PPP项目参与各方的角度看，即便是签订了堪称完美的风险分担契约，合作目标的实现也仍然面临着极其巨大的挑战。例如，印度大博电厂项目中，安然公司凭借自身丰富的实践经验与强大的谈判能力，对自身风险进行了堪称完美的契约回避，并取得了两级政府的联合担保，但最终仍然出现了投资失败、公司破产的结局。

（3）PPP模式风险的传导性

PPP模式风险的传导性是指项目外部环境与内部系统的各类风险因素所释放的风险，依托某种载体，附以传导路径，进而蔓延至项目运作的各个阶段与环节，最终干扰到整个项目的效益与分配，造成预期合作目标的偏离而使合作各方遭遇损失的特征。各类风险因素是指所有影响到项目正常运作的不确定因素，如政策调整、法律变更、合作违约、股东争议、遭遇不可抗力等；风险传导载体主要包括人、物、事三个方面；传导路径则既包括项目内部风险向外部的传导，如成本风险导致服务水平降低进而引发公众抗议，也包括外部风险向内部的传导，如通货膨胀风险导致工程建设成本超支进而形成公司财务压力，还包括项目内部风险之间的传导，如设计变更风险导致工期延误进而延迟项目现金流入；道德风险导致政府做出过高承诺进而引起政府被迫违约。

从风险传导的动态机制角度分析，某一风险源所以会发生蔓延、扩散的结果，主要是因为PPP项目运作过程中财务杠杆效应、羊群效应与蝴蝶效应的存在和驱动。比如，财务杠杆效应是指PPP项目融资的高负债运作，过高的杠杆率与固定的沉重债务负担将使某一财务变量即便仅是出现微小的变化，也能就此引发另一相关变量的巨幅变动，进而导致项目公司形成财务风险甚或财务危机。

2. PPP 模式的风险识别

PPP 项目公司的债股比例较高，融资需求规模较大，资金提供往往涉及多方投资主体，融资结构、担保体系的设计通常较为复杂。并且，由于项目的高风险性，缺乏抵押资产担保的 PPP 项目融资成本也相对较高，利率负担较重。

（1）PPP 模式的特有风险

根据一般融资风险的分类，并考虑 PPP 项目融资的特点，PPP 项目的融资风险往往是众多风险的累积或叠加，如除了金融风险中的汇率风险、利率风险、货币风险和通货膨胀风险外，还会有金融市场中的资金可获得性风险、风险分担协议无法履行风险和金融机构风险等。主要内容如下：

1）资金可获得性风险。资金可获得性风险是指由于 PPP 项目的融资体量大，资金使用时间长，项目公司筹集到规模合适、期限匹配、并如期完成融资任务等都存在着不确定性。这种不确定性是由于金融市场、融资渠道、融资结构等因素的影响给项目公司资金筹措带来的困难。按照 PPP 项目的操作流程，政府与社会资本方草签的 PPP 合作框架协议需以融资任务的如期完成作为协议正式生效的前提与要件。若社会资本方不能在规定的期限内完成相应的融资任务，则政府将会取消其中标资格并没收投标保函。如 1995 年国家计委批准立项的湖南某电厂项目，中标人为以美资为主的某国际能源公司，主要投资人为某国际商业银团、亚洲开发银行、欧洲某国政府的出口信贷机构与国内某商业银行。在项目准备过程中，由于突发以美国为首的北约国家轰炸中国驻南斯拉夫大使馆事件，导致所有投资人在巨大的政治风险压力下均放弃了预先的投资计划。当中标人未能在经延长的期限内完成融资任务时，湖南省政府即按协议约定中止了合作，并没收了中标人的投标保函。这种风险主要存在于项目准备阶段以及再融资阶段。

2）风险分担协议无法履行风险。但是，值得政府注意的是，虽然通过 PPP 合作协议的风险分担安排，融资风险通常都由社会资本方承担，但由于 PPP 项目的公益性，政府需要承担项目失败的兜底责任，因而通过风险分配转移给社会资本方承担的融资风险可能仍会出现不同程度的回转。

3）金融机构风险。①金融机构信用风险。这是指以融资合同或协议为 PPP 项目提供融资及服务，帮助 PPP 项目及时得到融资支持的金融机构信用状况出现问题，未按照合同履行相应义务和承诺，给 PPP 项目带来损失的可能性。②金融机构监管风险。这是指在监管过程中，金融机构可能因直接介入条款而对项目进行干预，造成监管权滥用，增加项目运行管理方的危机感，打乱其正常节奏，干扰项目的正常运行的可能性。

（2）PPP 模式的层级风险

PPP 模式中为了更好地分析和确定每一种风险对其他风险的影响作用，更好地确定对每一种风险所应采取的风险管理措施的优先顺序，以便依据归责原则对风险进行合理的分担，可从风险的起源和责任归属的角度，借鉴 Hastak 和 Shaked 的风险层级归纳方法，将 PPP 项目的风险分为国家、市场和项目三个层级。

国家层级风险指的是在某一特定国家的政治、人文、社会、环境等方面的潜在风险，如政治和宏观经济的稳定性、国家对私有/外国财产保护的能力、国家应对经济危机的能力、市场规则、对股息/红利的分配限制等方面，表现为政府官员腐败、政府干预、征用/公有化、政府失信、税收调整、项目审批延误、法律变更、政府决策失误等。

市场层级风险特指在全球或者某一特定国家内的经济市场、建筑市场和 PPP 项目所在行业市场的潜在风险，包括公司在当地市场的技术优势和劣势、市场资源的稀缺性、市场规则的复杂性以及政府对建筑产业的政策/态度等方面，表现为利率风险、外汇风险、通货膨胀、市场需求变化、第三方延误/违约等。

项目层级风险指的是在某一特定 PPP 项目中可能遭遇的潜在风险，如工程设计、现场施工安全、质量控制手段和环境保护等方面，表现为完工风险、供应风险、技术风险、收费变更、残值风险、组织协调风险、工程/运营变更、项目财务监管不足等。

6.3 工程项目融资的风险分担

为了实现工程（PPP）项目融资的有限追索，对于与项目有关的各种风险要素，需要以某种形式在项目各参与者之间进行分担。风险分担是指与项目有关的各种风险因素需要以某种形式在项目参与者之间进行分配的一种风险管理策略。风险分担策略是借助项目各参与方的力量，采取业务分包、制定合同条款、购买保险等方式和适当的控制措施，将风险控制在参与各方风险承受范围之内的策略。

传统融资方式下，风险往往集中于投资者、贷款方和担保方，难以分散；而工程项目融资捆绑了项目各方，并采用严格的法律合同将不同的风险分散给比较合适或有能力承担的项目各方，从而保证工程项目融资的顺利实施。工程项目融资运作方案设计中复杂而有效的风险结构设计，实际上是融资成功的关键。通过风险分担，一是能减少风险发生的概率，降低风险发生后造成的损失和风险管理成本；二是有利于项目各方责、权、利的合理分担，有利于参与者在项目全生命周期内注意理性和谨慎的行为，发挥自身的能力，控制分配给自己的风险，并为项目的成功而有效地工作；三是使各项目参与者能达到互惠互利、协作共赢的目标。

工程项目融资风险的分担充分体现在 PPP 项目融资模式中，故本节主要就 PPP 项目的风险分担问题进行阐述。

PPP 项目从项目发起直至项目运营需经历多个阶段，涉及诸多方面，且涉及的参与方众多。其中，政府部门、项目投资者、金融机构、建筑承包商和运营商为 PPP 项目融资风险的主要承担者。这些风险承担者在合作期限内动态、公平地分担风险是 PPP 项目成功的关键。这是因为：

首先，PPP 项目在政府和社会资本之间存在长达 10~30 年甚至更长时间的合作伙伴关系，而政府和社会资本双方不可能完全准确预测其间存在的风险，而且这些风险不是静态的，而是动态的。

其次，双方所签的 PPP 合同本质上是不完备的，即使合同中设计了上下限、调节和调价等各种动态机制，也不可能完全覆盖将来可能发生的各种情况。更何况当今世界变化很快，技术更新、用户需求、社会发展等一直处在变化之中。

最后，PPP 项目所提供的是公共产品或服务，并不会因为改由社会资本提供后，政府就没有责任了。如果由于风险预测不准确或合同不完备或不公平，公共产品或服务的供给出了问题，甚至社会资本"撂挑子"，政府也绝对不能坐视不管，因为提供公共产品的终极责任是政府的，需要各方齐心协力，共同承担风险、解决问题。

因此，判断一个 PPP 项目是否成功，并不能仅以签约作为标志。对政府而言，一般要等项目移交后，看公众是否满意、政府是否获好评、投资者是否挣到钱、金融机构是否收回贷款本金和利息等，即实现所谓的"共赢"。

6.3.1 工程项目融资风险分担原则

风险分担的常见原则有公平原则、归责原则、风险收益对等原则、有效控制原则、风险管理成本最低原则、风险上限原则、直接损失承担原则、动态原则和风险偏好原则等。由于 PPP 工程项目融资参与方的特殊性，工程项目融资模式的风险分担原则主要包括以下三种。

1. 风险与控制力相匹配原则

此原则是指由对风险最有控制力的一方承担相应的风险。对某一风险最有控制力意味着其处在最有利的位置，能减少风险发生的概率和风险发生时的损失，从而保证其控制风险时所花费的成本是最小的。同时，由于风险在其控制力之内，使其有动力为管理风险而努力。

2. 风险与收益相匹配原则

此原则是指承担风险的程度与所得到的回报相匹配。在 PPP 项目中存在一些双方都不具有控制力的风险，如不可抗力风险。对于此类风险，分配时应综合考虑风险发生的可能性、政府自留风险的成本、政府减少风险发生后所导致的损失和私营部门承担风险的意愿。如果私营部门要求的补偿超过了政府部门自己承担风险时支付的成本，则政府部门是不会接受的。因此，承担的风险与所得回报应相匹配。

3. 承担的风险要有上限原则

在实际项目中还存在常常容易被忽略的情况，如在合同的实施阶段，项目的某些风险可能会出现双方意料之外的变化，或风险带来的损害比之前估计的要大得多。出现这种情况时，不能让某一方单独承担这些接近于无限大的风险，否则必将影响这些大风险承担者管理项目的积极性。因此，应该遵从承担的风险要有上限的原则。

工程项目融资风险分担从实质上看，显然并不是参与各方之间的平均分担，而是让最适合承担、最愿意承担某种风险的一方承担风险，即任何一种风险都完全由对该风险偏好系数最大的项目参与方承担，从而使项目参与方的整体满意度最高。

6.3.2 工程项目融资风险分担机制

PPP 项目的风险分担机制是基于 PPP 项目的实践，寻找项目中风险分担的一般规律而形成的一套理性化的制度。从静态看，风险分担机制就是通过这套制度来反映风险与项目参与方之间与项目整体相互协调、相互作用的方式。风险分担机制的内涵就是构成这套制度的几个方面的要素。根据 PPP 项目风险分担的定义，风险分担机制可以包括以下四个方面的主要内容。

1. 风险分担主体

风险分担的主体是在风险分担中风险的期望收益受到影响的项目各参与方。对风险分担主体的确定，必须建立在专业的风险评价和对参与方客观分析的基础上，根据评价结果以及风险与参与方的相关程度等来确定风险分担的主体，包括风险直接作用对象，以及利益被风险间接影响的其他项目参与方。从 PPP 项目来看，主要参与方为政府、私人投资者、金融机构、承建商以及运营商，也即形成了工程项目融资的主要结构。一个成功的工程项目融资结构应该是在项目中没有任何一方单独承担起全部项目债务的风险责任。融资结构一旦建立，任何一方都要准备承担始料未及的风险。

2. 风险分担决策动因和模型

风险分担决策动因是影响风险分担主体进行风险分担决策的内部原因。风险分担主体在进行风险分担决策时，必然会有其必须考虑的因素。这些因素是风险分担主体本质的体现，也是其参与 PPP 项目的根本目标，因此决定了风险分担主体风险分担决策的方向。一般需要建立风险分担指标体系来全面、系统地反映风险分担主体的决策动因。同时，还需要建立风险分担模型，用量化指标来分析和评价参与方对风险的控制能力以及承担风险的意愿，最终确定工程项目融资风险的最佳承担者。风险分担模型可为 PPP 项目融资风险在各参与方之间合理公平地分配提供可行的量化方法。

3. 行为导向制度

行为导向制度是 PPP 项目对参与方在风险分担上所期望的努力方向和行为方式的规定。在 PPP 项目中，风险分担主体基于决策动因所做出的风险分担决策可能会朝各个方向，即不一定都是指向风险有效分担、风险收益最大化的风险分担目标，这就需要在项目各参与方中培养和建立统一的风险分担价值目标。行为导向一般强调全局观念、长远观念及集体观念，这些观念都是为实现 PPP 项目及其项目参与的长远利益目标服务的。借用人力资源管理学的激励措施，在 PPP 项目中可以建立相似的措施制度，如：奖励对风险的积极控制而不是消极逃避；奖励合作，反对内讧；奖励对风险果断有效的行动而不是无用的分析；奖励对整体利益的关注而不是单纯地计较个体得失等。这些措施可以在一定程度上激励风险分担主体以合作、积极的态度分担客观风险。

4. 行为归化制度

行为归化是指对风险分担主体进行风险分担行为上的同化以及对违反行为规范或达不到要求的处罚。由于 PPP 项目具有投资大、期限长、参与方众多等特点，各参与方在风险分担过程中的合作、整体及共赢的观念显得尤其重要。因此，除了在选择项目参与方时需要慎重，还有必要建立相应的行为归化制度来保证项目各参与方对项目其他参与方及项目整体的善意行为。各参与方在经济实力、业务范围、参与项目的程度、价值观等方面有着个体的特征，因此对风险的决策不一定符合其他参与方和项目整体的利益，甚至可能造成破坏性的影响。因此，应在风险分担中建立行为归化制度，使 PPP 项目中风险分担的价值观和目标渐渐趋同。

以上四个方面的制度和规定都是 PPP 项目风险分担机制的构成要素，风险分担机制是这四个方面构成要素的总和。其中，风险分担主体是行为的具体执行者，风险决策动因和模型起到发动行为的作用，后两者起到导向、规范和制约风险分担行为的作用。

设计风险分担机制时应注意：风险分担机制要能迫使项目各参与方尽量采用市场手段和自身高效经营和管理，而不是靠将风险转移给其他参与者来降低风险；风险分担机制要有利于降低各参与方的风险控制成本，提高私营部门控制风险的积极性；风险分担机制要能使各参与方控制风险的行为有利于项目社会效益的提高。

6.3.3 工程项目融资风险分担建议

PPP 项目大多比较复杂，建设周期较长，不确定性因素较多，风险分类不可能做到面面俱到，分担结果可能与实际项目存在不同程度的偏差，因此提出工程项目融资风险分担建议也会有一定的局限性。从不同层级风险分担的偏好来看，国家层级风险偏向于由政府承担，市场层级风险偏向于由双方共担，而项目层级风险偏向于私营部门承担。2019 年 3 月出台的《财政部关于推进政府和社会资本合作规范发展的实施意见》中原则上强调：社会资本负责项目投资、建设、运营并承担相应风险，政府承担政策、法律等风险。因此，从 PPP 项目主要承担者的政府部门和私营部门的角度出发，在此提出以下建议。

1. 政府部门承担的风险

对于政府而言，PPP 项目融资模式的运用并不只是简单地将风险转移给私营部门，更重要的是要根据项目的具体情况并结合本国环境，对各种风险进行有效配置，既要为合作的私营机构提供适当的激励以提高投资和管理效率，同时又要确保公众的利益不受侵害。这是 PPP 项目效率真正实现的基础，也应当成为改革的根本目标。一般来说，项目外部风险应当由政府承担：一方面，由于政府行为，如政府干预、政府征用等，在很大程度上更能影响项目的外部风险，政府承担大部分外部风险能起到对风险的抑制作用；另一方面，政府对那些不可控制风险的承受能力也较私营机构更强。根据风险与控制力相对应原则，大部分项目外部风险，如政治风险、政策风险、法律风险等，应该由政府部门承担。

2. 私营机构承担的风险

PPP 项目融资模式的一个基本特征是政府公共部门向私营机构购买服务，私营机构处在控制项目建设过程和营运过程的最有利地位，因此，私营机构应该承担起项目建设运营过程中的一系列风险，如设计、投资、建设、技术、运营有效性、维护及剩余价值风险，也就是大部分的项目内部风险应该由私营机构来承担。项目内部风险主要有原材料及能源供应风险、技术风险、完工风险、经营管理风险、管理者素质风险等。

3. 双方共同承担的风险

PPP 项目风险分担的目标是使项目整体效益最大化，在有些风险的分担上，单纯地分担给某一方并不是最优选择，因此，需要由政府部门和私营机构共同承担。由双方共同承担的风险主要有宏观经济风险中的资金可获得性风险、市场风险、不可抗力风险等。政府部门由于其自身的信用优势，可以对向银行等金融机构做出承诺或为私营机构进行担保，保证私营机构顺利获得银行等金融机构的资金。并且，政府部门和私营机构共同承担资金可获得性风险也有利于增强私营投资者的信心，保证 PPP 项目的顺利进行。由于价格变化、市场需求不足、市场预测偏离实际、市场竞争激烈等市场风险，会造成 PPP 项目产品和服务产生的现金流低于预期的要求。通常情况下，对此风险分担的设计应该严格按照风险与收益对等原则，先将一部分市场风险分担给私营机构，同时私营机构也有权享有相应的风险补偿。当风险损失超过私人承担范围的时候，超出的部分由政府承担，由于政府的非营利性，政府并不会得到这部分风险的收益补偿。这样设计风险分担，既能吸引私营投资者，也能增加项目的整体效益。对于不可抗力风险，由于此风险通常是不可避免的，也不能人为控制，所以不能将其单纯地分给某一方，只能由双方共同承担。在实际中，通常采取的措施是对 PPP 项目的不可抗力风险进行投保，把部分风险转移给保险公司，政府也会提供一定的补助性融资保证。此外，宏观经济风险中的汇率变动风险、利率变动风险、通货膨胀率变动风险等也建议双方共担。

6.4 工程项目融资的风险管理

前两节对工程项目融资风险管理的两个重要内容做了阐述,本节对工程项目融资风险管理的风险评估和合理规避防范进一步加以分析,以形成工程项目融资风险管理的完整内容,同时对工程项目融资风险管理的金融衍生工具进行介绍。

6.4.1 工程项目融资的风险评估

工程项目融资风险评估是指在工程项目融资风险识别的基础上,测定和评估风险发生的可能性、持续时间及对项目目标(工期、成本、范围、质量等)的影响。风险评估一般包括定性评估和定量评估。定性评估主要采用描述性语言表述风险发生的可能性及其影响。因其受评测者实践经验及知识水平的影响较大,评估结果具有较强的主观性。定量评估一般是基于大量可获取的数据对已识别风险发生的可能性及影响进行数值估计,能够较为准确地量化风险。然而在实际操作过程中,限于项目实际情况的复杂性和数据的可获得性,定量分析往往很难做到完全准确。实践中常将两种方法结合使用,将定性评估结果作为定量评估的基础,采用先定性分析、后定量分析的方法对项目融资风险进行评估。

定性评估方法主要有德尔菲法、风险矩阵法、经验判断法等。定量评估方法主要有层次分析法、蒙特卡罗模拟法、模糊综合评价法等,本节主要对德尔菲法、层次分析法和蒙特卡罗模拟法加以介绍。

1. 德尔菲法

德尔菲法也称专家打分法,是一种最常用、最简单、易于应用的分析方法。它的应用由三步组成:首先,识别出某一种特定工程项目可能遇到的所有风险,列出风险调查表;其次,利用专家经验,对可能的风险因素的重要性进行评价;最后,综合成整个项目的风险水平。具体步骤如下:

1) 确定每个风险因素的权重,以表征其对项目风险的影响程度。

2) 确定每个风险因素的等级值,按可能性很大、比较大、中等、不大和较小五个等级,分别以 1.0、0.8、0.6、0.4 和 0.2 打分。

3) 将每个风险因素的权重与等级值相乘,求出该项风险因素的得分,再求出此工程项目风险因素的总分。显然,总分越高风险越大。

4) 将项目风险评价结果与评价标准进行比较,做出决策。

表 6-2 为某海外工程的风险调查表,其中,WX 为风险度,表示一个项目的风险程度。由于 $\sum WX = 0.56$,说明该项目的风险属于中等水平,可以投标,报价时风险费也可取中等水平。

表 6-2 某海外工程风险调查表

可能发生的风险因素	权数(W)	风险因素发生的可能性 X					WX
		很大 1.0	比较大 0.8	中等 0.6	不大 0.4	较小 0.2	
政局不稳	0.05			√			0.03
物价上涨	0.15		√				0.12
业主支付能力	0.10			√			0.06

(续)

可能发生的风险因素	权数（W）	风险因素发生的可能性 X					WX
		很大1.0	比较大0.8	中等0.6	不大0.4	较小0.2	
技术难度	0.20					√	0.04
工期紧迫	0.15			√			0.09
材料供应	0.15		√				0.12
汇率浮动	0.10			√			0.06
无后续项目	0.10				√		0.04
合计	—	—	—	—	—	—	0.56

为进一步规范这种方法，可根据以下标准对专家评分的权威性确定一个权重值：

1）在国内外进行国际工程承包工作的经验。
2）是否参加已投标准备，对投标项目所在国及项目情况的了解程度。
3）知识领域（单一学科或综合性多学科）。
4）在投标项目风险分析讨论会上的发言水平等。

该权威性的取值建议在 0.5~1.0，1.0 代表专家的最高水平，对其他专家，取值可相应减少，投标项目的最后的风险度值为每位专家评定的风险度乘以各自权威性的权重值，所得之积合计后再除以全部专家权威性的权重值之和。

该方法适用于工程项目融资决策的前期评估。这个时期往往缺乏项目具体的数据资料，主要依据专家经验和决策者的意向，得出的结论也不要求是资金方面的具体值，而是一种大致的程度值，它只能是进一步分析的基础。

2. 层次分析法

层次分析法（Analytical Hierarchy Process，AHP），又称 AHP 法，是 20 世纪 80 年代初美国学者塞蒂（A. L. Saaty）提出的一种在许多领域中广泛应用的方法。AHP 法是量化处理定性问题，或定性与定量分析相结合的决策评价方法。它可以将无法量化的风险按照大小排出顺序，把它们彼此区别开来。

AHP 法的基本思路是：为系统化评价对象或问题，根据对象的性质和预期达到的总目标，将此问题划分成不同的要素，并根据要素之间的关联度及所属关系将要素集合成不同层次，将问题层次条理化，形成递阶层次结构，通过两两比较来确定每一层中两两要素的相对重要性，最后得到相对于目标层的总重要程度的排序。层次分析法相比其他的评价方法科学性较高，在科学领域也得到了广泛的支持和认可。

层次分析法处理问题的基本步骤具体介绍如下：

（1）构造递阶层次结构模型

确定评价目标，明确方案评价的准则和各指标，根据评价目标和评价准则构造递阶层次结构模型。

1）递阶层次结构类型。AHP 法所建立的层次结构一般有三种类型：①完全相关性结构，即上一层次的每一要素与下一层次的所有要素完全相关；②完全独立结构，即上一层次的要素都各自独立，都有各不相干的下层要素；③混合结构，即上述两种结构的混合，是一种既非完全相关又非完全独立的结构。

2) 递阶层次结构模型的构造。递阶层次结构模型一般分为三层：①目标层，这是最高层次，或称理想结果层次，是指决策问题所追求的总目标；②准则层，评价准则或衡量准则是指评判方案优劣的准则，也称因素层、约束层；③方案层，也称对策层，是指决策问题的可行方案。

各层间诸要素的联系用弧线表示，同层次要素之间无连线，因为它们相互独立。上层要素对下层要素具有支配（包含）的关系，或下层对上层有贡献关系，即下层对上层无支配关系，或上层对下层无贡献关系，这样的层次结构称为递阶层次结构。

(2) 应用两两比较法构造所有的判断矩阵

1) 判断尺度。判断尺度表示要素 A_i 对要素 A_j 的相对重要性的数量尺度，见表6-3。

表6-3 两两比较法的标度表

定义因素 i 与因素 j 的关系	标 度
i 因素比 j 因素绝对重要	9
i 因素比 j 因素重要得多	7
i 因素比 j 因素重要	5
i 因素比 j 因素稍微重要	3
i 因素与 j 因素一样重要	1
i 与 j 两因素重要性介于上述两个相邻判断尺度中间	2，4，6，8

2) 判断矩阵。判断矩阵是以上层的某一要素 H_s 作为判断标准，对下一层的要素进行两两比较确定的元素值。例如，在 H_s 准则下有 n 阶的判断矩阵 $A\ (a_{ij})_{n \times n}$，其形式见表6-4。

表6-4 n 阶判断矩阵 A 示意

H_s	A_1	A_2	...	A_j	...	A_n
A_1	a_{11}	a_{12}	...	a_{1j}	...	a_{1n}
A_2	a_{21}	a_{22}	...	a_{2j}	...	a_{2n}
⋮	⋮	⋮		⋮		⋮
A_i	a_{i1}	a_{i2}	...	a_{ij}	...	a_{in}
⋮	⋮	⋮		⋮		⋮
A_n	a_{n1}	a_{n2}	...	a_{nj}	...	a_{nn}

判断矩阵中的元素 a_{ij} 表示从判断准则 H_s 的角度考虑要素 A_i 对要素 A_j 的相对重要性，即

$$a_{ij} = \frac{1}{a_{ji}}$$

由表6-3可知，判断矩阵 A 有：$a_{ij} > 0$，$a_{ij} = 1/a_{ji}$ $(i, j = 1, 2, \cdots, n)$；$a_{ii} = 1$ $(i = j)$。

(3) 确定项目风险要素的相对重要度

在应用AHP法进行评价和决策时，需要知道 A_i 关于 H_s 的相对重要度，即 A_i 关于 H_s 的权重。计算分析程序如下：

1) 计算判断矩阵 A 的特征向量 W。首先确定判断矩阵的特征向量 W，然后经过归一化处理即得到相对重要度。

$$\overline{W}_i = \Big(\prod_{j=1}^{n} a_{ij}\Big)^{\frac{1}{n}} \quad i = 1,2,\cdots,n$$

$$W_i = \frac{\overline{W}_i}{\sum_{i=1}^{n} \overline{W}_i}$$

2）计算判断矩阵的最大特征值 $\lambda_{\max}$。

$$\lambda_{\max} = \sum_{i=1}^{n} \frac{[AW]_i}{nW_i}$$

式中 $[AW]_i$——矩阵 $[AW]$ 的第 i 个分量。

3）计算 CI，进行一致性检验。在计算出判断矩阵的最大特征值 $\lambda_{\max}$ 后，还要检验判断矩阵的一致性。只有通过检验（$CR = \frac{CI}{RI} < 0.1$）才能说明该判断矩阵是合理的，然后才能对结果继续进行分析。

若矩阵 A 完全相容，应有 $\lambda_{\max} = n$；若不相容，则 $\lambda_{\max} > n$。因此，可应用 $\lambda_{\max} - n$ 的关系来界定偏离相容性的程度。设相容性指标为 CI，则有

$$CI = \frac{\lambda_{\max} - n}{n - 1}$$

4）定义一致性指标为 RI。可根据 n 的大小查随机性指标 RI 数值（表6-5），并计算比值 CR。其算法为

$$CR = \frac{CI}{RI}$$

表 6-5 随机性指标 RI 数值

n	1	2	3	4	5	6	7	8	9	10	11
RI	0	0	0.58	0.9	1.12	1.24	1.32	1.41	1.45	1.49	1.51

5）最后检验 CR。若一致性指标 $CR < 0.10$，则认为判断矩阵的一致性可以接受，达到了要求；否则重新进行判断，写出新的判断矩阵。

(4) 计算综合重要度，对层次风险因素排序

在计算各层次要素对上一级 H_s 的相对重要度以后，即可从最上层开始，自上而下地求出各层要素关于系统总体的综合重要度，对所有项目风险因素（或备选方案）进行优先排序。其分析计算过程如下：

设第二层为 A 层，有 n 个要素 $A_1, A_2, \cdots, A_m$，它们关于系统总体的重要度分别为 $a_1, a_2, \cdots, a_m$。第三层为 B 层，有 n 个要素 $B_1, B_2, \cdots, B_n$，它们关于 a_i 的相对重要度分别为 $b_1^i, b_2^i, \cdots, b_n^i$，则第 B 层的要素 B_j 的综合重要度为

$$b_j = \sum_{i=1}^{m} a_i b_j^i \quad j = 1,2,\cdots,n$$

即下层 j 要素的综合重要度是以上层要素的综合重要度为权重的相对重要度的加权值。B 层的全部要素的综合重要度见表6-6。

表 6-6 综合重要度计算表

A_i B_j	A_1 a_1	A_2 a_2	$\cdots$	A_m a_m	b_j
B_1	b_1^1	b_1^2	$\cdots$	b_1^m	$b_1 = \sum_{i=1}^{m} a_i b_1^i$
B_2	b_2^1	b_2^2	$\cdots$	b_2^m	$b_2 = \sum_{i=1}^{m} a_i b_2^i$
$\vdots$			$\vdots$		$\vdots$
B_n	b_n^1	b_n^2	$\cdots$	b_n^m	$b_n = \sum_{i=1}^{m} a_i b_n^i$

计算出层次的综合重要度，即可对不同层次风险按重要度进行排序，做出评价和决策。

应用 AHP 法应注意，如果所选的风险因素不合理，其含义混淆不清，或因素间的关系不正确，都会降低 AHP 法的结果质量，甚至导致 AHP 法决策失败。为保证递阶层次结构的合理性，需要把握以下原则：

1）分解简化问题时把握主要因素，做到不漏不多。

2）注意相比较的因素之间的强度关系，相差太悬殊的因素不能在同一层次比较。

3. 蒙特卡罗模拟法

蒙特卡罗模拟法又称随机抽样统计试验方法。这种方法计算风险的实质是在计算机上做抽样试验，然后用具体的风险模型进行计算，最后用统计分析方法得到所求的风险值。它是估计经济风险和项目风险的一种常用方法。蒙特卡洛模拟法的基本原理如下：

假定计算项目指标的函数为

$$Y = F(X_1, X_2, X_3, \cdots, X_n)$$

式中，假定随机变量 X 取值 X_1, X_2, X_3, $\cdots$, X_n 的概率分布已知，且 X_1, X_2, X_3, $\cdots$, X_n 与 Y 有上述函数关系，希望求得随机变量 Y 的近似分布情况及数字特征。通过随机发生器抽取符合其概率分布的随机数列 X_1, X_2, X_3, $\cdots$, X_n 的值，将其带入函数关系式计算获得 Y 的值。当模拟的次数足够多的时候，我们就可以得到与实际情况相近的函数 Y 的概率分布和数字特征，从而估计项目的整体风险水平。当随机变量 X 的概率分布未知时，通常可用专家调查法得到主观概率分布。

使用 MC 方法对项目风险进行评估的基本过程如下：

1）编制风险清单。通过结构化方式，把已经识别出来的影响项目目标的重要风险因素制作成一份标准化的风险清单，这份清单能充分反映风险分类的结构和层次性。

2）风险估计。通过随机发生器或采用专家调查法确定风险因素的影响程度和概率分布。

3）根据具体问题，建立风险的数学表达公式。

4）产生伪随机数，并对每一风险因素进行抽样。

5）用数学表达公式计算特征值。

6）重复第四步、第五步 N 次。

7）对 N 个计算值进行统计分析，进而求出具体的风险值。

应用 MC 方法可以直接处理每一个风险因素的不确定性，但其要求每一个风险因素都是独立的。这种方法的计算工作量很大，但在计算机技术飞速发展的今天，这已不是困难的事。可以通过计算机软件来对模拟过程进行处理，大大节约计算时间。该方法的难点在于对风险因素相关性的识别与评价。但总体而言，该方法无论在理论上还是在操作上都较其他方法有所进步，目前已广泛应用于项目风险管理领域。

6.4.2 工程项目融资的风险防范

经过不断地实践探索和检验，国际上已经逐渐形成了一些行之有效的降低和减少工程项目融资风险的做法，尤其是参与项目贷款的主要银行，更是建立了一系列的方法和技巧以降低项目风险。如我国为加强项目融资业务风险管理，促进项目融资业务健康发展，银监会在2009年就制定了《项目融资业务指引》，为银行业金融机构项目融资风险管理提供依据。2019年5月，国务院正式发布《政府投资条例》。《政府投资条例》生效后，发改委又发布了《国家发展改革委关于依法依规加强PPP项目投资和建设管理的通知》，为PPP的规范管理提供依据。因此，不仅要求项目本身是规范的，也要求决策程序和操作程序的规范化，以实现对项目风险的严控。结合我国工程项目融资的特点，考虑采取以下措施对项目融资风险进行防范。

1. 政治风险的防范

由于项目所在国政府最有能力承担政治风险，因此，政治风险最后由项目所在国政府来承担是最佳选择。事实上，国外有一些项目就是这么做的。例如，在菲律宾的Pagbilao项目中，国家电力公司同意用"项目全面收购"办法来承担这种责任，就是指如果东道国的政治风险事故连续维持一定的时期，则国家电力公司有责任用现金收购该项目，其价格以能偿还债务并向项目发起人提供某些回报为准。而在印度的电力开发项目中，在发生政治性事件后，国家电力局或国家电力公司有责任继续支付电费，最长可达270日。因此，所有债务在政治性事件发生时都有所保障。在我国，政府机构是要参与批准和管理基础设施项目的，因此政治风险不容忽视。然而，政治风险非个人和公司所能控制，只能依靠国际社会和国家的力量来防范。

（1）特许权证

特许权证具体包括政府对一些特许项目权利或许可证的有效性和可转移性的保证、对外汇管制的承诺、对特殊税收结构的批准等一系列措施。例如，广西来宾B电厂项目在政治风险控制方面就得到了政府强有力的支持。国家计委（现发改委）、国家外汇管理局、原电力工业部分别为项目出具了支持函，广西壮族自治区政府成立了专门小组来负责来宾B电厂项目。当法律变更使得项目公司的损失超过一定数额时，广西政府将通过修改特许期协议条款与项目公司共同承担损失，从而很好地预防了政治风险。

（2）投保

除特许权协议外，还可以通过为政治风险投保来减少这种风险可能带来的损失，包括纯商业性质的保险和政府机构的保险。但是，提供政治风险担保的保险公司数量很少，因为市场狭小而且保险费十分昂贵，同时对项目所在国的要求特别苛刻，因此以保险的方式来规避政治风险是很困难的。在我国，为政治风险投保的一个实例是山东日照电厂，德国的Hermes和荷兰的CESCE两家信誉机构为该项目的政治风险进行了担保，从而确保该项目进展顺利。

(3) 多边合作

在许多大型工程项目融资中，政府、出口信贷机构和多边金融机构不仅能为项目提供资金，同时还能为其他项目参与方提供一些政治上的保护，这种科学合理的产权布局就可能使国家风险降低很多；也可以寻求政府机构的担保以保证不实行强制收购，或当收购不可避免时政府机构会以市场价格给予补偿。一般来讲，很难预测到各种法规制度的变化，因而可以设法把此种风险转移给当地合作伙伴或政府。

2. 完工风险的防范

超支风险、延误风险以及质量风险均是影响工程项目竣工的主要风险，统称为完工风险。对项目公司而言，控制它们的最简单的方法就是要求施工方使用成熟的技术，并要求其在一个双方同意的工程进度内完成；或者要求其在自己能够控制的范围内对发生的延误承担责任。然而，对项目的贷款银行或财团而言，如果仅仅由施工方承担完工风险显然是难有保障的，因为项目能否按期投产并按设计指标进行生产和经营将直接影响项目的现金流量，进而影响项目的还贷能力，而这恰恰是融资的关键。因此，为了限制和转移项目的完工风险，贷款银行可以要求由项目公司提供相应的措施来降低和回避这一风险。

(1) 利用合同形式最大限度地规避完工风险

项目公司通过利用不同形式的项目建设合同来把完工风险转移给承包商。常见的合同有固定总价合同、成本加酬金合同和可调价格合同。

1) 固定总价合同。双方在专用条款内约定合同价款包含的风险范围和风险费用的计算方法，以一个固定的总价格（一次包死）委托给承包商，价格不因环境变化和工程量增减而变化，承包商承担全部的完工风险。在这种合同形式下，项目公司承担的风险是很小的，而承包商所承担的风险最大。但各承包商为了获得该项目的建设权，往往也在项目投资中做出了估算，愿意承担其中的风险，以此来获得该项目的承建合同。

2) 成本加酬金合同。项目公司承担了大部分风险，而承包商承担的风险是很小的。在这种合同中，项目公司应加强对实施过程的控制，包括决定实施方案，明确成本开支范围，规定项目公司对成本开支的决策、监督和审查的权力，避免造成不应有的损失。

3) 可调价格合同。采用这种合同，可让项目公司和承包商对完工风险进行合理的分担。

一般项目公司为了有效回避完工风险，通常采用"固定总价合同"将完工风险转移给承包商。

(2) 利用担保来规避项目完工风险

在项目建设阶段，完工风险的主要受害者是贷款银行，为了限制及转移项目的完工风险，贷款银行通常要求项目投资者或项目承包商等其他项目参与方提供相应的"完工担保"作为保证。

在工程项目融资的建设阶段，多由项目公司提供完工担保。完工担保许诺，在规定时间内完成项目，若在预定工期内出现超资，则担保方承担全部超资费用。一般来说，"完工"不仅是指工程建设完毕，还包括以一定费用达到一定生产水平。而完工担保人保护自己的方法是选择财力可靠的承包商，使承包协议条款和完工担保条件一致。如果承包商的能力和信用好，贷款人可以不要担保。因此，选择合适的承包商建设项目，对工程项目融资无疑是十分重要的。

由于完工担保的直接经济责任在项目达到商业完工标准后即告终止，贷款人的追索权只能限于项目资产本身，即项目的资产以及其经营所得，再加上"无论提货与否均需付款"等类型的有限信用保证的支持来满足债务偿还的要求。因而，项目的贷款银行或财团为了避免遭受因不能完工或完工未能达到标准所造成的风险，对商业完工的标准及检验要求十分严格。无论哪项指标不符合融资文件中规定的要求，都会被认为没有达到担保的条件，项目完工担保的责任也就不能解除。项目完工担保的提供者有两方：一方是项目公司，另一方是承建项目的 EPC 或交钥匙承包商、有关担保公司、保险公司等。具体内容见第 7 章。

（3）利用远期合约来规避完工风险

以上两种措施都是把完工风险转移给承包商，而承包商也意识到完工风险会给自己带来潜在的损失，为此会采取加快进度，进行全面质量控制，加强科学管理等措施来保证项目按期、保质完工。但是，在具体承建过程中，由于项目规模大、建设周期长、"三材"（钢筋、水泥、木材）用量大，因此，材料市场价格的波动对项目的总造价影响很大，很可能会造成总成本的增加，导致超出预算。工程项目中材料价格占总造价的 60%～75%，如果材料价格上涨 10%，那么其总造价上涨 6%～7.5%。在利润微薄的建筑行业，这样的风险对承包商来说是无法承受的，而且会由此导致完工风险，从而影响工程项目融资的正常运营。为此，可以利用远期合约来有效规避风险。

3. 市场风险的防范

降低和防范市场风险的方法需要从价格和销售量两个方面入手。工程项目融资要求项目必须具有长期的产品销售协议作为融资的支持，这种协议的合同买方可以是项目投资者本身，也可以是对项目产品有兴趣的具有一定资信的任何第三方。通过这种协议安排，合同买方对工程项目融资承担了一种间接的财务保证义务。"无论提货与否均需付款"和"提货与付款"合同是这种协议的典型形式。

降低和规避市场风险可以从以下三个方面着手：①要求项目有长期产品销售协议；②长期销售协议的期限要求与融资期限一致；③定价充分反映通胀、利率、汇率等变化。

另外，在降低市场风险的谈判中，建立一个合理的价格体系对运营商也是十分重要的，运营商必须对市场的结构和运作方式有清楚的认识。一般在销售价格上，根据产品的性质可以采取浮动定价和固定定价两种类型。浮动定价也称公式定价，主要用于在国际市场上具有公认定价标准、价格透明度比较高的大宗商品。采用浮动定价方式，价格一经确定，在合同期内就不可以再变动。固定定价是指在谈判长期销售协议时确定下来一个固定价格，并在整个协议期间按照某一预定的价格指数加以调整的定价方式。

另外，项目公司在与政府制定协议时，要有防止竞争风险的条款。例如，如果政府已经和项目公司达成建设一条公路的协议，则政府就不能在此条公路的近距离内修筑另一条公路。

4. 金融风险防范

规避利率风险可以考虑用固定利率贷款，即以一个固定的利率和银行签订合同，不管市场利率未来如何变化，贷款利息均以商定的利率执行。此外，还可以考虑通过签订利率交换协议、运用利率期货和利率期权等金融衍生工具最大限度地降低风险，提高项目投资收益率。

为防范汇率风险，可以综合考虑时机和条件，选择合适的兑换时机和货币，当预测东道国的货币将会升值时,就可以选择东道国的货币作为未来收入的货币,使收益从汇率的变化中增值。并且可以运用远期外汇买卖、外汇期权交易以及外汇保值条款来对冲风险。还可以采用风险均担法,即双方洽谈商定一个基本汇率,然后定出一个中性地带,在中性地带内,双方各自承担外汇风险和利益。

为了防范通货膨胀风险,在协议中应将项目产品或服务的价格与项目所在地的通货膨胀率、当地货币和贷款货币的汇率等挂钩,采用包含通货膨胀率、汇率以及利率的调价公式,并在合同条款中规定相应的补偿机制,增加产品或服务的相应收费,或延长特许经营期,以此来保证项目现金流能足以保证债务偿还和投资回收。

因此,对金融风险的防范和控制主要是运用一些金融工具。传统的金融风险管理基本上局限于对风险的预测,即通过对在不同假设条件下的项目现金流量的预测分析来确定项目的资金结构,利用提高股本资金在项目资金结构中的比例等方法来增加项目抗风险的能力,以求降低贷款银行在项目出现最坏情况时的风险。随着国际金融市场的完善,特别是近些年掉期市场和期权市场的发展,项目金融风险的管理真正实现了从"预测"到"管理"的转变。

5. 生产风险防范

生产风险主要通过一系列的融资文件和信用担保协议来防范。针对生产风险的不同种类,可以设计不同的合同文件。一般通过以下方式来实现:项目公司应与信用良好且可靠的伙伴就供应、燃料和运输问题签订有约束力的、长期的、固定价格的合同;项目公司拥有自己的供给来源和基本设施,如建设项目专用运输网络或发电厂;在项目文件中制定严格的条款,以及涉及承包商和供应商的有延期惩罚,以及项目效益和效率的标准。另外,提高项目经营者的经营管理水平也是降低生产风险的有效途径。

6. 信用风险防范

在工程项目融资中,即使对借款人、项目发起人有限追索权,贷款人也应评估项目参与方的信用、业绩和管理技术等,因为这些因素是贷款人所依赖的项目成功的保证。

针对金融机构的信用风险,工程项目可根据权威机构对银行信用评价等级,选择信用好的银行合作,并与政府建立良好关系来约束金融机构信用风险。在法律层面,明确协议中借贷双方的权、责、利,以及银行监管权的界限,并对其违约做出明确规定。

6.4.3 工程项目融资风险管理的金融衍生工具

金融衍生工具又称"金融衍生产品",是与基础金融产品相对应的一个概念,它是指建立在基础产品或基础变量之上,其价格随基础金融产品的价格或数值变动的派生金融产品。这里所说的基础产品是一个相对的概念,不仅包括现货金融产品,如债券、股票、银行大额可转让定期存单等,也包括金融衍生工具。作为金融衍生工具基础的变量则包括利率、汇率、各类价格指数、通货膨胀率等。

随着全球经济一体化的进程加快和国际金融市场的飞速发展,利率、汇率和大宗商品价格市场发生了根本性变化。这集中表现在利率的波动性大幅度增加,汇率的变动频繁而剧烈,能源、原材料以及最终产品的价格也剧烈波动等。这些变化既增加了项目的风险,使项目风险管理在工程项目融资中显得愈发重要,同时为分散这些风险,也需要找到合适的手段。因此,金融衍生工具就成为工程项目融资风险的管理的一个相对有效的工具,利用这些工具可以达到降低项目金融风险、生产风险、市场风险等相关风险的目的。

金融衍生工具可以按照基础工具的种类、风险—收益特性以及自身交易方法等的不同而有不同的分类。在现实中，通常使用两种方法对衍生工具进行分类：一是按照衍生工具的原生资产性质，将金融衍生工具分为股票类、利率类、汇率类和商品类；二是按照产品类型，将金融衍生工具分为远期合约、期货合约、期权和掉期四大类。现结合两种分类对四种金融衍生工具分别加以说明。

1. 远期合约

远期合约是指合约双方承诺在将来某一天以特定价格买进或卖出一定数量的标的物。标的物可以是大豆、铜等实物商品，也可以是股票指数、债券指数、外汇等金融产品。

远期合约是20世纪80年代初兴起的一种保值工具，也是最早出现的一种金融衍生工具。在远期合约有效期内，合约的价值随相关资产市场价格的波动而变化。若合约到期时以现金结清的话，当市场价格高于合约约定的执行价格时，由卖方向买方支付价差；相反，则由买方向卖方支付价差。双方可能形成的收益或损失都是无限大的。

远期合约是最简单的金融衍生工具，其特点在于虽然实物交割在未来进行，但交割价格已在合约签订时确定。远期合约的卖方承担了合约到期日向买方提供合约标的物（某种商品或金融产品）的义务，但是，卖方并不一定需要现阶段就拥有这种商品，而可以于合约到期日从现货市场上购入来履行合约。

远期合约的历史悠久，它的执行依赖于买卖双方履约的信用。理论上，远期合约适用于任何一种实物产品或金融产品的交易。实际上，最发达的远期合约市场是远期外汇合约、远期利率合约和远期商品合约。它们分别具有对汇率、利率和商品进行套期保值的功能，即利用远期合约锁定交易对象的价格，以利于控制成本、消除或降低风险。

远期合约的优点是形式上比较灵活，合约双方可以根据各自需要谈判确定，在签署合约时一般不需要合约方支付一定的费用。其缺点是远期合约较近期合约交易周期长、时间跨度大，所蕴含的不确定性因素多，加之远期合约的成交量及持仓量不如近期合约大，流动性相对差一些，因此远期合约价格波动更剧烈且频繁，市场效率较低。正因为如此，在金融衍生工具中，对于合约的卖方来说，风险都转嫁给了买方，买方的违约风险较高。另外，远期交易还有其不易解决的问题，如交易的一方必须寻找合适的交易对象、交易的数量也要符合对方的要求等。

在工程项目融资中，项目公司可以通过使用远期市场以远期合约方式来保值或锁定一种商品的价格，有利于消除项目公司在建设和生产过程中价格变化的不确定因素。但是由于远期合约期限相对比较短（期限多数不超过2年，少数可以到3年），而工程项目融资期限往往较长，所以限制了远期合约在工程项目融资风险管理中的应用。

另外，在我国工程项目融资中，项目的收入是人民币，承包商要将其兑换成美元汇回总部，因而可以事先同当地银行签订出卖远期外汇合同，在规定的交割日将人民币收入卖给银行，按合约规定的远期汇率买入美元。这里要注意，签订远期外汇合约的同时要考虑汇率的变动情况和人民币收入时间与交割时间的匹配。如果根据经验判断美元会升值，可根据人民币收入的时间确定交割时间及远期汇率，以便届时买入美元，避免本币贬值损失。这种方法的缺陷是交割时间固定，到了规定的交割日期合约双方必须履约，时间匹配困难。

2. 期货合约

期货合约是指由期货交易所统一制定的、规定在将来某一特定的时间和地点交割一定数量和质量商品的标准化合约。期货合约是期货交易的对象,期货交易参与者正是通过在期货交易所买卖期货合约,转移价格风险,获取风险收益。

期货合约是在现货合同和现货远期合约的基础上发展起来的,但它们最本质的区别在于期货合约条款的标准化。在期货市场交易的期货合约,其标的物的数量、质量、交割地点、交割时间、交割方式、合约规模等条款都是标准化的,这使期货合约具有普遍性特征。在期货合约中,只有期货价格是唯一变量,在交易所以公开竞价方式产生。

期货交易的品种既有现实中存在的资产,如商品期货合约和外汇期货合约,也有虚拟的资产,如股指期货合约、定期债券或定期存款期货合约。与远期合约相比,期货合约的流动性更好,期货合约的持有者可借交收现货或进行对冲交易来履行或解除合约义务。期货交易大多数都在期货交易所内进行,但由于期货市场上有大量的投机性买卖行为,所以大多数期货合约在到期日之前已经被卖掉或者以现金做差额结算,很少实行真正的实物交割。实际的产品销售协议和期货合约可以是完全分离的。

在工程项目融资中,项目公司可以通过期货市场对其产品、货币、利率等进行保值和固定价格,避免其价格波动带来的影响。另外,期货合约只要求支付初始保证金,此初始资金的金额可能低于类似的期权合约,可以节约成本;同时,由于期货合约的流动性好,便于项目公司计算期货合约在不同时期的市场价格。还有就是,期货合约由中央清算公司担保合约的履行,从而降低了合约的信用风险。但是,使用期货合约进行项目风险管理会带来潜在的利润损失,机会成本也比较大,而且由于期货合约是标准化合约,只对特定的商品、货币和金融产品有效,合约条款和合约期限都有局限性,因而限制了期货合约在工程项目融资中的应用。

3. 期权

期权是一种选择权,是指一种买方向卖方支付期权费(权利金)后拥有的能在未来某特定时间以特定价格(履约价格)买入或卖出一定数量的某种特定商品的权利。期权是在期货的基础上产生的一种金融工具,期权的买方拥有选择是否行使买入或卖出的权利,而期权卖方都必须无条件服从买方的选择,并履行成交时做出的期权合约允诺。

期权合约有看涨期权和看跌期权两类。前者给予合约持有人在未来某时以事先约定价格购买某一资产或商品的权利,而后者则给予以约定价格出售的权利。期权合约根据对有效期规定的不同,可以分为美式期权和欧式期权。美式期权可在合约到期前的任何一天执行,而欧式期权只能在到期日当日执行或放弃执行。

期权的基本特征在于,它给予合约持有人的是一种权利而非义务。期权交易事实上就是这种权利的交易,买方有执行的权利也有不执行的权利,完全可以灵活掌握。期权交易可以包括利率、汇率、股票市场的股价指数和其他金融产品交易,也可以包括实际的商品交易。

在工程项目融资中,作为风险管理工具,经常使用的期权有利率期权、外汇期权和商品期权三种形式。

(1) 利率期权

利率期权是指买方在支付了期权费后,即取得在合约有效期内或到期时以一定的利率(价格)买入或卖出一定面额的利率工具的权利。利率期权有多种形式,常见的主要有利率上限、利率下限和利率上下限。

利率上限是客户与银行达成一项协议,双方确定一个利率上限水平,在此基础上,利率上限的卖方向买方承诺：在规定的期限内，如果市场参考利率高于协定的利率上限，则卖方向买方支付市场利率高于协定利率上限的差额部分；如果市场利率低于或等于协定的利率上限，卖方无任何支付义务。同时，买方由于获得了上述权利，必须向卖方支付一定数额的期权手续费。

利率下限是指客户与银行达成一个协议，双方规定一个利率下限，卖方向买方承诺：在规定的有效期内，如果市场参考利率低于协定的利率下限，则卖方向买方支付市场参考利率低于协定利率下限的差额部分；若市场参考利率大于或等于协定的利率下限，则卖方没有任何支付义务。作为补偿，卖方向买方收取一定数额的手续费。

利率上下限是指将利率上限和利率下限两种金融工具结合使用。具体地说，购买一个利率上下限，是指在买进一个利率上限的同时卖出一个利率下限，以收取的手续费来部分抵销需要支出的手续费，从而达到既防范利率风险又降低费用成本的目的；而卖出一个利率上下限，则是指在卖出一个利率上限的同时买入一个利率下限。

利率期权为项目公司提供了一种规避利率风险的金融工具。与利率掉期相比，利率期权的优点在于，如果期权所有人认定执行该项交易对自己不利，可以不必履行期权合约。这样利率期权既帮助了投资者避免利率上涨的风险，又帮助投资者在合适的价格条件下获得了利率下降的好处。由于工程项目融资的长期性特点，在工程项目融资中使用的多数是较为复杂的中期利率期权形式，时间常为 3~10 年。

(2) 外汇期权

外汇期权又称货币期权，是近年来兴起的一种交易方式。权利的买方有权在未来的一定时间内按约定的汇率向权利的卖方（如银行）买进或卖出约定数额的货币，同时权利的买方有权不执行上述买卖合约。

在对汇率变化趋势掌握不准的情况下，外汇期权既为项目公司提供了套期保值的方法，又为项目公司提供了从汇率变动中获利的机会。因此，采用外汇期权将为项目公司风险管理提供较大的灵活性。

(3) 商品期权

商品期权和利率期权、货币期权的概念极为相似，根据项目对某一商品市场的不同需求和依赖程度，项目公司可以通过购买期权或者卖出期权进行风险管理。

对于项目投资者来说，期权交易具有投资少、收益高、降低风险、保有权利的作用。购买者只需支付一笔期权权利金，就可取得买入或卖出商品的权利。一旦投资者预期与市场变化相一致，即可获得可观收益；如果与预期相反，则可放弃使用权利。在交易中，投资者的风险是固定的，却可能带来潜在收益。但需要注意的是，购入期权需支付期权费，期权费通常较高。在工程项目融资中，需要对项目风险进行全面评估，在此基础上决定是否采用期权作为项目风险管理工具。

由于期权允许其持有人在管理不可预见风险的同时不增加任何新的风险，使得期权在工程项目融资风险管理中有着更强的灵活性。它避免了信用额度（投资银行根据客户的信用程度给予客户的交易额度）范围的约束，只要项目支付了期权费，就可以购买所需要的期权合约，从而也就获得了相应的风险管理能力，而不需要占用任何项目的信用额度，或者提供任何形式的信用保证。从实际的项目来看，国际工程项目存在着许多不确定因素，从合同签订到实际付款日时间不一定很明确，延期支付时有发生，一般的远期合约有时无法应用，而期权合约正好解决这一问题。

在我国，当项目承包商需要以人民币买入美元等可自由兑换货币，并从其他国家购买设备或向总部汇回利润时，就可以买入外币"买权"合约。当市场汇价高于期权合约协定汇价时，承包商可以要求对方履约，即以较低的协议汇价买到外汇；而当市场汇价低于期权合约协定汇价时，承包商可以不履约，而在现汇市场上购买低价的外汇。

4. 掉期

掉期也称互换，是指交易双方依据预先约定的协议，在未来确定的期限内相互交换的交易。在国际金融市场一体化背景下，掉期交易作为一种灵活、有效的避险和资产负债综合管理的衍生工具，越来越受到国际金融界的重视和广泛应用，交易形式也不断拓展。在工程项目融资中，掉期特指用项目的全部或部分现金流量交换与项目无关的另一组现金流量。经常使用的掉期有利率掉期、货币掉期和商品掉期三种形式。

（1）利率掉期

利率掉期也称利率互换，是指两个主体之间签订一份协议，约定一方与另一方在规定时期内的一系列时点上按照事先敲定的规则交换一笔借款，本金相同，只不过一方提供的是浮动利率，另一方提供的则是固定利率。利率的大小也是按事先约定的规则进行，固定利率订约之时就可以知晓，而浮动利率通常要基于一些具有权威性的国际金融市场上的浮动利率进行计算，如 LIBOR（伦敦银行间同业拆借利率）或 SHIBOR（上海银行间同业拆放利率），在其基础上再加上或减去一个值的方法可以确定当期的浮动利率。此时，投资银行常常充当中介，与不同人签订掉期协议，再来平衡。一般的利率掉期是在同一种货币之间进行的，因而不涉及汇率风险因素。因此，利率掉期可以规避利率风险。

国际资本市场上较早的一次利率掉期事件发生在 1982 年 7 月，当时，德意志银行在发行了 3 亿美元 7 年期的固定利率欧洲债券的同时，通过与另外三家银行达成的掉期协议，交换成以 LIBOR 为基准利率的浮动利率债务。这项交易使得双方能利用各自在不同金融市场上的相对优势获得利益，即德意志银行按低于 LIBOR 的利率支付浮动利息，而其他三家银行则通过德意志银行的较高的资信等级换得了优惠的固定利率债务。

在国际工程项目融资中，最经常使用的规避利率风险的方法就是利率掉期。由于大多数的项目长期贷款采用的都是浮动利率，使项目有关各方承担较大的利率波动风险，这时，通过浮动利率与固定利率的掉期，将部分或全部的浮动利率贷款转换为固定利率贷款，在一定程度上可以起到管理项目风险的作用。

（2）货币掉期

货币掉期又称货币互换，是指两笔金额相同、期限相同、计算利率方法相同但货币不同的债务资金之间的调换，同时也进行不同利息额的货币调换。简单来说，利率掉期是相同货币债务间的调换，而货币掉期则是不同货币债务间的调换。货币掉期双方互换的是货币，它们之间各自的债权债务关系并没有改变。初次互换的汇率以协定的即期汇率计算。它主要是针对不同货币的债务进行互换的安排。货币掉期作为一项常用的债务保值工具，主要用来控制中长期汇率风险，把以一种外汇计价的债务或资产转换为以另一种外汇计价的债务或资产，从而达到规避汇率风险、降低融资成本的目的。

在工程项目融资中经常使用的货币掉期工具是交叉货币掉期，它的主要特点是在安排货币掉期的同时安排利率掉期，将两者的优点结合起来，降低项目的汇率和利率风险。这种融资风险管理工具对于采用类似出口信贷作为主要资金来源的工程项目融资结构尤其适用，也可以用来改变那些有几种不同货币和利率的项目的资产负债结构。

（3）商品掉期

商品掉期是指在两个没有直接关系的商品生产者和用户之间（或者生产者与生产者之间以及用户与用户之间）的一种合约安排，通过这种安排，双方在一个规定的时间范围内针对一种给定的商品和数量，相互之间定期地用固定价格的付款来交换浮动价格的付款。商品掉期可以细分为固定价格及浮动价格的商品价格互换、商品价格与利率互换两类，而固定价格及浮动价格的商品价格互换最为常见。

参与商品市场的企业面对的风险中，商品价格波动风险是企业最为重视的风险之一。以能源市场为例，当能源价格下跌时，企业利润受到挤压，资金流动性受到冲击；当价格冲高时，一些国家或地区的政府会出面干涉，以保护消费者。商品掉期主要是用来有效管理企业所面临的价格波动风险。

在工程项目融资中，商品价格波动所引起的风险经常存在，通过采用把项目原材料或者能源供应的成本与项目最终产出品的市场价格挂钩的方法可以降低这类风险。商品掉期的交易过程和利率掉期相似，但由于商品掉期的发展历史较短，并且受到国际商品市场的流通性、价格机制等因素的制约，所以商品掉期没有像利率掉期那样得到广泛应用。在商品掉期的期限安排上，一般的商品掉期的期限基本上不能超过5年，只有极少数商品可以安排长期（最长期限为10年）的掉期。

综上，由于掉期交易是运用不同的交割期限来进行的，可以避免因时间不一造成的汇率变动风险，在国际贸易与国际投资中发挥了积极的作用。由于掉期属于场外交易，合约非标准化，因此可以根据参与者的个性化需求，灵活设置掉期合约条款，以进行具有针对性的风险管理。虽然掉期可以高度自主化设计，但涉及交易的双方都存在着信用风险和流动性风险。此外，掉期具有一个金融衍生品普遍存在的问题，即掉期属于表外业务，难以监管。其实，从某种程度上说，掉期产生的一个很重要的原因是为了逃避金融监管。因此，在工程项目融资中，利用掉期这一金融衍生工具可以有效地降低项目风险，但掉期不利的一面，诸如可能附带大量的经纪费用、信用风险和利率风险等，在一定程度上限制了这些风险工具的使用。

北京国家体育场（鸟巢）PPP 项目风险分配的启示

PPP 项目风险分配的国内典型案例当属堪称 21 世纪中国当代十大建筑之一（初评入围）的北京国家体育场（鸟巢）项目。

1. 项目的基本情况及建设过程

国家体育场（鸟巢）耗资 313900 万元，是北京 2008 年奥运会的标志性建筑。该场馆可容纳 91000 人，奥运会后削减至 80000 个座位。体育场由南向北长度为 333m，由东向西宽度为 294m，高度为 69.2m。项目主要建设过程如下：

2002 年 7 月 2 日：国家体育场面向全球公开征集规划设计方案后，共收到 89 个规划设计方案。

2003年1月至2月：确定5名项目合格申请人进入招标第二阶段。
2003年3月19至25日：评审委员会投票"鸟巢"方案压倒性胜出。
2003年12月24日：各项开工准备工作就绪，举行了奠基仪式。
2004年2月：百根基础桩完成，鸟巢工程开始实质性结构建设。
2004年7月30日：奥运场馆的安全性、经济性问题成为焦点，鸟巢全面停工。
2004年8月31日：取消可开启屋顶，方案调整，风格不变。
2004年12月：鸟巢复工。
2005年5月至2006年9月：工程经历两年多的建设后，于9月17日完成了钢结构施工的最后一个环节——整体卸载。
2008年3月：所有工程顺利完工。

2. 项目合同结构及变化

北京国家体育场（鸟巢）是我国体育设施领域第一个采用PPP模式建设和经营的国际性大型场馆。该项目融资运作的政府投资方为北京市人民政府，持有58%的股份，并授权北京市国有资产经营有限责任公司代为管理；私营机构投资方为由中国信托投资公司、北京城建集团和美国的金州控股集团有限公司组成中信联合体，持有42%的股份，特许经营期为奥运会之后的30年。

2009年8月20日，也就是鸟巢正式进入赛后运营一年后，北京市人民政府与中信联合体签署了《关于进一步加强国家体育场运营维护管理协议》。根据该协议，国家体育场进行了股份制改造：北京市人民政府持有的58%股份将改为股权，主导经营场馆，并承担亏损和盈利；中信联合体成员共持有42%的股权。同时，成立国家体育场运营维护协调小组，形成在北京市委、市政府主导下，由国家体育场公司负责运营，全市各相关部门、属地政府全力支持配合，充分调动和发挥各方积极性的运营管理新体制。这意味着，占有42%股权的中信联合体放弃了30年的特许经营权。从一定程度上说，30年经营权的终结，也意味着PPP模式在我国大型体育场（馆）建设、运营中的首次应用的夭折。

3. 项目的风险分配及风险事件

通过收集国家体育场项目实际发生的风险，对其主要风险分配与风险事件概括见表6-7。

表6-7 国家体育场项目主要风险分配及风险事件

风　　险	风险分配	风险事件
政策风险	政府部门	北京市人民政府要求减少停车位；要求减少商业设施；要求在修改设计的同时按时完工
法律风险		政府承诺30年不分红，违反相关法规的规定，因此北京市发改委协调各部门帮助中信联合体取得利润
公众反对		后期国家体育场的主要营业收入来自于票价，但是票价定得太高，导致公众反对
项目决策失误风险		北京市人民政府没有获得国家体育场设计的知识产权

(续)

风　险	风险分配	风险事件
金融市场不健全	政府部门	融资完成时间比实际拖后了2个月
设计不合理或大变更		取消可闭合顶盖，对设施要求发生变化
合同风险		由于出现大的设计变更，导致设计联合体索赔原设计费的三分之一
技术风险		国家体育场技术标准要求很高、功能很复杂，承办商需要花费更多的时间进行项目规划，特别是取消可闭合顶盖后，技术变化大
建设成本超支	私营机构	国家体育场的结构复杂，我国没有类似项目施工经验，最终导致成本出现较大超支
维修成本超支		奥运会后国家体育场一年的维护成本大概是5000多万元
运营成本增加		由于项目公司从未经营过体育场，缺乏运营经验，因此重金请法国的Stade de France公司提供项目咨询，最终导致运营成本增加
项目自偿性		由于国家体育场投资巨大，而且在取消可闭合顶盖后，项目的商业价值远不如预计，项目自偿性差
定价风险		作为国家窗口，对公众参观票不能高定价
同业竞争风险		尽管北京市人民政府保证不会批准在北京市北部新建体育馆，但已有工人体育场的竞争性很强
市场风险		由于国家体育场本身设施方面的缺陷，以及取消顶盖后不能满足室内活动的要求，因此市场需求较小；同时其最大竞争者工人体育场的投资已经收回，具有低运营成本和低收费的优势
通货膨胀	公私共担	在建设期，经历了建设材料涨价，特别是钢材价格的上涨，由于该项目用量大，最终导致成本增加

4. 项目风险分配中的问题

从表6-7可以清晰地发现，该项目风险分配存在以下问题：

1）私营机构承担了大部分不可控的风险，例如市场风险、建设成本超支和运营成本超支等。过度地转移风险给私营机构，最终导致该项目的财务状况比预期相距较远。因为在投资协议中有一个兜底条款，即北京市发改委协调各部门帮助中信联合体取得利润，但是实际操作非常困难。最终，通过政府部门回购私营机构的股份，提前结束特许经营期。

2）公私双方忽视了可以共同承担的风险，例如市场风险、合同风险等。由于私营机构的风险承受能力有限，政府部门可以与私营机构通过预先约定的方式，例如补贴、共同承担某一风险，从而降低私营机构提前退出的可能性。

3）政府部门干预对风险的合理分配有非常大的影响。事先约定的风险分配方式对合同双方都有约束力，可以认为是合同双方的承诺。可是政府部门单方面的干预，实质上等于打破了原有的承诺，启动了合同的重新谈判。重新谈判对合同双方都会带来效率的损失，例如谈判能力占优的一方会采取抬高价格的行为，私营机构对政府部门的履约能力产生怀疑等。

5. 启示与建议

在国家体育场（鸟巢）项目中，私营机构退出的主要原因在于过多承担了无法掌控的风险。因此其带来的启示与建议如下：

对政府部门而言，应用 PPP 模式并不是把所有风险都转移给私营机构，要考虑私营机构的风险控制能力，因为对于没有管控能力的风险，私营机构会要求高价补偿；同时政府部门应遵守承诺，避免过多干预。对私营机构而言，也不能把承担更多风险作为获得更多回报的机会，要考虑自身承受力，否则过多的风险将会导致项目破产。必要的时候，双方可以共同承担同一个风险。

（案例资料来源：中建政研政府和社会资本合作（PPP）研究中心网，http://www.ppp-center.org.cn/alfx/swal/ggsy/201512/123949jse.html，2015-12-01。）

英法海峡隧道工程对 PPP 项目风险分担的启示

基础设施 PPP 项目投资大、时间长、风险高、合同结构相对复杂，项目谈判过程往往旷日持久，很多时候由于在实施过程中无法兑现承诺或发生其他原因而出现争议，堪称 20 世纪最伟大的基础设施建设工程之一的英法海峡隧道就是一个典型案例。

1. 英法海峡隧道的产生与发展过程

1994 年投入运营的英法海峡隧道（Channel Tunnel）横穿多佛海峡，连接英国多佛尔和法国桑加特，全长约 50km，其中 37.2km 在海底，12.8km 在陆地下面。英法海峡隧道项目的主要历史事件如下：

1981 年 9 月 11 日，英法两国举行首脑会晤，宣布该项目必须由私营部门出资建设经营。

1985 年 3 月 2 日，两国政府发出海峡通道工程融资、建设和运营的招标邀请。

1985 年 10 月 31 日，收到四种不同的投标方案。

1986 年 1 月 20 日，两国政府宣布选中 CTG-FM（Channel Tunnel Group-France Manche S.A.）提出的双洞铁路隧道方案。

1986 年 2 月 12 日，两国政府正式签订海峡隧道条约，又称肯特布（Canterbury）条约。

1986 年 3 月 14 日，两国政府和 CTG-FM 签订特许权协议，授权建设和经营海峡隧道 55 年（包括计划为 7 年的建设期），并承诺于 2020 年前不会修建具有竞争性第二条固定英法海峡通道，项目公司有权决定收费定价，但两国政府不提供担保。

1986 年 8 月 13 日，成立欧洲隧道公司，并与 TML（Trans Manche Link）签订施工合同，合同类型为固定总价和目标造价合同。

1987 年 12 月 15 日，海峡隧道英国段正式开挖。

1993 年 12 月 10 日，工程建设完成，TML 将项目转交给欧洲隧道公司。

1994 年 5 月 6 日，英法海峡隧道正式开通。

1997 年 7 月 10 日，欧洲隧道公司财务重组计划审核通过。

1997 年 12 月 19 日，两国政府同意将特许经营期延长至 2086 年。

1998 年 4 月 7 日，财务重组完成。

2006 年 8 月 2 日，巴黎商业法庭表示批准欧洲隧道公司的破产保护申请。

2007 年 1 月 15 日，巴黎商业法庭表示批准欧洲隧道公司的破产保护计划。

2007年6月28日，欧洲隧道公司宣布通过公开换股，债务重组成功。

2007年7月2日，欧洲隧道集团首次在巴黎和伦敦证券交易所上市交易，将替代欧洲隧道公司负责英法海峡隧道的经营。

2. 英法海峡隧道的融资与合同结构

该项目初始投资预算为60.23亿英镑，其中10.23亿英镑为股权资金，由英国的海峡隧道集团（CTG）和法国的法兰西曼彻公司（FM）各出资79%和21%。中标之后，CTG-FM分别在英国和法国注册了Eurotunnel PLG公司和Eurotunnel S. A公司，两家公司联合成立了合伙制公司Eurotunnel General Limited（即欧洲隧道公司）。其余的50亿英镑来自于世界上最大的辛迪加贷款（超过220家银行，牵头银行是CTG-FM的股东），在签订贷款协议之前，银行要求项目公司完成1.5亿英镑的二期股权融资，英法两国议会必须通过有关协议来保证项目合同的合法性，并给予欧洲隧道公司自主营运权。TML联营体（Trans Manche Link，也是由CTG-FM的股东组成）作为项目的总承包商，负责施工、安装、测试和移交运行。

英法海峡隧道项目的合同结构如图6-2所示。

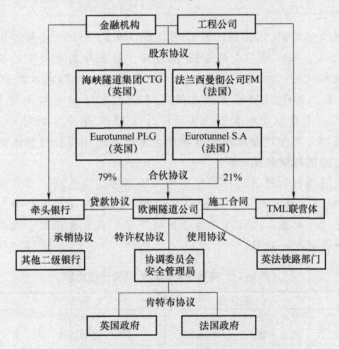

图6-2 英法海峡隧道项目的合同结构

3. 英法海峡隧道遭遇的风险因素

（1）索赔争议

在项目建设期内，承包商TML联营体与项目公司欧洲隧道公司之间出现了一些争议，并提出不少索赔，其中以1991年隧道电气系统设备安装成本为代表，最终以支付预期付款的利息解决了索赔问题。据称，1994年4月之前TML联营体获得的实际索赔额高达12亿英镑。

欧洲隧道公司也向两国政府提出索赔要求，索赔范围是由于政府要求增加安全管理和环保措施而引起的额外成本增加，最终解决办法是特许经营期的延长。

(2) 运营时间延迟

最初规定的货运和客运服务正式开通的时间是1993年5月，但是由于几项关键项目延误（例如，施工工期延误、英法两国政府的营运许可证书延迟发放等），正式开通时间不得不延迟到1994年5月6日，而开通当时系统并没有整体运转，部分服务尚未开通。项目运营延迟使得现金流入延迟，带来了巨大的财务负担。

(3) 实际收入偏低

欧洲隧道公司的预期运营收入主要来自于穿梭列车收费、在铁路使用合同（Railfreight和Eurostar公司）规定下的铁路使用费和其他副业收入。尽管两国政府许诺不兴建第二条固定的海峡通道，但是轮渡和航空公司大幅度消减票价引发了一场价格大战，迫使欧洲隧道公司降低票价。另一方面，Eurostar在隧道开通半年后才开始运营，铁路利用水平比预期要低，铁路使用收入也低于预期。利润的缺口也使欧洲隧道公司违反了贷款协议中的一些条款，使其不能继续使用剩余的信用额度，更加恶化项目的现金危机。

(4) 总成本增长

项目初始计划成本是48亿英镑，最后实际成本大约是105亿英镑。其中，施工成本比预期增加了近65%，实际施工成本达58亿英镑，潜在原因是大量的设计变更和设备安装及列车车辆的成本超支；初始公司成本是6.42亿英镑，实际成本到1994年5月增加到11.28亿英镑，主要原因是对项目管理上的延误以及加强安全控制所导致的成本超支；1990年增股公告时，项目融资成本已经从预计的9.75亿英镑增加到13.86亿英镑。建设成本超支、运营延期、实际现金流入偏低等因素都严重影响项目的整体现金流。

4. 英法海峡隧道的风险分担失误

在英法海峡隧道项目的进展过程中发生的风险事件主要包括：项目唯一性（没有竞争项目）、项目审批延误、成本超支、融资成本增加、工期延误、运营管理水平、运营时间延误、市场需求变化、收益不足以及项目公司破产等。表6-8比较了该项目主要风险的实际分担与合理分担是否有一致性。

表6-8 英法海峡隧道的风险分担比较

风　险	合理分担	实际分担	一　致　性
项目唯一性	政府、项目公司共同承担	项目公司	不一致
项目审批延误	政府、项目公司共同承担	项目公司	不一致
成本超支	承包商、放贷方共同承担	项目公司、放贷方共同承担	不一致
融资成本增加	放贷方	项目公司、放贷方共同承担	不一致
工期延误	项目公司、承包商共同承担	项目公司	不一致
运营管理水平	运营商	项目公司	一致①
运营时间延误	项目公司	项目公司	一致
市场需求变化	项目公司	项目公司	一致
收益不足	项目公司	项目公司	一致
项目公司破产	股东、放贷方共同承担	股东、放贷方共同承担	一致

① 英法海峡隧道项目中，运营商是项目公司本身。

从表6-7的风险分担结果比较可以看出，项目公司实际承担了部分应该由政府、承包商或者放贷方承担的风险，当这些风险事件发生后，项目公司的掌控能力不足，导致项目公司的财务压力巨大，进而面临破产的危机。以下按照风险类别划分，详细探讨英法海峡隧道项目的风险分担以及项目失败的主要原因。

(1) 政治风险

回顾历史可以发现，英法海峡隧道的决策主要受欧洲一体化进程的影响，两国政府在项目前期的推动起着至关重要的作用。在特许权协议中，两国政府承诺2020年之前不兴建第二条竞争性的固定海峡通道，给予项目公司自主定价的权利。但是也明确表示不提供担保，在项目的建设和运营过程中，两国政府缺少足够的监督管理和必要的支持。

首先，兴建类似英法海峡隧道的固定通道造价相当昂贵，理性的私营投资者不会参与新海峡通道建设，而由公共部门投资兴建必然会引起较大的社会争议，因此政府的所谓"项目唯一性"担保并不起实质性作用。相反地，在英法海峡隧道正式开通之后，有实质性竞争关系的轮渡、航空公司打起了价格战，迫使欧洲隧道公司大幅降低票价。两国政府在此问题上，没有提供足够的支持。

另一方面，两国政府在项目前期并没有对建设方案进行足够的调查分析，在建设期间要求增加安全管理和环保措施导致了施工成本的增加和工期的延迟，在施工结束后又延迟发放欧洲隧道公司的营运许可证书，使得项目正式开通一拖再拖，项目现金流进一步恶化。在项目公司的索赔要求下，两国政府最终将特许期由55年延长至99年，但是项目公司在运营的前十几年背负着巨大的财务压力，苦苦经营，以至于2006年不得不申请破产保护。

(2) 建造风险

欧洲隧道公司与TML联营体签订的施工合同分为三个部分：①固定设备工程，包括终点站、设备安装、所有机电系统，采用固定总价合同（Lump Sum Contract）；②掘进工程，包括隧道和地下结构，采用目标费用合同（Target Cost Contract）；③采购项目，包括牵引机车、穿梭列车的采购，采用成本加酬金合同（Cost Plus Fee Contract）。施工合同中还规定，欧洲隧道更改系统设计、英法政府的干预行为、隧道岩床条件与所预计的不符等带来的损失不归TML联营体负责。在该施工合同设置下，建造风险的分担如图6-3所示。

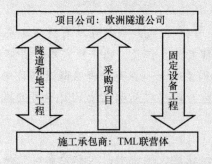

图6-3 英法海峡隧道的建造风险分担

回顾项目建造过程可以发现，隧道和地下工程因为未知因素多、风险高，采用目标费用合同使业主和承包商的利益一致，该部分工程基本上按计划完成；采购项目采用成本加酬金合同，缺乏足够激励带来较多延迟和成本超支；而固定设备工程采用总价合同却不合理，因为项目是以设计、施工总包方式和快速推进（Fast-Track）方法建设，在施工合同签订时还没有详细设计，合同执行过程中很容易发生分歧、争议和索赔，总价合同并非真正的固定价。实际上，每笔建造成本增加几乎都成为承包商 TML 联营体的索赔请求，截至 1994 年 4 月，项目公司已支付给承包商高达 12 亿英镑的索赔额。此外，工期延误直接导致了项目正式开通延误，项目公司实质上承担了绝大部分的建造风险。

造成上述问题的主要原因在于 TML 联营体的成员本身也是欧洲隧道公司的股东。首先，在选择施工承包商的时候缺乏投标竞争性，导致施工合同报价高昂；其次，对于 TML 联营体而言，项目公司欧洲隧道公司不是一个强硬的、独立的业主，导致索赔、建设谈判困难；另外，作为英法海峡隧道项目公司股东的施工承包商，主要目的只是在建设施工过程中获得可观的利润，而不是项目本身长期稳定的收入。

(3) 运营风险

项目公司作为项目的运营者，承担着全部运营风险，但是由于项目公司本身的缺陷所在，项目公司的股东全是施工承包商和金融机构，没有任何运营实体项目的经验，前期运营绩效很不理想。运营时间的延迟、项目公司本身运营能力的不理想、轮渡和航空公司引起的价格战以及其他原因，欧洲隧道公司一直到 1998 年才正式全面正常运营，而此时项目公司的债务负担已经极其严重。

(4) 市场收益风险

英法海峡隧道的前期市场研究结果表明项目在经济上是可行的。研究报告认为隧道将比轮渡更快、更方便和安全，比航空在时间和成本上有优势，估计在 1993 年隧道将占有英法海峡客运市场的 42% 和货运市场的 17%，即客运量将达到 3000 万人次，货运量将达到 1500 万 t。但是实际情况相比市场研究结果发生了巨大变故，首先是正式开通时间的延迟以及项目运营前期经营管理不善等其他原因，一直到 1998 年英法海峡隧道才全面正常运营；其次是在海峡运输市场上的价格竞争处于被动，进一步减少利润空间，这种不利局面一直维持到 1998 年两家轮渡公司（P&O 和 Stena）合并，欧洲隧道公司才正式确定跨海峡市场中的主导地位；另外，跨海峡市场本身的客运量和货运量也并没有出现市场研究中的增长趋势，欧洲隧道公司对于该市场持过于乐观的态度。

5. 启示与建议

在基础设施建设领域中，PPP 模式的创新可以有效减小公共财政负担、优化财政支出配置、引进先进的技术和管理经验。但是，PPP 模式本身并不是万能的，合理公平的风险分担是 PPP 项目成功的关键因素之一。在英法海峡隧道项目中，项目公司破产的主要原因在于过多承担无法掌控的风险。因此对基础设施 PPP 项目的风险分担和风险管理要点提出建议：

(1) 政府

对于政府而言，在基础设施建设领域中引入私营资本，并不意味着政府可以将所有的风险全部转移给私营部门。在 PPP 项目中，政府需要有足够的监管，政府监管核心在于定义对项目的输入（支持和担保等）和输出（产量、价格、质量、服务、环保等）要求，并据此在整个项目期间内执行监管。同时，政府必须确保竞标中的有效竞争，提供项目公司忠于特许权协议的激励,同时能够在特许经营期间惩罚投资者的机会主义行为(包括以参与 PPP 项目为门槛,主要目的是在施工阶段获得足够回报的短期投资行为)。总之,政府有能力影响规章制度、政策、法律和其他规定,相比私营部门对政治风险、法律变更风险、国有化风险等更有控制能力,因此这些风险应该由政府来承担。

(2) 私营投资者

与政府相比,私营投资者则对项目的融资、建设和经营等相关风险更有控制能力,因此在特许权协议中通常将这些风险以条文形式转移给私营投资者。而投资者则可以将部分风险转移给其他更为专业的机构,如将建造相关风险转移给施工承包商。对于参与 PPP 项目的投资者应该重视以下三点:

首先,需要谨慎选择投标合伙人,发起人组建 PPP 项目投标联合体时,应紧紧围绕三个目标来进行伙伴选择:①确保联合体在项目竞标中的竞争优势,增加竞标成功的概率;②确保中标后所组建的项目公司在特许期内各阶段具有足够的运作能力,保障特许权协议的顺利执行和实现预期收益;③尽可能优先保障发起人的个体利益。其次,需要客观评价政府对项目的支持,注意保证项目在某一区域的垄断性,客观准确评价市场环境,切勿过分乐观预测,高估市场前景,低估市场竞争风险、价格风险和需求风险。最后,制定严格谨慎的融资方案和财务预算,认真对待高杠杆融资背后的潜在危险,确保项目的垄断经营和收入稳定的市场优势。

(3) 金融机构

PPP 模式是一种典型的项目融资,由项目的稳定收入来源作为全部融资基础,还款保证应仅限于项目资产以及项目合同协议规定的其他利益。因此,金融机构在 PPP 项目中应该承担的主要风险包括融资成本增加、成本超支、项目公司破产、通货膨胀、利率风险等。具体而言,金融机构需要积极参与项目的决策和为政府和企业提供必要的咨询服务,增强对项目融资的理解,放宽对 PPP 项目融资条件的限制,制定适合于 PPP 项目的项目评价标准等。

(案例资料来源:英法海峡隧道的失败对 PPP 项目风险分担的启示,柯永建,王守清,陈炳泉,发表于《土木工程学报》2008 年第 12 期。)

本章思考题

1. 请分别解释工程项目融资风险和工程项目融资风险管理的含义。
2. 什么是工程项目融资风险因素?工程项目融资风险因素主要有哪些?
3. 工程项目融资风险有哪些?为什么说"完工风险"是工程项目融资的核心风险?
4. 工程项目融资风险识别的工具和技术有哪些?
5. PPP 项目融资风险分担的含义是什么?PPP 项目融资风险分担的原则有哪些?
6. PPP 项目融资风险分担的机制和建议各有哪些?
7. 对工程项目融资面临的各种风险如何防范?
8. 工程项目融资风险管理的金融衍生工具有哪些?

第 7 章

工程项目融资的担保

【关键词】

工程项目融资；担保；物权担保；信用担保

工程项目融资担保，是为确保工程项目融资过程中银行和其他债权人实现债权，由项目的投资者或与项目有直接或间接利益关系的其他主体提供的直接的财务保证，或间接的、非财务性的保证。工程项目融资担保与项目本身的经济强度共同维护工程项目融资的安全。构建严谨的工程项目融资担保体系、强化信用保证结构，是分配和规避工程项目融资风险的重要手段。

7.1 工程项目融资担保概述

7.1.1 工程项目融资担保的概念及特征

工程项目融资担保是指项目的借款方或第三方以自己的资产或信用向贷款方或租赁机构做出的偿还保证。

在工程项目融资中，基于贷款人对项目以外的资产和收益无追索权这一特征，工程项目融资担保无论是在内容上还是形式上，都有不同于一般担保的独特之处。

（1）就担保的目的而言

一般商业贷款人的担保要求是担保人应有足够的资产弥补借款人不能按期还款时可能带来的损失。而工程项目融资的贷款人关注的重点是项目能否成功，而不是现有担保资产的价值，其所要求的担保目的是保证项目按期完工、正常经营，获取足够的现金流来收回贷款。

（2）就担保的基础而言

传统贷款的担保以借款人自身的资信为基础，由借款人以自身的全部或部分资产承担责任，或以第三人（担保人）的资产作为债权担保，或以特定的资产作为物权担保。而在工程项目融资中，项目发起人为避免项目失败而导致自己的财务状况恶化，一般都是先注册一个项目公司，由这个项目公司借款，并以项目公司的资产设定担保。项目发起人虽然是实际的借款人，但贷款人不能追索项目发起人本项目以外的其他资产。

(3) 就担保的方式而言

传统贷款的物权担保一般以借款所购财产以外的现存财产设定担保。而工程项目融资贷款人的风险很大，不可能完全依赖传统的担保方式，除了包括以项目资产作为抵押外，还可能包括：对项目现金流量使用和分配权的控制；对项目公司往来账户的控制；对有关项目的一切重要商业合同（如工程合同、市场销售合同、原材料供应合同等）权益的控制；对项目投资者（项目发起人）给予项目的担保或来自第三方给予项目的担保及其权益转让的控制等。

(4) 就担保的保证而言

在传统贷款中，无论是物权担保还是信用担保，其价值通常都大于借款数额，而且要求有良好的变现性。在工程项目融资中，虽然也会将项目的资产抵押，但项目的建设周期通常较长，未竣工前其商业价值较小，而且像道路、输油管、电厂等项目，即使按期建成，如果使用率不高，其交换价值也可能远低于建设成本。因此，以项目公司资产做担保的本意是为防止第三方主张权益，而不是用以提供实际的还款保证。

7.1.2 工程项目融资担保的范围

项目担保的范围取决于其所面对的风险，一个项目通常可能面对的风险主要有市场风险、政治风险、金融风险、项目环境风险、信用风险、生产风险（技术与管理风险、资源风险）等。在工程项目融资中，项目的担保不可能解决全部风险问题，只是有重点地解决融资双方尤其是贷款人最为关心的问题，主要是政治风险、商业风险、商业政治风险、金融风险、不可抗力风险等。

1. 政治风险

在政治环境不稳定的国家或地区，项目投资具有很高的政治风险，如果没有政治风险担保，很难组织有限追索的工程项目融资结构。所以，政治风险是工程项目融资中引人关注的一类问题。

一般地，项目所在国政府或中央银行应是最理想的政治风险担保人。因为这些机构直接决定着项目的投资环境，或与项目发展有直接的利益关系，所以其对项目的担保可减轻外国贷款银行及其他投资者对项目政治风险的担忧。尽管如此，在一些高政治风险的国家，仅有政府的保证是不够的，还需要一些诸如地区开发银行、世界银行和海外投资保险机构等提供的担保，以利于形成工程项目融资。

2. 商业风险

商业风险是工程项目融资的主要风险，也是项目担保的重要内容。一般的项目贷款人都会要求项目投资者或与项目有直接利益关系的第三方提供不同程度的担保，尤其以下三个方面。

(1) 竣工担保

一个项目能否在一定的预算与时间内建成并投入使用，达到竣工标准，是组织工程项目融资的基础。在工程项目的运作中，许多不成功的例证主要是由于存在项目不能建成竣工和形成生产能力、收回投资而产生的风险。尤其是具有以下特征的大型基础设施和 BOT 项目：

1) 建设周期长，很久才能达到产生利润的运营期。
2) 建设期高风险、高成本，运营期低风险、低单位成本。

3）建设期间利息资本化。对此，项目的贷款人可能要求项目投资者保证项目能按期竣工，达到按规定的效率和标准生产的运营阶段，同时也准备承担项目开始运营后能否持续运营的风险。解决这一问题的最简单的方法是，要求项目的一个或几个投资者以连带责任或个别责任的形式，保证项目按照融资协议中规定的竣工标准，在一个规定的日子竣工，并保证在不能按时、按质量竣工时偿还贷款。

传统上项目竣工的风险被要求由项目投资者全面承担，即项目投资者提供担保承诺在工程延期、建设成立超出预算等问题出现时为项目提供资金。但近年来有一个新的发展趋势，由于市场竞争和项目投资者的压力，贷款银行往往被要求承担一部分竣工风险。特别是在一些技术较成熟、投资环境较好的项目中，贷款银行转向从工程公司、技术设备供应公司等其他方面寻求完工担保，包括采用由工程公司或技术设备公司提供履约担保、固定价格的交钥匙合同等形式，以减少对项目投资者在竣工风险担保方面的要求。

因此，在设计和完成工程项目融资结构的过程中，如何分担项目的竣工风险是贷款银行和项目投资者谈判的焦点之一。尤其是竣工担保的存在使竣工测试的谈判变得更为复杂，并且增加了关于是否满足竣工标准的争论，特别是当遇到竣工项目从有追索权融资到无追索权或有限追索权融资的转折点时。一般，贷款银行除了要求项目投资者或者工程公司提供竣工担保外，有时也会要求在产品市场安排上增加相应的项目延期条款，以调整合同收入，支付由工程不能按期竣工而造成的融资成本超支。

（2）生产成本控制

一个项目能在激烈的行业竞争中占有优势，除了其自然条件和技术条件较好之外，很好地控制生产成本是一个重要的因素，因而较强的生产成本控制方面的担保是必不可少的，它还可以减少贷款银行对其他担保形式的要求。

对生产成本的控制，一种方法是通过由项目公司和提供项目生产所需的主要原材料、能源、电力的供应商签订长期供应协议，规定其供应产品的数量、价格和期限来实现；另一种方法是将生产成本的控制与项目所在地的物价指数相联系。总之，通过这些方法都可使项目的贷款银行和投资者对项目成本有一个基本的了解和估计，从而达到降低风险的目的。

（3）产品市场安排

项目产品的销售状况决定了项目的发展前景，市场风险当然也是项目担保必须面对的一个重要问题。对于不同的项目，贷款银行处理风险因素的侧重有所不同。对于一次能源和资源性产品项目，如各类矿产品，其价格受世界市场需求变化的影响，如果没有一方肯承担一定的产品市场和价格风险，项目的融资安排就很困难；对于加工性产品项目，如机械制造业，产品的市场销售较为复杂，贷款银行对生产成本的控制和现金流量的控制更加重视，因而要求项目的担保人承担更多的成本风险。

3. 商业政治风险

商业担保公司参与政治风险保险近年来有增长的趋势，但就其本质来讲，商业政治风险保险不是项目担保，只是在某种程度上起担保的作用。促使项目投资者寻求商业政治风险保险的原因有以下三点：

1）项目投资者不满意政府政治风险担保的条款，而商业保险市场可以提供更灵活和更具竞争性的条件。

2）项目的风险价值过高，超过政府机构政治风险担保的限额。

3）项目不具备政府出口信贷或政治保险机构提供政治风险担保的条件。

商业政治风险保险针对特定的政治危机，其保险范围包括资产风险保险和合约风险保险。资产风险主要是因为剥夺、暴乱、内战、恐怖活动、国有化以及限制资金转移国外等政治原因造成的资产损失。合约风险主要是由于政治原因引起的禁运、毁约、拒绝履行合同或合同担保等事件造成的被保险人损失。

项目除了存在上述商业风险、政治风险外，还可能遇到地震、水灾、火灾等风险，这类风险被称为不可预见风险/或有风险。避免这类风险主要采取购买商业保险的方法。

为有效地规避项目所面临的风险，基本的项目担保一般包括以下七个方面：

1）担保受益人。
2）担保的用途。
3）项目定义。
4）担保有效期。
5）最大担保金额。
6）启用担保的条件。
7）担保协议及执行担保的具体步骤。

不管项目担保的形式和性质如何，贷款银行往往坚持作为融资中担保的第一受益人。如果贷款的期限较长，贷款银行还会要求在项目担保基本格式之外增加一些特殊规定，以保护自身的利益不因外部环境的变化而受到损害。

4. 金融风险

项目的金融风险主要包括汇率波动、利率上升、国际市场商品价格上涨（特别是能源和原材料价格的上升）、项目产品的价格在国际市场下跌、通货膨胀、国际贸易和贸易保护主义等。

金融风险的防范和分担在工程项目融资中是非常敏感的问题。对于汇率和利率风险，可以通过使用金融衍生工具，如套期保值技术等进行分散。但是，在东道国金融市场不完善的情况下，使用金融衍生工具存在一定的局限性。在这种情况下，境外项目发起人和贷款银行一般要求东道国政府或国家银行签订远期外汇兑换合同，把汇率锁定在一个双方可以接受的价位上，但东道国政府或国家银行一般不愿意承担这个风险，此时项目公司应同东道国政府或自家银行签订专门合同，规定在一定范围内由各方分摊相应的汇率风险。

5. 不可抗力风险

项目除了存在政治风险、商业风险、商业政治风险和金融风险之外，还会因为地震、火灾、疫情以及其他一些不可预见因素而导致失败，即不可预见风险，也称为或有风险。避免这类风险主要也是采用商业保险的方法。

2020年年初，新冠肺炎疫情蔓延，世界卫生组织（WHO）宣布其为国际关注的突发公共卫生事件。国内及国际航班大幅削减，人、财、物的国内和国际自由流动遭遇了严重的障碍，也给国内和国际工程施工项目的履约带来重大风险。2020年5月28日，中华人民共和国第十三届全国人大委员会第三次会议表决通过了《中华人民共和国民法典》，第一百八十条规定："因不可抗力不能履行民事义务的，不承担民事责任。法律另有规定的，依照其规定。不可抗力是不能预见、不能避免且不能克服的客观情况。"全国人大常委会法工委明确指出：新冠肺炎疫情可按不可抗力对待。

国际工程施工合同的当事方，则需要考虑东道国法律对于"不可抗力"的规定，并考察合同是否就"不可抗力"的内容进行了具体约定。项目施工单位在购买商业保险或申请批改商业保险保单时可考虑将传染病风险列入"不可抗力"范畴。

7.1.3 工程项目融资担保的类型

工程项目融资担保可基于不同分类标准分为不同类型。根据债务保证来源的不同，工程项目融资担保可分为物权担保和信用担保两大类。在工程项目融资中，物权担保是指以项目特定物产的价值或者某种权利的价值作为担保，如债务人不履行其义务，债权人可以行使其对担保物的权利来满足自己的债权。信用担保是指由资信状况好、实力雄厚的第三方作为保证人向贷款人保证项目公司履行偿还贷款和支付利息以及其他有关费用的义务。一旦项目公司没有履行其还款和支付义务，经贷款人请求，保证人即需要代替项目公司向贷款人偿还拖欠的贷款、利息以及其他费用等。鉴于此种分类的重要性，物权担保和信用担保的详细内容将在后文专述。

根据项目担保在工程项目融资中承担的经济责任不同，工程项目融资担保可划分为四种基本类型：直接担保、间接担保、意向性担保和或有担保。无论是哪种类型的项目担保，其所承担的经济责任都是有限的，这是工程项目融资结构与传统公司融资结构的一个重要区别。

1. 直接担保

直接担保是指担保的责任根据担保的金额或者担保的有效时间加以限制。

（1）有限金额的担保

在金额上进行限制的直接担保是在完成融资结构时就已事先规定了最大的担保金额，不论项目经营中出现任何意外情况，担保的最大经济责任只能在这个限定金额之内。这种担保在工程项目融资中通常采取的形式是资金缺额担保和第一损失担保。有限金额的直接担保可以用于防止生产超支或项目现金流量不足，因为一般来讲，贷款银行通常愿意在建设成本和生产成本可控的条件下进行有限追索的工程项目融资。为了防止因资金短缺导致的项目失败，就需要项目投资者来承担生产成本和建设成本超支带来的风险，即提供相应的担保。

那么，如何确定这一担保金额呢？这是借贷双方谈判的焦点。通常的方法有两种：①对于防止生产成本超支或项目现金流量不足的有限担保，可根据项目的现金流量模型计算出维持项目运行的最少资金需要量，并以此确定担保金额；②对于防止建设成本超支的有限担保，由于多数贷款银行更倾向于接受没有金额限制而只有时间限制的完工担保，所以这类担保的最大金额可根据该类项目的一般工业情况来定。

（2）限制时间的担保

典型的在时间上加以限制的有限责任直接担保是项目建设期和试生产运营期的竣工担保，项目投资者和工程承包公司是主要的担保人。多数情况下，项目的竣工担保是在有限时间内的无限经济责任担保，有时竣工担保也可安排为有限金额的担保。项目投资者组织这类担保可通过在有限时间内的无限责任避免或减少长期的直接项目担保。

2. 间接担保

间接担保是指担保人不以直接的财务担保形式作为向项目提供的一种财务支持。它通常采取商业合同或政府特许协议的形式，最常见的是以"无论提货与否均需付款"或"提货与付款"的销售或购买协议为基础建立起来的一系列合同形式。

提供间接担保的项目投资者或其他项目参与者，投资项目、使用项目所提供的设施或产品不是盲目的，获得一定的产品供应是其投资的逻辑前提。间接担保所建立的一系列合同确保了项目市场的稳定和收入的稳定，同时也保证了贷款银行的基本利益，因为这类合同的定价基础是以项目产品的公平市场价格、品质标准为依据，其订立原则是在合同期内满足摊销债务的要求，是较为公平的商业交易。基于这一点，在国际通行的会议准则中，间接担保不作为担保人的一种直接债务责任体现在公司的资产负债表中。间接担保的具体形式包括：以产品销售协议提供的间接担保、以项目建设合同提供的间接担保、以经营和维护合同提供的间接担保、由供应合同提供的间接担保和以其他合同形式提供的项目担保。

3. 意向性担保

这种担保仅是担保人有可能对项目提供一定支持的意愿。严格来说，意向性担保并不是一种真正意义上的担保，因为这种担保不具备法律上的约束力，也不需要体现在担保人公司的财务报告中，因而它受到担保人的普遍欢迎而在工程项目融资中经常得到应用。正因如此，国际上对意向性担保所承担法律责任的要求也越来越严格。

（1）安慰信

意向性担保最常用的形式是安慰信（或称支持信）。在工程项目融资中，安慰信通常是由项目的母公司或项目的所在国政府写给贷款银团的，表示该公司或该国对该项目公司及工程项目融资的支持，并以此代替对该工程项目融资的财务担保。安慰信表明母公司确认了该工程项目融资的安排并将继续支持项目公司的经营与发展，具体体现在三个方面：

1）在经营上的支持，如项目投资者将不会减少其在项目公司中的股权，在项目公司的名字中保留母公司的名称，以及所在国政府提供的未来将不重复建设类似项目的保证等。

2）不剥夺项目资产，如所在国政府保证未来不会没收项目的资产或将项目国有化，或保证项目公司的国民待遇等。

3）在适当的条件下给予项目公司必要的财务支持，从而保证项目公司按期履行贷款义务，如项目投资者保证在项目公司遇到财务困难时提供资金支持等。

（2）交叉担保

除了安慰信之外，贷款银行还可以利用项目投资者之间的相互制约关系，如"交叉担保"责任寻求意向性担保。"交叉担保"源于"交叉违约"，是因为在一些合资项目中，投资者承担双重责任，既包括项目的建设、经营、市场销售责任，又包括项目贷款的偿还责任，一旦构成某一投资者对这些责任的违约，势必带来一系列的连锁反应，影响其他投资者和贷款银行的利益。通常情况下，项目投资者违约的时候往往也是项目最困难的时候，如出现市场疲软、项目资金周转困难、利率及汇率波动等，其他投资者也因不愿增加新的财务负担而继续对该项目进行投资。对此，贷款银行在对项目中某一资金实力较弱的投资者安排工程项目融资时，很重要的一点就是要看该项目合资结构中有没有交叉担保的条款，有没有另外几家资信较强的投资者参与其中，这是贷款银行评价项目信用风险的一项重要指标。因为资信较强的投资者的参与将保证项目的正常运行，保证项目资产价值的安全，这本身就是一种意向性的担保，尽管这种交叉担保没有为贷款银行提供直接的财务保证。

（3）东道国政府的支持

东道国政府在工程项目融资中扮演的角色虽然是间接的，但很重要。在许多情况下，东道国政府授予的开发、运营的特许权和颁发的执照是项目开发的前提。虽然东道国政府一般不以借款人或项目公司股东的身份直接参与工程项目融资，但仍可能通过以下方式对项目提供间接担保：

1）保证不对项目公司颁布不利的法律，坚持非歧视原则。
2）保证项目公司能够获得用以偿还对外债务的外汇，即担保外汇的可获得性。
3）保证不对项目实施没收或国有化政策。
4）保证不实施歧视性的外汇管制措施。
5）保证项目公司能得到必要的特许经营协议和其他政府许可权，如公路收费权。
6）在可能的情况下，通过政府代理机构对项目进行必要的权益投资。
7）可能成为项目产品的最大买主或用户。

(4) 消极担保

消极担保条款，是指借款方向贷款方承诺，将限制在自己的资产上设立有利于其他债权人的物权担保。消极担保条款是融资协议中的一项重要条款，它一般表述为："只要在融资协议下尚有未偿还的贷款，借款人不得在其现在或将来的资产、收入或官方国际储备上为其他外债设定任何财产留置权，除非借款人立即使其融资协议下所有的未偿债务得到平等的、按比例的担保，或这种其他担保已经得到贷款人的同意。"

消极担保是一种有法律约束力的保证。不同于担保受益权，消极担保不允许对借款人资产提出所有权、占有权、控制权和销售权的要求，也不允许贷款人在借款人破产或清算时提出任何优先权。借款人如果违反消极担保条款，把其资产作为第三方的担保，按照绝大多数法律，这种担保是无效的。虽然借款人因违反合同而负有责任，但借款人的资产被作为还款来源，对贷款人来说仍然是不利的。如果第三方知道或应该知道存在消极担保条款，贷款人也许能够指控任何使借款人做违约担保的有效性，但这取决于当时的环境和有关的法律系统。

4. 或有担保

或有担保是指对由于项目面对的不可抗拒力或不可预测因素造成项目损失的风险所提供的担保。

由于主观和客观原因，或有风险的种类繁多，有些具有共性，有的又是某个项目所特有的，这容易使或有担保的难度较大且形式不规范。因此，为使工程项目融资能够顺利进行，项目投资者应重视安排和组织有关项目的或有风险担保。

或有风险担保因其风险的性质不同，可分为以下三种类型：

(1) 不可抗拒力造成的风险

如火山爆发、飓风、火灾、工程施工中的塌方、煤矿中的瓦斯爆炸、大规模暴发的传染病等，这类风险的发生将给工程项目造成巨大损失，提供这类或有风险的或有担保人通常是商业保险公司。

(2) 政治风险

政治风险同样具有不可预见性，如战争、军事政变等。因此，减少这类风险的担保也可列入或有担保。一些多边担保机构可能提供这方面的保险或担保。

(3) 项目环境风险

这主要是针对与工程项目融资结构特性有关的、一旦发生变化将严重改变项目经济强度的风险，如因政府的税收政策改变造成项目税收的收益改变，从而使贷款银行获得的利益减少。例如，以税务结构为基础建立起来的杠杆融资租赁模式，如果政府对税收政策做出任何不利于杠杆租赁结构的调整,都会减少贷款银行的利益,甚至影响工程项目融资结构的调整。此外,项目所在地的能源、原材料供应由于当地政府特许权的改变而改变,如以优惠价格提供原材料、额外划拨土地使用权等模式建立起来的融资模式,一旦政府的优惠政策发生改变,则必然导致项目的经济强度减弱。这些都需要项目投资者提供或有担保,从而在上述情况发生的情况下,由项目投资者提供必要的财务支持。

7.2 工程项目融资担保人

项目担保人包括三个方面:项目投资者、商业担保人和与项目利益有关的第三方担保人。

7.2.1 项目投资者

工程项目融资中最主要和常见的一种形式是项目的直接投资者和主办人作为担保人(图7-1)。通常情况下,项目投资者以建立一个专门的项目公司的方式来经营项目和安排融资。但是,由于项目公司可能在资金、经营经验、资信水平等多方面存在不足以支持融资的问题,所以大多数的贷款银行会要求借款人提供来自项目公司以外的担保作为附加的债权保证,以降低贷款风险。因此,除非项目投资者能提供其他可以被贷款人接受的担保人,否则项目投资者自己必须提供一定的项目担保。

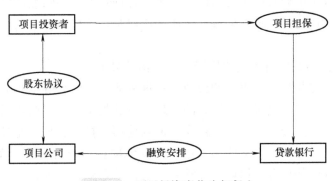

图7-1 项目投资者作为担保人

工程项目融资谈判能否成功,关键是项目投资者和贷款人之间实现各方都能接受的风险分担。贷款人可能要求项目投资者保证项目至少达到生产阶段,否则项目投资者保证偿还所欠债务;贷款人也可能要求项目投资者担保在整个项目有效生命周期内偿还贷款,即使这种担保是通过另一安排实现的。项目投资者可以有自己特殊的融资安排和税收、会计目标,这将影响其对项目支持的类型和担保方式。

运用项目投资者提供的直接的、非直接的担保,或者以预防不可预见风险因素为主体的项目担保,加上其他方面的担保,可以形成贷款人能够接受的信用保证结构。如果项目投资者提供的是直接担保,即直接担保项目公司的一部分债务,根据国际通行的会计准则,这种担保需要以一种债务形式体现在项目投资者的资产负债表中;如果项目投资者提供的担保以非直接的形式或以预防不可预见风险因素的形式出现,则对项目投资者本身的资产负债表影响较小,这种对公司资产负债结构影响的考虑对于一个公司,尤其是上市公司和跨国公司具有特别重要的意义。由于某一项目的债务并入项目投资者总公司的资产负债表而造成该公司的资产负债结构恶化，会产生一系列严重的后果，如影响公司的信誉和筹资能力，导致公司的股票在证券市场的价格波动，以及降低公司承受财务风险和金融风险的能力等。因此，项目投资者希望所提供的担保能够以商业协议的形式出现，从而减少负债对其资产负债结构的影响。当然，提供哪种形式的担保不是完全根据项目投资者自己的意愿决定的，还要取决于贷款方的要求。通常在项目开发建设阶段，由于融资项目的风险较大，贷款方通常要求项目的投资者承担直接的财务责任，此时项目投资者提供的担保就要记入其资产负债表。

7.2.2 商业担保人

商业担保人以盈利为目的提供担保，承担项目风险并收取服务费用。商业担保人以分散经营来降低经营风险，这些担保人通常包括银行、保险公司及其他从事商业担保的金融机构等。

商业担保提供的服务有两种基本方式。一种是担保项目投资者在项目中或者工程项目融资中所必须承担的义务。这种方式下的担保人一般为商业银行、投资公司和一些专业化的金融机构，担保形式多为银行担保和银行信用证。这种担保方式的作用主要有以下三个方面。

(1) 担保资金不足或资产不足的项目公司对其贷款所承担的义务

例如，在房地产项目融资时，如果贷款银行认为该项目的房地产价值及贷款期内的现金流量不足以支持一个有限追索的融资结构，借款人可以以远低于房地产市场价格的契约价格从专业化的金融机构手中购入一个卖出期权作为工程项目融资的附加担保。在贷款期间，一旦借款人违约，贷款银行可执行该期权，将房地产以契约价格出售给期权合约的另一方，维护其权利。

(2) 担保项目公司对项目中其他投资者所承担的义务

由于项目投资者往往是两个以上的公司，在这种非公司的合资结构中，各公司以一定比例投资并成立项目子公司，负责项目资金的管理，有的甚至为项目投资安排了有限追索的工程项目融资。对此，虽然贷款银行可以接受，但其他项目投资者却不能接受，因为有限追索的融资结构限制了对母公司的追索能力，这对于其他项目投资者来说，无疑是潜在的风险。因为在这种非法人式契约型合资协议中经常存在这样的条款：在项目运营过程中，一旦项目中的一方表示无力支付项目的生产费用或资本开支时，其他各方要承担该违约方应支付的费用，直到违约事件被改正或违约方资产被出售为止。一般而言，项目各方都不希望这种情况出现，因为一旦一方由于市场等问题出现支付困难时，其他各方也面临同样的局面，只是程度不同而已。基于这种情况，在非公司型合资工程项目融资结构中，资本不足的公司通常会被要求由国际性银行提供一般信用证额度为 3~9 个月的项目生产费用的备用信用证作为项目担保。

(3) 作为提供担保人和担保受益人之间的中介

假设一个公司到另外一个国家或地区投资，不为当地的银行和公司所熟悉，则该公司的直接担保就很难被接受。为此，需要选择一家或多家既为当地的银行和公司所接受，又为项目投资者所认可的国际商业性银行提供担保，承担项目投资者在项目中所需承担的责任。

商业担保提供的服务的另一种基本方式是为防止项目意外事件的发生而进行的担保。在这类担保中，项目保险是融资文件中不可缺少的内容，担保人往往是各种类型的保险公司，保险公司提供的项目保险内容广泛，除项目资产保险外，还有项目的政治风险保险等。

7.2.3 第三方担保人

第三方担保人是指在项目的直接投资者之外寻找与项目开发有直接或间接利益关系的机构为项目提供担保。由于这些机构的参与在不同程度上分担了一部分项目的风险，为工程项目融资设计一个强有力的信用保证结构创造了有利条件，对项目的投资者具有很大的吸引力；同时，第三方担保人也能在担保交易中得到益处。能够提供第三方担保的机构可以大致分为以下三种类型。

1. 政府机构

在工程项目融资中，政府机构作担保人是很常见的，尤其是一些大型工程项目的建设，如高速公路、大型港口、矿产资源开发、石化项目等。这些大型工程项目的建设有利于项目所在国的经济发展、政治稳定，促进当地人口就业，改善经济环境，因此，政府机构很愿意为工程项目融资提供担保。政府机构介入作为项目担保人可减少项目的政治风险和经济政策风险，增强投资者的信心，这种担保作用是其他方式所不可替代的。例如，在 BOT 模式中，政府以特许权协议形式做出担保是投资者利用该模式进行工程项目融资的重要前提。同时，政府机构作工程项目融资担保人可避免政府的直接参与。基于政治、财务方面的考虑和立法上的限制，政府很难直接参与项目投资，但为促进项目的开发，政府多以提供贷款、贷款担保或项目产品长期购买协议等形式的担保作为对项目的间接参与。

政府担保的好处显而易见：能增强投资者的投资信心，保证项目的顺利实施，缓解国内经济建设所需巨额资金的压力，用较少的建设资金和信贷就可以达到促进经济发展的目的。

但其带来的弊端也不容忽视：首先，政府在某个项目中提供了相关法律或管制的担保，但在某些情况下，政府又必须对其加以改变，则会限制自己在此领域颁布新法规、实施新管制的自由性，造成与国家根本利益相悖的局面。其次，政府过多的担保会削弱引入私人资本所产生的益处。工程项目融资中积极引入私人资本的作用，就在于私人资本可以更好地管理风险和控制成本，对市场需求的刺激有更灵敏的反应速度，经济效率较高等。若政府过多地为项目提供担保，如提供有关项目投资回报率的担保，则项目公司就会丧失降低项目成本和高效运营项目的动力，从而使项目成本远高于正常水平，这显然与引入私人资本的目的不符。最后，政府过多的担保会加大政府的守信成本，并且侵蚀国家财政的健康。

2. 与项目开发有直接利益关系的商业机构

这些商业机构通过为工程项目融资提供担保而获得自身的长期商业利益，具体包括：获得项目所需设备的供应、安装权；获得项目的建设权；获得其自身长期稳定的原材料、能源供应；获得其自身产品长期稳定的市场；保证其对项目设施的长期使用权等。能够提供这种第三方担保的商业机构可以归纳为以下三种。

（1）承包商

为了获得大型工程项目的承包合同，很多承包商愿意提供项目担保。例如，他们可以固定价格合同的形式支持项目的长期融资。如果承包商接受固定价格，意味着他们为项目的施工提供了担保。

（2）供应商

供应商主要是指项目设备或主要原材料的供应商。项目设备供应商通常提供的担保有卖方信贷、出口信贷以及项目设备质量（运营）等形式。原材料供应商主要以长期、稳定、价格优惠的供应协议作为对项目的支持。这种协议往往带有"无论提货与否均需付款"类型协议的性质，一般以"供货或付款"协议的形式出现。

(3) 项目产品（设施）的用户

需求某种产品或服务的用户愿意为生产该种产品或提供该种服务的建设项目提供担保。在一般情况下，产品用户采取长期"无货亦付款"协议或"产量"协议的形式。这种形式是指买卖双方达成协议，买方承担按期根据规定的价格向卖方支付最低数量项目产品销售金额的义务，而不问事实上买方是否收到合同项下的产品。"无货亦付款"协议或"产量"协议相当于保证书，可作为担保从其他金融机构获得贷款。因此，这种担保是项目的用户从保障项目市场的角度为工程项目融资提供一定的担保或财务支持。这种类型的担保多集中在能源、原材料和基础设施项目中。

3. 世界银行、地区开发银行等国际性金融机构

这类机构虽然与项目的开发并没有直接的利益关系，但是为了促进发展中国家的经济建设，对于一些重要的项目，有时可以寻求这类机构的贷款担保。这类机构在项目中的参与同样可以起到政府机构的作用，减少项目的政治、商业风险，增强商业银行对工程项目融资的信心。

7.3 工程项目融资的物权担保

工程项目融资的物权担保是指项目公司或第三方以自身资产为履行贷款债务提供担保。国内信贷活动虽然广泛使用物权担保，但在工程项目融资这种国际融资活动中，却较少使用物权担保，作用也不明显。这是因为贷款方不易控制跨国担保物，而更重要的是因为工程项目融资追索权有限。项目公司自身的资产一般不能使贷款方放心，因为贷款方看重的是项目本身，而非项目公司目前的资产。

虽然物权担保对于借款方并没有特别大的压力，但是它仍然能够约束项目有关参与方认真履行合同，保证项目的顺利建成和运营。此外，在项目融资中，借款方以项目资产做担保，使贷款方能够控制项目的经营，进而顺利地收回贷款。

工程项目融资物权担保按担保标的物的性质可分为不动产担保和动产担保；按担保方式可分为固定担保和浮动担保。

7.3.1 不动产担保与动产担保

不动产通常是指土地以及依附于土地上的建筑物、构筑物等难以移动的财产。工程项目融资中，项目公司一般以项目资产作为不动产担保，而且这种不动产担保仅限于项目公司的不动产范围，而不涉及或很少涉及项目投资者的不动产。这就是工程项目融资的有限追索性的体现。项目公司一旦违约，贷款银行有权接管项目，或重新经营，或拍卖项目资产，弥补其贷款损失。可这种弥补对于巨额的贷款来说，是微不足道的。尤其是在项目失败的情形下，不动产担保对于贷款银行的意义更是不大。例如，一高速公路工程，如果建成后，实际的车流量远远低于原来预测的车流量，那么当项目公司无法还本付息时，即使将该高速公路的所有权移转于贷款银行，但对贷款银行来说，意义何在呢？同时，由于项目资产的专用性一般较强，要想将项目资产出售变现还是比较困难的，更何况项目资产的出售变现还可能存在政治上的障碍。

动产担保是指借款人（工程项目融资中一般指项目公司）以自己或第三方的动产作为履约的保证。可用于提供担保的动产在各国法律中有不同的规定，但归纳起来，不外乎分为有形动产和无形动产两大类。有形动产有船舶、飞机、设备、存货等；无形动产有专利权、票据、应收账款、证券、保险单、银行账户和特许权等。由于处理动产担保在技术上比不动产担保方便，故在工程项目融资中使用较多。

工程项目融资中，无形资产担保的意义更大些。一方面，有形动产价值往往因为项目的失败而大大减少；另一方面，也因为无形动产涉及多个项目参与方，其权利具有可追溯性，而且这种追溯是有合同文件作为书面保证的。可以说，工程项目融资中的许多信用担保最后都作为无形动产担保而成为对贷款银行的一种可靠担保。例如，"无论供货与否皆需付款"的协议本身是项目产品用户提供的一种信用担保，但当该合同下的权益在一定时期内转移给贷款银行时，此时该合同下的权益就成了贷款银行的无形动产，于是信用担保变成了无形动产担保。

需要指出的是，动产担保的典型形式之一——动产抵押在英美法系国家中早就存在，而且专门立法予以承认，如美国的《统一动产抵押法》。但在大陆法系国家中，有些对动产抵押是持否定态度的，如《法国民法典》第2119条明确规定"不得就动产设定抵押权"，《德国民法典》规定动产担保只能采取质权的方式设立，且必须移转担保物的占有。但日本通过特别立法改革，逐步形成了动产抵押制度。《中华人民共和国民法典》第三百九十五条规定，允许债务人或第三人以动产设定抵押，因而对于经济价值较高的动产，如飞机、船舶等，我国也是承认动产抵押制度的。后来，为了适应经济发展的需要，德国的动产担保又派生出两种非典型形式：保留所有权和让与担保。保留所有权，是指在动产买卖过程中，出卖人在买受人支付全部价款前，仍保留原标的物的所有权，而买受人在买卖合同成立后有权对该动产进行占有与使用；让与担保是指动产所有权人在担保债务的同时，仍占有、使用其动产，只是将动产的所有权转移给债权人，待还清债务后再收回所有权。

7.3.2 固定担保与浮动担保

前面所说的动产担保和不动产担保皆属于固定担保。所谓"固定"，是指借款方作为还款保证的资产是确定的，如特定的土地、厂房或特定的股份、特许权、商品等。当借款方违约或项目失败时，贷款方一般只能从这些担保物受偿。固定担保一般是在固定资产上设定的，即设定抵押时就固定在具体的财产上，且必须遵守设定担保的必要手续。固定担保也可以在未收资金及流动资产上设定，担保人在没有解除担保责任或者得到担保受益人的同意之前不能出售或者以其他形式处置该项资产。如果置于固定担保下的资产属于生产性资产，则担保人只能根据担保协议的规定对该项资产进行正常的生产性使用；如果担保资产是不动产或银行存款，则担保人原则上是无权使用该项资产的。当借款方违约或者项目失败时，贷款方一般只能从这些担保物受偿。

浮动担保又称浮动抵押（Floating Charge）、浮动债务负担，始创于英国，是指债务人（主要是公司）与债权人（通常为银行）达成协议，债务人以其现存及将来获得的全部财产作为债的担保；当债务人不履行债务时，债权人就债务人不履行债务时拥有的全部财产的变卖价款优先受偿的法律制度。后来，该担保方式在其他一些国家也得到普及。由于这种担保方式不以特定的动产或不动产为担保标的，只有当特定事件发生时才能最后确定受偿资产，所以被形象地称为"浮动设押"。

在浮动担保中，借款人（即担保人）对浮动担保物享有占有权、使用权和处分权。浮动担保无须转移担保物的占有，在借款人违约或破产之前，借款人有权在其正常的业务活动中自由使用和处分担保物。借款人对担保物的处分无须征得贷款人的同意，经借款人处分后的担保物自动退出担保物范围；反之，借款人在设定浮动担保后所取得的一切财产（或某一类财产）也自动进入担保范围。可见，在贷款人实际行使浮动担保权之前，担保物一直处于不确定的浮动状态，所以一旦项目的经营者在经营中恶意地处分财产，对贷款人而言，其担保权的实现就有相当大的风险。

固定担保下的标的处分是受很大限制的，而浮动担保下的标的处分则几乎不受任何限制。对项目公司来说，其不愿设立较多的固定担保，因为这样会对其自主经营施加一定的限制，对资产的处理会束手束脚；对贷款人而言，固定担保则对其比较有利，便于其实现抵押权。但是，需要注意的是，工程项目融资中工程投资大，只倚仗固定担保完成对其贷款的保证是不可能的，在工程项目融资中也不具有可行性或可操作性。因此，为了保证项目公司（或项目经营者）的利益，不宜设立较多的固定担保。但是为了保证贷款人的利益，又要设定一定的固定担保。或者从另一角度来说，对两种担保的选择而言，项目公司愿意使用浮动担保，而贷款人则愿意使用固定担保。

浮动担保具有以下三个特征：

1）以债务人（借款人）现有及未来的全部财产作为担保标的物。

2）担保标的物的形态或价值在日常经营过程中不停地变化，如价值形态由货币形态转化为生产资料、生产资料转化为产品形态，而价值则或增或减或等值转换。

3）在"结晶条款"规定的条件成立或出现以前，债务人的日常营业业务不受浮动担保设立的影响。其本质特征在于设立担保后，债务人仍可享有自由处理担保物的权利，可以最大限度地发挥担保物的增值功能。

"结晶条款"是浮动担保的核心。"结晶"是指终止债务人处置担保物的权力，使浮动担保变为固定担保，而债权人变卖担保物以实现其债权。导致"结晶"的情形有以下三种：

1）因债务人停止营业而"结晶"。一旦颁发"清算令"开始清算债务人公司，无论所担保的义务是否到期，浮动担保自动"结晶"。

2）因债务人违约而"结晶"。

3）债权人与债务人双方约定"结晶"。无论是自动"结晶"还是通知"结晶"，其目的均是取得优先权并规避其他优先权。

浮动担保在融资担保中得到了广泛应用，如贷款银行对项目公司银行账户的控制，但一般情况下，项目公司的银行账户通常由第三方托管。1983年5月，合和电力与深圳电力公司签订的10期电厂投资建设合作合同约定，以电厂全部资产对贷款银行做浮动抵押，且适用我国香港的法律。这是我国第一例浮动担保。

浮动担保之所以应用广泛，是因为它能够让债务人充分自由地处分已作为担保物的财产，同时又能维护债权人的权益。但某些大陆法系国家，如某些拉美国家等，担心浮动担保损害了债务人的其他债权人的利益，不承认浮动担保制度。同时，一些接受浮动担保的国家也因浮动担保涉及范围太广，而对浮动担保采取了相应的限制措施。例如，大陆法系的法国就做了如下规定：公司的存货与应收账目不得列入该公司设"保"的范围之内。又如，浮动担保的发源地，英美法系的英国缩小了采用浮动担保的范围，规定只有股权式企业才能采用浮动担保，除此以外的任何个人或合伙组织均不得采用浮动担保。

浮动担保是物权担保中唯一的非固定担保，它与其他债权的关系如下：

1）如果在浮动担保的资产上再设立固定物权担保，那么固定物权担保受益人和浮动担保受益人之间的优先关系，要视固定担保受益人是否知晓浮动担保中的限制性条款——禁止担保人设立优先于该浮动担保权得到清偿，或与该浮动担保权按比例同时受偿的固定担保的条款而定。大多数国家认为，只要将限制性条款提交注册登记，就可推定第三人已经知道限制性条款的存在。

2）假如无担保的债权人诉诸法律要求司法救济，并且胜诉，获得法院的执行令，在这种情况下，浮动担保受益人与无担保债权人之间的优先关系如何，各国可能有不同的处理。主流观点是：若在浮动担保"结晶"之前，执行程序已经完毕，那么执行权人（即无担保债权人）就享有优先权；而若在浮动担保"结晶"的时候，执行程序还没有结束，那么执行权人的优先权就必须让位于浮动担保受益人。

3）有一些特殊的规定优先于浮动担保，如国家与地方政府的各种税收、雇员的薪金等，都是优先于浮动担保的债权。

4）在浮动担保范围内早已设立的其他优先担保物权和先于浮动担保之前就已经行使的债权，均优于浮动担保权利。

7.4 工程项目融资的信用担保

工程项目融资中的信用担保又称为人的担保，是当事人之间的一种合同关系。其主要作用是由担保人为某一项目参与方向贷款人提供担保，当该项目参与方无法履行合同义务时，由担保人负责代其履行义务或承担赔偿责任。在信用担保中，担保人的信用是至关重要的，往往是贷款人决定是否给予贷款所要考虑的关键因素。在工程项目融资中，担保人通常是法人，包括借款人以外的其他公司、商业银行、政府、官方信贷机构等。

7.4.1 完工担保

完工担保是一种有限责任的直接担保形式。完工担保所针对的项目完工风险包括：①由于工程或技术上的原因造成的项目拖期或成本超支；②由于外部纠纷或其他外部因素造成的项目拖期或成本超支；③由于上述任何原因造成的项目停建以致最终放弃。

由于在项目的建设期和试产期，贷款银行所承受的风险最大，项目能否按期建成投产并按照其设计指标进行生产经营是以项目现金流量为融资基础的工程项目融资的核心，因此，项目完工担保就成为工程项目融资结构中一个最主要的担保条件。

大多数的项目完工担保属于仅仅在时间上有所限制的担保形式，即在一定的时间范围内（通常在项目的建设期和试生产或试运行期间），项目完工担保人对贷款银行承担着全面追索的经济责任。在这一期间，项目完工担保人需要尽一切努力促使项目达到"商业完工"的标准，并支付所有的成本超支费用。

由于完工担保的直接财务责任在项目达到"商业完工"标准后就立即终止，工程项融资结构也从"全面追索"转变成为"有限追索"性质，贷款银行此后只能单纯（或绝大部分）地依赖于项目的经营，或者依赖于项目的经营加上"无货亦付款"等类型的有限信用保证支持来满足债务偿还的要求，所以对于项目"商业完工"的标准及检验是相当具体和严格的。这其中包括对生产成本的要求、对原材料消耗水平的要求、对生产效率的要求以及对产品质量和产品产出量的要求。无论哪项指标不符合在融资文件中所规定的指标要求，都会被认为是没有达到项目完工担保的条件，项目完工担保的责任也就不能解除，除非贷款银行同意重新制定或放弃部分"商业完工"标准。

项目完工担保的提供者主要由两类公司组成：一类是项目投资者，另一类是承建项目的工程公司或有关保险公司。

1. 由项目投资者提供的完工担保

由直接投资者作为项目完工担保人是最常用也最容易被贷款银行所接受的方式。因为项目的投资者不仅是项目的最终受益人，而且由于股本资金的投入，使其对项目的建设和运行成功与否有着最直接的经济利益关系。所以，如果由项目投资者作为担保人，就会想方设法使项目按照预订的计划完成；同时，由项目投资者作为完工担保人也可以增加贷款银行对项目的信心。

在工程项目融资结构中，完工担保既可以是一个独立协议，也可以是贷款协议的一个组成部分。完工担保通常包含以下三个方面的基本内容。

（1）完工担保的责任

具体来说，就是项目投资者向贷款银行做出保证，除计划内的资金安排外，必须提供建设期成本超支的资金或为达到"商业完工"标准而超过原定计划资金安排之外的任何所需资金。如果项目投资者不履行其提供资金的担保义务而导致项目不能完工，则需偿还贷款银行的贷款。

由于这种严格的规定，因此在项目完工担保协议中对"商业完工"的概念有着十分明确的定义。这种定义主要包括：

1）对项目具体生产技术指标的规定（包括对单位生产量的能源、原材料甚至劳动力消耗指标的规定）。

2）对项目生产或服务质量的规定。

3）对项目产品的单位产出量（或服务量）的规定。

4）对在一定时间内项目稳定生产或运行的指标规定。

（2）完工担保的义务

一旦项目出现工期延误和成本超支现象，项目投资者应采取相应的行动履行其担保义务。一般有两种可供选择的方式：一种是项目公司追加股本资金的投入；另一种是项目投资者自己或通过其他金融机构向项目公司提供无担保贷款（准股本资金或次级债务），只有在高级债务得到偿还后，无担保贷款方才有权要求清偿。

（3）保证项目投资者履行担保义务的措施

国际上大型工程项目融资经常会出现贷款银团与项目投资者分散在不同国家的情况，这种情况使得一旦项目担保人不履行其完工担保义务，就会给贷款银团采取法律行动造成许多不便；即使贷款银团与项目担保人同属于一个法律管辖区域，为了能够在需要时顺利、及时地启动项目完工担保，贷款银团也需要在完工担保协议中规定具体的确保担保人履行担保义务的措施。比较通行的做法是，项目投资者（担保人）被要求在指定银行的账户上存入一笔预定的担保存款，或者从指定的金融机构中开出一张以贷款银行为受益人的、相当于上述金额的备用信用证，以此作为贷款银行支付第一期贷款的先决条件。一旦出现需要动用项目完工担保资金的情况，贷款银行将直接从上述担保存款或备用信用证中提取资金。在这种情况下，根据完工担保协议，如果项目投资者（担保人）在建设期承担的是完全追索责任，则会被要求随时将其担保存款或备用信用证补足到原来的金额。

2. 由工程承包公司或保险公司提供的完工担保

由工程承包公司及其背后的金融机构提供的项目完工担保，是包括在工程承包合同中的一种附加条件，实质上是项目投资者将部分或全部完工风险转移给了工程承包公司，因此，引入这种担保条件在某种程度上减轻了项目投资者在完工担保方面所承担的压力。

当项目是由具有较高资信和丰富管理经验的工程公司承建时，特别是技术比较成熟的资源性、能源性和基础设施性工程项目，可以增强贷款银行对项目完工的信心。然而，在大多数工程项目融资中，投资者是不可能彻底摆脱其完工担保责任的，但可以通过在工程合同中引入若干种完工担保条件转移一部分完工风险给工程承包公司，起到对项目投资者一定的保护作用。

实践中，这种完工风险转移的方式有两种：一种是与工程承包公司签订固定价格的承包合同；另一种是要求工程承包公司提供工程担保。常见的工程担保有履约担保、预付款担保、保留金担保和缺陷责任担保。为了不影响工程承包公司的履约能力，上述工程担保通常是由工程承包公司通过金融机构提供的，具体表现形式为金融机构开出的银行保函或备用信用证。目前工程建设市场中，工程担保既有有条件的（即从属性担保），也有无条件的（即独立担保）。具体采用有条件的工程担保还是无条件的工程担保，要视各国的制度环境而定。

（1）履约担保

履约担保是与工程承包合同连在一起的一种信用担保方式，即工程承包公司向项目公司保证一定履行工程承包合同承建项目。一般，项目公司再将其转让给贷款人，也就是说，贷款人是履约担保的最终受益人。履约担保的作用是保证中标的工程承包公司按合同条件建成项目。一旦工程承包公司不能履行其合同义务，担保人就要向担保受益人提供一定的资金补偿。如世界银行贷款项目一般会在合同中规定，履约担保金额为合同价的5%。

（2）预付款担保

预付款担保的作用是帮助工程承包公司安排流动资金用于在项目开工前购买设备、材料以及调遣施工队伍进场等，使项目可以按时开工。由于项目公司支付预付款时，工程尚未开工，为保证预付款的合理使用，因此要求工程承包公司提供预付款担保。将来随着预付款的逐步扣回，预付款担保金额会随之减少，但一般而言，预付款担保最高金额为合同价的10%。

（3）保留金担保

在工程实践中，项目业主通常会在每次进度款支付时扣留进度款的5%，直至扣留金额达到合同价的5%，这就是所谓的保留金担保。项目业主扣留保留金的初衷是保证工程承包公司履行其修补缺陷的义务。但是，工程承包公司希望尽快回收资金，因此愿意提供保留金担保替代实际保留金，以解决资金周转问题。显然，保留金担保金额为合同价的5%。

（4）缺陷责任担保

工程承包合同一般规定项目完工并移交后，在一定时间内（通常为1年），工程承包商要承担工程维修的义务。缺陷责任担保便是为保证承包商进行工程维修的目的而设立的。但在实践中，履约担保和保留金担保将自动转成缺陷责任担保。

上述各种担保形式一般是由工程公司背后的金融机构作为担保人提供的，其目的是保证工程公司有足够实力按期完成项目的建设工程，并确保一旦工程公司无法继续执行其合同，根据担保受益人（项目投资者或工程项目融资中的贷款银行）的要求，由担保人无条件地按照合同规定向受益人支付一定的资金补偿。这种完工担保经常以银行或其他金融机构的无条件信用证形式出现。这种担保和项目投资者完工担保的区别是：项目投资者的完工担保要求尽全力去执行融资协议，实现项目完工；而工程公司的完工担保只是在工程合同违约时，支付工程合同款项的一部分（通常是5%~30%。在美国，由保险公司提供的工程履约担保有时可以达到100%的合同金额）给予担保受益人。因此，这种担保只能作为项目投资者完工担保的一种补充，并且和项目投资者提供的担保一样，其担保信用在很大程度上依赖于提供担保人的资信状况。

7.4.2 资金缺额担保

对贷款银行来说，项目完工担保主要是化解项目建设和试生产、试运行阶段的风险，那么在项目运行阶段，如果出现项目公司收入不足，无法支付生产成本和偿付到期债务的情况，贷款银行又应如何化解此类风险呢？

在工程项目融资中，化解此类风险的方法是采用项目资金缺额担保，亦称为现金流量缺额担保。资金缺额担保是一种在担保金额上有所限制的直接担保，主要作为一种支持已进入正常生产阶段的工程项目融资结构的有限担保。从贷款银行的角度，设计这种担保的基本目的有两个：第一个目的是保证项目具有正常运行所必需的最低现金流量，即至少具有支付和偿付到期债务的能力；第二个目的是在项目投资者出现违约的情况下，或者在项目重组及出售项目资产时，保护贷款银行的利益，保证债务的回收。

担保金额在工程项目融资中没有统一的标准，一般取该项目年正常运行费用总额的25%~75%，主要取决于贷款银行对项目风险的认识和判断。项目年正常运行费用应至少考虑以下三方面内容：①日常生产经营性开支；②必要的大修、更新改造等资本性开支；③若有项目贷款，还有到期债务利息和本金的偿还。

实践中，资金缺额担保常采用的形式有以下三种。

1. 项目投资者提供担保存款或以贷款银行为受益人的备用信用证

这在新建项目安排融资时较为常见。由于新建项目没有经营历史，也没有相应的资金积累，抗意外风险的能力比经营多年的项目要脆弱得多，因而贷款银行多会要求由项目投资者提供一个固定金额的资金缺额担保，或要求项目投资者在指定的银行中存入一笔预先确定的资金作为担保存款，或要求项目投资者由指定银行以贷款银团为受益人开出一张备用信用证。这种方法与提供完工担保的方法类似。在一定年限内，投资者不能撤销或将担保存款和备用担保信用证挪作他用，担保存款或备用信用证额度通常随着利息的增加而增加，直到一个规定的额度。当项目在某一时期现金流量出现不足以支付生产成本、资本开支或者偿还到期债务时，贷款银团就可以从担保存款或备用信用证中提取资金。

2. 建立留置基金

建立留置基金是指项目的年度收入在扣除全部的生产费用、资本开支以及到期债务本息和税收之后的净现金流量，不能被项目投资者以分红或其他形式从项目公司中提走，而是全部或大部分被放置在一个被称为"留置基金"的账户中，以备项目出现任何不可预见的问题时使用。留置基金账户通常规定一个最低资金限额。如果账户中的实际可支配资金总额低于该最低资金限额，则该账户中资金不得以任何形式为项目投资者所提走；反之，则该账户中的资金便可释放，用于项目投资者的分红等。最低留置基金金额的额度必须满足3~6个月生产费用准备金和偿还3~9个月到期债务的要求。对于新建项目，通常将留置基金与担保存款或备用信用证共同使用，作为工程项目融资的资金缺额担保。

3. 由投资者提供对项目最小净现金流量的担保

该种方法是保证项目有一个最低的净收益，但关键是项目投资者和贷款银行对项目总收入和总支出如何进行合理预测。一旦双方对项目最小净现金流量指标达成一致，便将之写入资金缺额担保协议中，若实际项目净现金流量在未来某一时期低于这一最低水平，项目投资者就必须负责将其缺额补上，以保证项目的正常运行。

与此类似的还有最低产品担保或最低现金流量担保/支付担保。例如，外商独资的上海大场水厂与上海自来水公司签订的供水合同中约定，上海市城市建设投资开发总公司为上海自来水公司供水水价支付的保证人。由上海市城市建设投资开发总公司签署的以上海大场水厂（项目公司）为受益人的担保书第八条确认：我方同意你方可将本担保书中的全部或任何权利和义务转让予专营合同所述融资协议定义的、为水处理厂提供借款融资的银团之代理行（即中国建设银行上海分行）。上述转让仅为向银团付款担保的目的，银团仅在与专营公司主张其在本担保书中的权利时相同的条件下，有权主张本担保书的权利。

7.4.3 以"无论提货与否均需付款"协议和"提货与付款"协议为基础的项目担保

"无论提货与否均需付款"协议和"提货与付款"协议是两类既有共性，又有区别，并且是国际工程项目融资所特有的项目担保形式。"无论提货与否均需付款"协议和"提货与付款"协议，是工程项目融资结构中的项目产品（或服务）的长期市场销售合约的统称，这类合约形式几乎在所有类型的工程项目融资中都得到广泛应用，从各种各样的工业项目，如煤矿、有色金属矿、铁矿、各种金属冶炼厂、石油化工联合企业、造纸、纸浆项目，一直到公用设施和基础设施项目，如海运码头、石油运输管道、铁路集散中心、火力发电厂等，因而它在某种意义上已经成为工程项目融资结构中不可缺少的一个组成部分。同时，这类合约形式在一些工程项目融资结构中也被用于处理项目公司与其主要原材料、能源供应商之间的关系。"无论提货与否均需付款"协议和"提货与付款"协议在法律上体现的是项目买方与卖方之间的商业合同关系。尽管实质上是由项目买方对工程项目融资提供的一种担保，但是这类协议仍被视为商业合约，因而是一种间接担保形式。

项目贷款银行在提供贷款资金时，相当关心项目收入的稳定性，因此，融资结构的构建必须考虑项目产品有稳定的销售或项目设施有可靠的用户，同时也要考虑项目原材料、燃料等上游产品供给的稳定性。一般情况下，项目公司通过与项目产品（设施）的购买者（用户）或原材料、能源供应商签订长期销售（供应）协议来实现。所谓长期协议，是指项目产品（设施）

的购买者（用户）或原材料、能源供应商承担的责任应至少不短于工程项目融资的贷款期限。

从项目公司的角度来说，根据项目的性质以及双方在项目中的地位，这类合约具体又可分为以下四种形式：

1. "无论提货与否均需付款"协议

该协议表现的是项目公司与项目产品购买者之间的长期销售合同关系。对于工业项目，即类似矿山、油田、冶炼厂、发电厂等有实体的产品被生产出来的项目，这种长期销售合同就是购买项目产品的一种特殊协议；对于服务性项目，类似输油管道、码头、高速公路等没有实体的产品被生产出来的项目，这种合同则是购买项目设施所提供服务的协议。因此，可以将"无论提货与否均需付款"协议定义为一种由项目公司与项目的有形产品或无形产品的购买者之间签订的长期、无条件的供销协议。所谓长期协议，是指项目产品购买者承担的责任应不短于工程项目融资的贷款期限（有时可长达十几年），因而这种协议比一般商业合同的期限要长得多；无条件协议，是指项目产品购买者承担的无条件付款责任，是根据规定的日期、按照确定的价格向项目公司支付事先确定数量产品的货款，而无论项目公司能否交货。产品的定价以市场价格为基础，可以是固定价格或浮动价格，但往往规定最低限价；产品的数量以达到设计生产指标时的产量为基础，但有时也根据实际项目的预期债务覆盖比率加以调整。总之，确定"无论提货与否均需付款"协议的基本原则是项目产品购买者所承诺支付的最低金额应不低于该项目生产经营费用和债务偿还费用的总和。

"无论提货与否均需付款"协议与传统的贸易合同相比，除了协议中规定的持续时间更长（有的长达几十年）以外，更本质的区别在于项目产品购买者对购买产品义务的绝对性和无条件性。传统的贸易合同是以买卖双方的对等交换作为基础的，即"一手交钱，一手交货"，如果卖方交不出产品，买方可以不履行其付款的义务；但是，在"无论提货与否均需付款"协议中，项目产品购买者承担的是绝对的、无条件的根据合同付款的义务，即使是出现由于项目毁灭、战争爆发、项目财产被没收或征用等不可抗力而导致项目公司不能交货的情形，只要在协议中没有做出相应规定，项目产品购买者仍须按合同规定付款。例如，在印度的电力开发工程项目融资中，若印度发生政治性事件，国家电力局或国家电力公司有责任继续向项目公司支付电费，最长可达270日。又如，某工业项目融资中，项目投资者与项目公司签订了项目产品的长期购买协议，并且保证在任何年度内，只要项目生产出1t产品，投资者就必须保证项目公司具有协议规定的净现金流量水平。显然，在该工业项目中，项目投资者承担的是典型的"无论提货与否均需付款"性质的担保义务。

"无论提货与否均需付款"协议中的产品购买者可以是项目投资者，也可以是其他与项目利益有关的第三方担保人。但是，在多数情况下，项目产品购买者中往往至少有一个是项目投资者。从贷款银行的角度看，由于项目投资者同时具有产品购买者和项目公司所有人的双重身份，所以在工程项目融资结构中通常设有受托管理人或融资经理，由其代表银行独立监督项目公司的资金使用，以确保工程项目融资结构的平稳运行。

2. "提货与付款"协议

由于"无论提货与否均需付款"协议的绝对性和无条件性，许多项目购买者不愿意接受这样一种财务担保责任，而更倾向于采用"提货与付款"协议。与"无论提货与否均需付款"协议不同的是，"提货与付款"协议中项目产品购买者承担的不是绝对的、无条件的付款责任，而只承担在取得产品的条件下才履行协议确定的付款义务。例如：在供水项目中，只有供水公司供水，自来水公司才会付款；在电力项目中，只有电厂发电输送至电网，电力公司才会向项目公司付款。

由于"提货与付款"协议具有这个特点，使之在性质上更接近传统的长期销售合同，因而在形式上更容易被项目产品的购买者，特别是那些对项目产品具有长期需求的购买者所接受，因而在工程项目融资中得到越来越广泛的应用，有逐步取代"无论提货与否均需付款"协议的趋势。但是，另一方面，由于"提货与付款"协议在工程项目融资中所起到的担保作用是有条件的，因而从贷款银行的角度看，这种协议与"无论提货与否均需付款"协议相比，所提供的项目担保分量要相对轻一些。在某些经济强度较差的工程项目融资中，贷款银行可能会要求项目投资者提供附加的资金缺额担保作为"提货与付款"协议担保的一种补充。但若项目经济强度很好，并且其项目经理有良好的管理能力和管理记录，即使仅有"提货与付款"协议这种间接担保，贷款银行也可能接受而提供贷款。

3. 运输量协议

当被融资项目是生产服务型项目，如输油管道，那么提供长期运输服务的"无论提货与否均需付款"协议被称为运输量协议。运输量协议有多种形式，但基本原则是一致的，即如果使用这种合同作为生产服务设施（输油管道）的工程项目融资担保，则这种服务的付款义务是无条件的，被贷款银行视为一种有保证的收入来源，而不管这种服务能否被使用和实际上是否已被使用。运输量协议也有"提货与付款"类型，其区别是只要生产服务性设施是可以使用的，项目服务的使用者就必须支付预订使用费，而不管是否真正使用。不同性质项目的服务使用协议的名称不尽相同，在有些项目中，这种协议也被称为委托加工协议或服务成本收费等。

4. "供货或付款"协议

一些项目需要具有长期稳定的原材料、能源供应，以保证其生产连续运行。根据"供货或付款"协议，项目所需原材料、能源的供应者承担着按照合同向项目定期提供产品的责任；如果不能履行责任，就需要向项目公司支付该公司从其他来源购买所需原材料或能源的价格差额。这类合同比较少见，只有在一家公司十分希望为产品开发长期稳定的下游市场情况时，才会同意签订此类协议。

7.4.4 协议的结构

上述协议的核心条款包括关于合同期限、产品数量、产品质量和价格等方面的有关规定。

1. 合同期限

合同期限要求与工程项目融资的贷款期限一致。

2. 产品数量

合同中产品数量的确定有两种方式：一种方式是采用合同期内项目产品固定的总数量（其依据是在预测的合同价格条件下，这部分固定数量产品的收入将足以支付生产成本和偿还债务）；另一种方式是包括100%的项目公司产品，而不论其生产数量在贷款期间是否发生变化。但是，对于每一种合同产品，要注意其特殊的计量单位和要求。例如，铁矿砂价格是按其中的铁含量计算的，铜精矿价格是按其中的铜含量计算并考虑到冶炼和精炼费的扣减。这是因为有时虽然产品的数量确定了，但含量的变化会大大影响其实际价值。

在矿产资源类型项目中，对于那些承担"无论提货与否均需付款"或"提货与付款"

义务的产品购买者来说，特别是那些非项目投资者的第三方购买者，由于他们对项目产品有实际需求，所以往往会要求项目公司具备足够的资源储量来履行合同，并要求在项目资产由于各种原因而转手时，项目资产的收购者要继续履行这一合同。

3. 产品质量

在"无论提货与否均需付款"协议与"提货与付款"协议中，产品的质量规定一般均采用工业部门通常使用的本国标准或者国际标准，因为对于这种产品而言，最重要的是在本国市场或国际市场上具有竞争性。但是，在一个项目建成投产的过程中，由于产品质量标准不仅与合同购买者是否执行合同有关，而且与项目完工担保能否按期结束有着重要关系，因而如何确定一个合理的产品质量标准，是产品购买者和贷款银行都必须认真对待的问题。从贷款银行的角度来说，一般希望能够制定相较一般标准更低的质量标准，使得项目产品购买协议可以尽早启动；而从产品购买者角度来说，则往往希望产品质量可以达到较高的标准。

在处理合同产品的质量问题上，"无论提货与否均需付款"协议与"提货与付款"协议是不同的。对于前者，贷款银行的注意力放在排除项目公司在履行合同中有关基本违约的责任，而对合同产品质量问题的关注是放在第二位的。基本违约是指一种重大的违约行为（如卖方所交货物并非合同所规定的货物），合同一方可以根据合同另一方的基本违约行为解除合约。但是，由于合同购买者承担的是绝对的无条件的付款义务，从理论上讲，买方对项目公司所提供的项目产品（无论其质量是否符合规定）都是必须接受的。然而，对于后者，即"提货与付款"协议则有所区别，合同购买者承担的是有条件的义务，而这些条件中就包括对产品质量的明确规定。

4. 交货地点与交货期

此类合同的交货地点通常规定在刚刚跨越项目所属范围的那一点上。例如，煤的交货地点可定在矿山铁路货场，发电站的电力交货地点可定在电站高压输电网的起始端等。在交货地点，产品所有权就由项目公司转给了合同的买主。对于产品的交货期问题，虽然产品的购买者总是希望合同交货期与产品的实际需求时间或者与自己的再销售合同一致，但是，从贷款银行债务安排和项目公司正常经营的角度，则要求根据协议所得收入具有稳定的周期性，因而绝大部分的合同交货期都是按照这一原则设计的。

5. 价格的确定与调整

产品（或服务）价格的确定有三种形式：

（1）完全按照国际市场价格制定价格公式

从理论上讲，这是最合理的定价原则，但这种价格仅适用于具有统一国际市场定价标准的产品，如铜、铝、铅、锌、石油等。同时，产出品为上述产品的项目中，其能源和原材料供应价格一般会与产品的国际市场价格直接挂钩，即能源和原材料价格指数化。

（2）采用可调价格的定价公式

由于工程项目融资期限较长，产品价格并不是在整个融资期限中固定不变的，而是要考虑通货膨胀因素，在一定时期后要进行价格调整。

（3）采用实际生产成本加固定投资收益的定价公式

不管是项目公司还是贷款银行，通常都更愿意采用第二种、第三种定价公式。当然，上述协议下，项目公司享有的权益被要求转让给贷款银行或贷款银行指定的受益人，并且对该权益的优先请求权要求不受到任何挑战，持续有效。

6. 生产的中断与对不可抗力事件的处理

为了使此类合同成为工程项目融资的一种有效的担保，贷款银行和项目公司需要将项目公司所承担的合同义务降到最低限度，从而减少合同购买者利用项目公司违约为理由，提出反要求或撤销合同的风险。由于某些不可抗力的原因而导致生产的暂时性中断或永久性中断，可以说是一个正在运行中的项目可能遇到的最大风险。因为，如果发生意外情况导致项目生产出现中断，使合同的履行成为不可能，"无论提货与否均需付款"协议与"提货与付款"协议的有效性就告终止，此项合同所体现的担保义务亦随之终止。所以，项目公司应拒绝使用含义广泛的不可抗力事件条款，在生产中断问题上，明确规定生产中断的期限以及对执行合同的影响力。但是，另一方面，为了给予合同购买方一定的补偿，有些合同也规定在生产中断期间由项目公司从其他来源为购买方提供相似的产品。另外，对于由于不可抗力因素而导致的合同不能履行以及相应的处理方法，在合同中都需要做出明确规定，以防止项目产品购买者对不可抗力的范围做广义或扩大的解释，借以回避其付款的义务。

7. 合同权益的转让

由于此类合同是工程项目融资结构中的一项重要担保措施，所以贷款银行对合同权益的可转让性以及有效连续性均有明确的规定和严格的限制：①合同权益要求能够以抵押、担保等法律形式转让给贷款银行或贷款银行指定的受益人；②合同权益由于合同双方发生变化（如项目资产转让或合同转让等）而出现的转让要求，需要得到贷款银行的事先批准；③在合同权益转让时，贷款银行对合同权益的优先请求权不得受到任何挑战，持续有效。

7.5 其他担保形式

在工程项目融资中，除了上述各种形式，还有许多类似担保的交易。这些交易一般在法律上被排除在物权担保范围之外，而被视为贸易交易。但由于这些交易的经济效果类似物权担保，而且在很大程度上是为了规避物权担保的限制而进行的，故也应归入广义的"担保"范围内。

7.5.1 租赁

卖方（名义上是出租人）将设备租给买方（名义上的承租人），卖方仍保留对设备的所有权，买方则拥有设备的使用权；或者卖方将设备出售给一家金融公司或租赁公司并立即得到价款，然后该金融公司或租赁公司再将设备租给买方。无论以何种形式出租，卖方都足以在租期内收回成本。这实际上是一种商业信用，买方以定期交租金的方式得到融资，而设备本身则起到担保物的作用。

7.5.2 出售和租回

借款方将资产卖给金融公司，然后按与资产使用寿命相应的租期重新租回。在这里，价款起了贷款的作用，租金分期交纳就是分期还款，而设备则是担保物。

7.5.3 出售和购回

借款方将资产卖给金融公司而获得价款，然后按事先约定的条件和时间购回。购回实际上就是还款，而资产在此也起到了担保作用。

7.5.4 所有权保留

所有权保留也称有条件出售，即卖方将资产卖给债务人，条件是债务人只有在偿付资产债务后才能获得资产所有权。这里资产同样也称为担保物。

7.5.5 从属之债

从属之债是指一个债权人同意在另一债权人受偿之前不请求清偿自己的债务。前者称为从债权人，其债权称为从债权，可由一切种类的债权构成；后者称为主债权人，即工程项目融资的贷款方。从经济效果看，从债权对主债权的清偿提供了一定程度的保证；从属之债也对主债务提供了一定的担保。

本章案例

某境外投资火电项目的融资担保结构分析

近年来，越来越多的中国企业"走出去"开展国际工程业务。与此同时承揽国际工程的商业模式也逐渐从工程承包、设备供货转型为"投资—建设—运营"一体化。有效的融资支持是实施境外投建营一体化项目的先决条件，而无追索权或有限追索权的项目融资凭借其显著优势已成为境外投资项目融资方式的主流。然而，项目融资的条件、流程和合同体系比较复杂，特别是在实际操作中，借贷双方在担保结构和担保标的方面普遍存在分歧，需要在谈判阶段做好科学规划和约定。

1. 境外项目融资的合同体系

某境外投资火电项目融资涉及多个合同，主合同为贷款协议，从合同包括托管合同、监管合同、支持合同、担保合同、直接协议以及各类咨询合同等。项目融资的参与主体和融资协议之间的关系如图7-2所示。

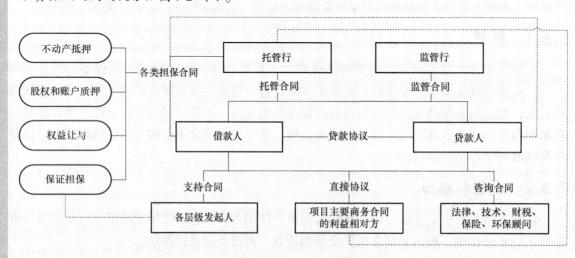

图7-2 项目融资的参与主体和融资协议之间的关系

2. 境外项目融资的担保结构

担保在境外项目融资中起到至关重要的作用，担保物和担保结构的设置是实现风险分担与权益保证最为重要的手段，在一定程度上决定了项目融资的成败。借款人的担保品总价值应覆盖项目的全部债权。

（1）不动产抵押

项目融资后建造形成的资产主要以不动产的形式存在，包括土地及附着物。不动产抵押以不转移抵押物的占有的形式，在担保标的所在地的不动产管理部门办理抵押登记。

土地问题是境外项目产生风险的高发领域，贷款人和借款人在尽职调查中均应注意：①土地本身的权属是否存在争议，是否已被抵押登记；②土地所在国或地区的法律是否存在禁止或限制将土地抵押给境外贷款人作为担保物的规定；③土地所有权或租赁权是否覆盖项目特许经营期；④担保完善手续的办理是否衍生额外的巨额成本。

（2）股权和账户质押

借款人的股权以及境内和离岸的资本金账户、保险赔付账户和运营收入账户等是贷款人实现控制项目按时还款的保证。贷款人通过其享有的担保权来控制、介入项目从而持续运营产生稳定的现金流的能力，特别是通过要求发起人将其对借款人持有的股权质押，在借款人无法履行还款义务的特定时期，通过转让股权实现对项目的控制，而无须逐个执行抵押资产来介入项目。

境外投资项目一般设立多层股权架构，借贷双方应合理确定股权质押的层级，既要保证贷款人在未来需要处置担保物时可以选择性地执行多层中的任意一层股权和避免发起人未经贷款人同意将其中某一层股权另行质押或转让的情况，又要赋予发起人合理、便捷地进行税收筹划和退出项目的权利。

此外，股权是根据资本金注入的进度分多次进行股份发行和认购，股权质押需明确包括今后发行的股份，避免多次频繁签署质押协议、办理质押手续。

（3）债权让与

权益让与包括项目主要商务合同权益、商业保险权益和项目收益的让与。以电力项目为例，借款人需要将其特许经营协议或执行协议、主权担保、购电协议、建造合同、运维合同、供煤合同等商务合同下的应收账款等权益，以及项目投保的工程一切险、海运险、财产险、再保险赔付等商业保险权益让与贷款人。

贷款人一般会要求借款人向商务合同/商业保险的权利相对方发出转让通知，权利相对方对该合同/保单的权益让与事项出具书面的同意函或知晓函，即在发生违约情形时，由权利相对方直接向贷款人履行其在合同/保单项下的义务，直至欠付款项得到完全偿付或借款人方清偿欠付的贷款人的债务从而取回让与的权利。

因此，借款人在与合同权利相对方谈判商务合同和商业保险时，需明确该权利相对方应同意可能的权益让与，并对今后以项目融资为目的的让与予以配合，避免贷款人因第三方的不配合而认定借款人在权益转让协议和贷款协议项下的违约。

（4）保证担保

保证担保是中资银行在提供项目融资时普遍会要求发起人提供的担保方式。若境外项目中，有资信及资产负债状况较好的企业作为担保人提供连带责任保证，对于为该项目提供贷款的银行而言，是非常直接的风险覆盖，因而成为中资银行较为普遍采用的一种担保方式。主要形式包括项目发起人或承包商出具的完工担保、项目所在国政府出具的主权担保、中国出口信用保险公司出具的出口买方信贷保险、境外投资保险等。

对于项目所在国政府出具的主权担保，借贷双方在尽职调查时应重点审查以下三个方面，以确保主权担保的效力：①是否有明确放弃主权豁免的条款；②是否纳入东道国政府的财政预算；③出具担保的政府部门是否已取得相应的国家机构的审批。

某境外投资火电项目的融资担保结构和文件体系（不含托管、监管、支持类融资文件）如图7-3所示。

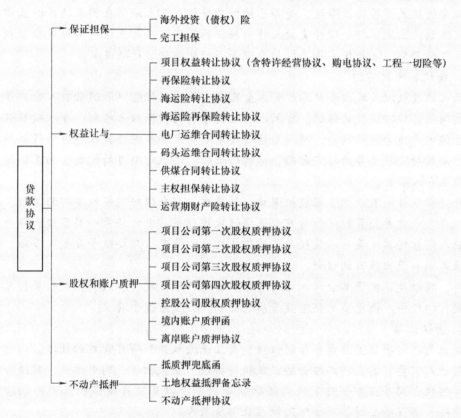

图7-3　某境外投资火电项目的融资担保结构和文件体系

3. 针对担保要素的谈判要点

在项目融资中，除了借贷双方需在利率等商务条件上达成一致，借款人主要追求的是进度快速、担保合理、执行便捷，而贷款人追求的是风险可控、监管全面、收益稳定，借贷双方对担保要素的博弈，本质上是双方在各自立场上确保项目稳妥实施的考量，只要通过积极沟通和早期介入，提高信息对称性，二者是可以取得辩证统一的，降低借贷双方在融资文件执行阶段出现争议进而影响融资和项目进展的概率。

（1）发起人的保证担保

中资银行的项目融资中，贷款人除了要求在项目的整体资产上设置担保以外，普遍还会要求发起人安排投保投资保险中的债权保险，把项目的政治风险和部分商业风险转移给出口信用机构。对于政治风险及商业风险中缺口部分，贷款人通常要求发起人进行担保兜底。同时，中资银行普遍要求发起人提供完工担保，即发起人向贷款人承诺确保项目将在计划的预算内按时按质完成，并在项目未能按时按质完工的情况下向贷款银行承担本来是借款人应承担的还本付息的义务，直到项目最终达到项目完工日。通常贷款人要求的定义范围会超出一般工程合同下对物理完工的定义，包括项目产品或服务是否符合规定质量和性能水平，项目运营所需的资金及保险等是否已经落实和生效，项目是否已稳定生产运营达到最低规定期限，项目产品或服务的购买方是否已按时支付第一期产品或服务费等。

发起人和借款人则希望贷款人克服对项目发起人保证担保的依赖，完全以项目所产生的预期收入为依托，真正实现完全意义上的无追索权的项目融资。

因此，在充分使用市场上已有担保产品的基础上，借款人应全面了解贷款人对项目未覆盖风险的缓释和转移的措施，贷款人也应深入了解借款人提供担保的能力范围和限制，以期尽快形成合意。

(2) 新签合同权益的让与

贷款人要求借款人对项目全生命周期的主要商务合同权益及商业保险权益进行让与，即对项目开发、建设和运营过程中新签、续签、更新或变更的商务合同/保单签署权益让与协议，以实现担保的全覆盖。但在实际操作中，借款人在融资关闭前无法对全生命周期的商务合同和商业保险进行终稿和签署。以电力项目为例，融资关闭往往发生在建设启动前或期间，此时项目的运维合同、供煤合同还无法签署，运营期的财产险、海运险等还无法落实投保。因此，借款人不得不频繁地签署权益转让协议并完成有权机构的注册登记，极大地增加了借款人、贷款人及双方法律顾问的工作量和咨询费用，并且可能导致借款人因未能按期完成让与登记而暴露在违约中，进而对项目的正常生产运行工作产生较大影响。

借款人则希望贷款人同意在首份权益让与协议中一次性明确被让与的权益包括后续新签、续签、更新或变更的商务合同/保单项下的权益；或对后续商务合同/保单的权益让与以简易便捷的形式进行明确，如借款人出具权益让与声明函等。

在借款人与第三方签订诸如运维协议等商务合同方面，虽然大多数时候贷款人的诉求和目标与借款人并不冲突，甚至是站在保护借款人和项目本身出发，但贷款人提出的诉求并不一定能够被第三方所接受。因此，最好贷款人或其代表能适时介入借款人与第三方协议的谈判，这样能够增进项目相关方的理解与沟通，在保证项目实施进度的同时，确保各方权益更好地得到保障。

(3) 流动资金融资的担保品

贷款人要求借款人将全部资产和预期收入作为担保品。但大型基础设施、公用事业和自然资源开发项目在进入运营期以后往往需要大量的流动资金。一般而言，项目进入商业运行后，发起人将不会继续投入资本金来维持项目的运营，而是依靠项目自身"造血"。

借款人则希望在担保结构中为日后募集短期流动资金预留一定的担保敞口，做好机制设计。以火电项目为例，进入运营期后项目需要持续购买燃料，资金需求较大；项目现金流入为发电电费收入。

在以上情况下，可以考虑将电费收入的第一顺位预留给流动资金贷款作为担保品，对于项目的正常运行和贷款行的权益都是保障，形成双赢局面。或者，还可以考虑适当延长宽限期，即还款期适当延长，以确保项目在运营一段时间后有足够偿还本息的能力，还不是要求股东或者银行继续提供短期资金支持用于还贷。

(4) 担保完善手续的办理

担保品在当地的登记、备案、注册、认证等担保完善手续普遍较为繁杂，且可能衍生出额外成本如印花税、不动产转让税等。担保类协议签署后，如果不及时完成担保完善手续，担保协议的法律效力就将受到影响。贷款人一般会在首次提款前提条件中要求明确借款人负责完成担保完善手续并承担费用。这将直接导致影响融资关闭的实现进程。

借款人则希望由借款人、贷款人或其托管行共同负责完成担保完善手续、分担费用，充分利用贷款人对第三方（如担保标的所在地政府）的影响力或托管行办理担保完善手续的熟练程度和专业团队来加快融资进度，或明确不因第三方延误担保完善手续的办理而影响融资结果。

以上情况一般不会成为借贷双方的主要矛盾，但在实际操作中也要引起足够重视。由于贷款人往往在境外投资项目所在国没有常驻人员，建议贷款人委派专业咨询或者律师团队配合借款人完成相关手续。

(5) 贷款人与托管行争议的解决

托管行一般都具有严格内控程序，因此借款人和贷款人就某项担保合同文本达成一致后，托管行还会聘请法律顾问进行审核，有时为了防控自身风险甚至会推翻借款人和贷款人已经确定的关键条款，不同意代表贷款人进行签署。在操作中，贷款人有时也无法协调托管行接受合同文本。这会降低协议谈判的效率，延误项目的融资进程。

借款人则希望贷款人与托管行设立争议的快速解决机制，明确托管行对融资文件、担保文件的合法性、有效性均无须负责，除非是因为重大疏忽或恶意行为，否则其都不用承担责任。这样托管行可以更加快速地按照贷款人的意图与借款人签署各类融资文件，提高融资效率。

因此，在选择托管行方面，除了费用方面的考量，还需要考虑潜在托管行对贷款人要求的响应度。可以在融资阶段多选择几家托管行进行比较，优中选优，以保证项目融资的正常推进。

4. 结语

本文结合在境外电力项目中的融资实践，对项目融资的特征、合同体系、担保结构进行了分析，总结提炼了借贷双方在融资谈判和执行阶段最容易发生的争议，提出了解决争议的措施建议，具有可操作性。项目融资涉及法律、金融、保险、项目管理等多个学科领域，需要在实践中不断地创新合同体系和担保架构，识别风险并实现风险的合理分担。

（案例资料来源：境外工程项目融资的合同体系与担保结构分析，肖欣，何时有，杨宇，发表于《建筑经济》2020年第2期。）

本章思考题

1. 简述工程项目融资担保的概念和特征。
2. 工程项目融资担保的范围是什么？
3. 工程项目融资担保的类型有哪些？
4. 请谈谈你对于工程项目融资物权担保的理解。
5. 工程承包公司或保险公司可以为项目融资提供何种形式的完工担保？

参考文献

[1] 刘亚臣,白丽华. 工程项目融资 [M]. 北京:机械工业出版社,2011.
[2] 刘亚臣,常春光. 工程项目融资 [M]. 3版. 大连:大连理工大学出版社,2012.
[3] 戴大双. 项目融资 [M]. 北京:机械工业出版社,2009.
[4] 简迎辉,杨建基. 工程项目管理:融资理论与方法 [M]. 北京:中国水利水电出版社,2006.
[5] 蒋先玲. 项目融资 [M]. 3版. 北京:中国金融出版社,2008.
[6] 李春好,曲九龙. 项目融资 [M]. 北京:科学出版社,2004.
[7] 马秀岩,卢洪升. 项目融资 [M]. 3版. 大连:东北财经大学出版社,2015.
[8] 任淮秀. 项目融资 [M]. 北京:中国人民大学出版社,2013.
[9] 王虹,徐玖平. 项目融资管理 [M]. 2版. 北京:经济管理出版社,2012.
[10] 徐莉. 项目融资 [M]. 武汉:武汉大学出版社,2006.
[11] 财政部. 关于印发《PPP物有所值评价指引(试行)》的通知 [EB/OL]. (2015-12-18) [2015-12-29]. http://jrs.mof.gov.cn/zhengwuxinxi/zhengcefabu/201512/t20151228_1634669.html.
[12] 中国证监会. 证券公司及基金管理公司子公司资产证券化业务信息披露指引 [EB/OL]. (2014-11-19) [2015-05-11]. http://www.csrc.gov.cn/pub/newsite/flb/flfg/bmgz/zjgs/201505/t20150511_276592.html.
[13] 王守清. PPP为什么要成立项目公司并进行风险分担? [N]. 中国财经报,2016-04-07.
[14] 崔光辉. 论TOT融资模式在城市污水处理项目应用过程中的风险管理 [D]. 北京:对外经济贸易大学,2015.
[15] 甘姗姗. PPP模式的优势研究及发展建议 [J]. 中国管理信息化,2015,18(15):151-152.
[16] 胡健. 资产证券化中资产转让法律问题研究 [D]. 成都:西南财经大学,2013.
[17] 黄怿炜. PPP项目评价方法与决策研究 [D]. 上海:同济大学,2007.
[18] 冷晶. 资产证券化风险隔离机制之法律问题研究 [D]. 重庆:西南政法大学,2005.
[19] 林晨. ABS资产证券化融资方式的基础设施建设项目风险管理研究 [D]. 武汉:武汉理工大学,2005.
[20] 刘晶晶. 基础设施项目BLT模式运行机制设计优化研究 [D]. 天津:天津理工大学,2014.
[21] 穆尉鹏. PPP项目融资风险分担机制研究 [D]. 重庆:重庆大学,2008.
[22] 戚祎萌. 资产证券化中信用增级制度研究 [D]. 保定:河北大学,2015.
[23] 桑美英. 基础设施PPP项目的风险管理研究 [D]. 西安:长安大学,2014.
[24] 孙磊. BOT项目融资模式在我国的应用研究 [D]. 天津:天津财经大学,2006.
[25] 孙向威. 资产证券化基本理论及在我国的实践应用 [D]. 成都:西南财经大学,2010.
[26] 王磊. 基础设施资产证券化融资模式研究 [D]. 北京:中国财政部财政科学研究所,2013.
[27] 王舒. 基础设施PPP项目融资风险分担研究 [D]. 重庆:重庆交通大学,2012.

[28] 温涛. 个人住房抵押贷款风险转移机制探讨: 资产证券化与保险 [D]. 成都: 西南财经大学, 2010.
[29] 吴瑾. 基础设施 PPP 项目融资模式风险分担研究 [D]. 大连: 东北财经大学, 2013.
[30] 张雷. PPP 模式的风险分析研究 [D]. 北京: 中国财政部财政科学研究所, 2015.
[31] 张智海. BOT 在中国的推进与发展 [J]. 中华建设, 2006 (6): 31-35.
[32] 郑登登. 浅谈 PPP 模式的优点和在我国推行 PPP 模式需解决的问题 [J]. 财经界 (学术版), 2015 (21): 137, 178.
[33] 柯永建, 王守清. 特许经营项目融资 (PPP): 风险分担管理 [M]. 北京: 清华大学出版社, 2011.
[34] 盛和太, 王守清. 特许经营项目融资: 资本结构选择 [M]. 北京: 清华大学出版社, 2015.
[35] 王立国. 项目融资中资金结构的选择 [J]. 财经问题研究, 1999 (12): 51-53.